KB000415

컴퓨터프로그램 저작권 유사도론

김시열

세창출판사

이 도서의 국립중앙도서관 출판예정도서목록(CIP)은 서지정보유통지원시스템 홈페이지(http://seoji.nl.go.kr)와 국가자료공동목록시스템(http://www.nl.go.kr/kolisnet)에서 이용하실 수 있습니다.(CIP제어번호: CIP2018013879)

저작권 침해 판단 시 실질적 유사성을 가리는 것은 상당히 중요한 논의 대상이다. 특히 컴퓨터프로그램을 대상으로 하는 경우에는 그 특수성으로 인하여 국내외 적으로 많은 연구가 이루어지고 있다. 그런데 컴퓨터프로그램의 실질적 유사성에 관한 논의는 지나치게 제도적인 영역에 한정되어 있다는 한계가 있다. 실무적으로 컴퓨터프로그램의 저작권 침해 분쟁에서는 기술적 영역의 참여가 상당한 역할을 하고 있음에도 이 부분에 대해서는 많은 논의를 찾아보기 어렵다.

우리나라에서는 컴퓨터프로그램의 저작권 침해 분쟁 시 실질적 유사성을 판단하는 과정에서 수치로 나타나는 값, 즉 정량적 유사도의 활용이 매우 활발하게 이루어지고 있다. 정량적 유사도는 실질적 유사성의 판단 시 불명확한 상태의 질적 개념인 유사한 정도를 명확한 양적 개념인 유사도로 나타낸다는 점에 장점이 있다. 반면 양적 개념의 본질상 질적 개념에 완전히 일치할 수 없다는 한계도 분명히 존재한다. 그럼에도 정량적 유사도는 컴퓨터프로그램의 실질적 유사성 판단에 있어서 핵심적인 근거로 이용되곤 한다. 그런데 정량적 유사도 문제는 기술의 영역으로 분류되어 실무적으로 다룰 뿐, 이해를 위한 논의는 거의 발견되지 않는다. 실무적으로도 정량적 유사도를 활용하는 사례가 많지만, 정작 이에 대한 이해를 바탕으로 진행되는 경우는 많지 않으며, 정량적 유사도를 산출하는 전문가에게 일임해 버리는 것이 보통이다.

　이러한 상황에서 정량적 유사도에 대한 활발한 활용과 더불어 이에 대한 깊이 있는 논의가 이루어질 수 있다면, 보다 정밀한 실질적 유사성 판단 모델을 이끌어 낼 수 있을 것으로 생각하였다. 이에 부족하나마 컴퓨터프로그램의 정량적 유사도 산출 문제에 대해 기본적인 이해 및 관련 쟁점을 고민해 볼 수 있는 마중물을 제공할 필요성을 느꼈다. 이 책에서 제시하는 내용은 그동안 컴퓨터프로그램의 정량적 유사도에 관하여 필자가 발표한 다양한 논문의 내용을 정리한 것을 기본으로 수정 및 재구성한 것이다. 정량적 유사도의 이해를 위한 기본적인 배경과 개념을 충실히 제시하고자 하였고, 이를 바탕으로 정량적 유사도의 활용 시 고민해 보아야 할 문제들을 살펴보았다. 다만, 아직 이 분야가 학문적으로 명확하게 정립된 것은 아니어서 이 책에서 제시하는 사항을 전적으로 일반화된 것으로 이해하는 데는 한계가 있다. 하지만 오랜 실무에서 느낀 경험에 기반하여 이를 다루어야 하는 사람들에게 실제적인 도움이 될 수 있도록 필요한 정보를 제공한다는 데 주안점을 두었다. 모든 관련 문제에 대한 답을 제공할 수는 없겠지만, 문제해결을 위한 최소한의 시작점을 제공할 수는 있을 것으로 기대한다.

　마지막으로 이 책을 구성할 수 있는 경험을 제공하여 준 (사)한국소프트웨어감정평가학회 및 한국저작권위원회에 감사를 드리며, 어려운 출판시장에도 불구하고 흔쾌히 본서를 발간해 주신 세창출판사에도 고마운 마음을 전한다.

2018년 5월

김시열

제1장

들어가며

누군가의 저작권을 침해하였다는 것은 저작물의 일부분 혹은 전부를 베껴서 자신의 작품을 만들었다는 의미이다. 이러한 상황에서 침해 여부를 판단하기 위해서는 침해당한 저작물의 어떠한 부분이 얼마나 침해한 사람에게 이용되었는지 확인할 것이 요구된다. 왜냐하면 저작권 침해가 인정될 수 있는 만큼의 실질적인 정도로 이용이 이루어졌는지를 판단해야 되기 때문이다. 저작권의 주요 이론이 정립된 18세기 내지 19세기에는 눈에 보이지 않는 대상이 저작권 침해판단 과정에서 다루어지는 것이 일반적이지 않았다. 물론 저작물 자체는 눈에 보이지 않는 무체물이지만, 실제 소송에서 다루어지는 소송물은 사실상 읽고, 볼 수 있는 것들이었기 때문이다. 당시 저작물이라 하면 글, 그림, 연극 등으로 한정되었고, 기능적 저작물이라고 분류하는 대상이 저작물로 포함되기 시작한 것은 그리 오래되지 않았다. 즉, 사실인정자 혹은 법관이 읽을 수 없거나 이해할 수 없는 대상은 실질적 유사성 등에 대한 저작권 이론 정립 시 애초에 중요한 고려대상은 아니었을 것이다.

한편, 저작권이 더 이상 문학 및 예술만을 대상으로 하지 않고, 산업과 밀접한 연결성을 갖게 되면서 전문적인 기술 분야에 속하는 저작물들이 늘어났다. 이들은 산업상 일정한 기능을 갖는 것들인데, 저작권법은 이들을 기능적 저작물이라 하여 저작권법의 보호대상으로 다루는 데 상대적으로 엄격한 기준을 적용한다.

그런데 문제는 보호의 인정 여부만이 아니었다. 저작권 침해를 원인으로 한 재판이 진행될 때 다른 기능적 저작물도 그렇지만, 특히 컴퓨터프로그램의 경우 사실인정자 혹은 법관이 소송물인 컴퓨터프로그램의 표현을 이해하는 것이 용이하지 않아 문제가 되었다. 저작권 침해 여부를 판단하기 위해서는 사실의 확정이 선행되어야 한다. 그런데 관련된 주체들의 인식능력이 갖는 한계로 인하여 소송물인 컴퓨터프로그램의 표현을 이해하기 어렵고, 또한 이를 비교하여 실질적 유사성 등을 적절히 판단할 수 있는 능력이 높지 않다는 것이다. 사실의 존부가 불명인 경우에는 재판을 위한 삼단논법이 그 전제를 결하여 적극적으로도 또한 소극적으로도 적용될 수 없게 된다. 따라서 법규가 규정하는 법률효과의 존부 역시 어느 쪽으로도 판단할 수 없게 된다.[1]

이러한 현상은 점차 복잡·전문화되어 가는 현대형 소송의 특징으로 나타나기도 한다. 현대형 소송의 확대는 각 사안의 해결 과정에서 법관의 역할에 변화를 가져오고 있다. 대표적인 특징으로는 전문분야에 대한 법관의 판단을 보조할 수 있는 제도의 활용이 증가할 수밖에 없다는 점이다. 미국의 Amicus Curiae, 중국의 사법감정센터 등의 활용이 증가하는 것도 이러한 흐름과 괘를 같이 한다. 우리나라 역시 전문 분야에 대한 소송에서 전문가를 활용하는 현상이 증가하는데, 감정인제도 및 전문심리위원제도 등이 대표적으로 이용되는 제도이다. 컴퓨터프로그램을 대상으로 하는 저작권 침해 분쟁도 전문가의 조력에 많은 역할이 부여될 수밖에 없다. 이처럼 전문 분야에 대한 소송에서 법관의 지식이 갖는 한계를 극복하기 위하여 전문가 활용을 중심으로 한 제도적 대응이 활발하게 이루어지고 있다.

다만 이러한 대응은 일정한 한계를 갖고 있다. 특정의 전문 분야와 법률지식 사이에 넓은 간격이 존재하기 때문이다. 이에 양자의 완전한 충족을 필요로 하는 전문적 소송에서 전문가를 어떻게 활용하고 그 결과를 어떻게 법관이 받아들일지에 대한 논의가 실무적으로 많이 다루어지고 있다. 컴퓨터프로그램 저작권 분쟁에

---

1 모성준, "입증책임의 완화논의에 관한 법경제학적 검토", 민사법연구, 제 18호, 2010.12, 23면.

대해 우리나라에서는 저작권 침해 여부를 판단하기 위해 유사한 정도를 수치로 도출하고 이를 근거로 법적 판단을 하는 방식이 많이 활용된다. 유사한 정도를 수치로 나타낸 것을 정량적 유사도라 하는데, 이러한 방식은 특히 우리나라에서 컴퓨터프로그램의 표현을 적절히 이해하기 어려운 법관을 보조하고 당사자 간의 공방(攻防)을 위한 효과적인 방법으로 활발하게 활용되고 있다.

저작권 침해 소송에서 사실의 확정을 위한 전문가 활용은 다른 유형의 소송과 다른 고유한 특징을 갖는다. 전문가에 의한 분석이 주관적 가치의 개입 없이 객관적인 사실을 분석하여 확인하는 데 그치는 일반적인 경우와 달리 컴퓨터프로그램 저작권 침해소송에서는 사실의 확정을 위한 전문가에 일정한 가치판단을 요구하는 데 있다. 실질적 유사성을 판단하기 위하여 실제로 어느 정도의 유사성이 있는지를 수치로 나타내곤 하는데, 이때 그 수치 결과는 유사함이라는 개념이 반영되어야 한다. '같다' 혹은 '다르다'의 판단과 달리 '유사하다', 즉 비슷하다는 개념은 이를 판단하는 주체에 의하여 주관적으로 결정될 수밖에 없다. 같은지 혹은 다른지에 대한 사실 판단과 달리 유사함을 가려내는 일은 기술적 값의 산출 이전에 이를 수행하는 주체의 주관적 가치가 반영될 수밖에 없는 것이다. 이때 주관적 가치 판단은 전문가의 전적인 재량에 속하는 것이나, 저작권법이 전제하고 있는 이론적 한계 안에서 다루어져야 한다. 결국 최종적으로 법관에게는 법적인 틀 안에서 전문가의 비교·분석이 적절하게 이루어진 것인지 여부를 깊이 고민하여야 할 것이 요구된다.

정량적 유사도는 산출된 유사도 수치, 법적 고려의 불완전성 등이 최종단계에서 검토될 뿐, 구체적인 방식 등에 대해서 그 적절성 등은 이해의 어려움으로 인하여 깊은 고민의 대상이 되어 오지 않았다. 저작권법의 특성상 기술영역과 법률영역이 서로 긴장감 있게 작용하여야 함에도 불구하고 이해의 어려움은 그 긴장감을 상당히 이완시키는 원인으로 작용하였다. 정량적 유사도의 이해가 필요한 이유이다. 이하에서는 컴퓨터프로그램을 대상으로 하는 저작권 침해 소송에서 정량적 유사도의 개념과 활용에 대한 개괄적인 설명을 제공하고자 한다. 기술적 측면에서 유사도 산출의 방법은 매우 다양하게 발전하고 있으나, 가장 중요한 점은 저작권법의 틀 안에서 정량적 유사도라는 대상을 어떻게 이해할 수 있을지에 대한 문제이기 때문이다.

제2장

저작권 규범과 컴퓨터프로그램

1. 저작권 규범의 존재 목적

가. 저작권 규범의 존재 이유

과거에는 서적과 같은 저작물을 복제할 수 있는 기술이 부족하고 설사 복제하더라도 원본에 비해 낮은 품질로 인하여 자연적으로 복제 방지가 이루어진 면이 있었다. 그러나 현대 시대에는 사실상 대부분의 저작물이 디지털을 기반으로 하고 있어 저작물의 복제를 위해 한두 번의 클릭만이 필요할 정도로 복제의 방법이 용이하다. 특히 복제물의 품질 역시 원본과 동일하거나 오히려 보정 등을 통해 더욱 좋아지기도 한다. 이에 복제로 인하여 저작자에게 가해지는 경제적 손실은 과거에 비하여 비교할 수 없을 정도로 커졌다고 볼 수 있다.

정당하지 않은 복제가 이루어지면, 시장에 해당 저작물을 대체할 수 있는 대상의 공급이 증가하는 효과가 발생한다. 이는 저작권자가 그동안 자신의 저작물을 거래함으로써 얻을 수 있었던 시장가격을 낮추게 만드는 원인으로 작용한다. 그런데 낮아진 시장가격의 체계에서 저작권자와 허락받지 않은 복제자가 동일한 시장을 함께 공유하게 됨으로써 저작권자가 얻을 수 있는 총가치는 상당히 감소하게 된다. 이때 타인의 허락받지 않은 저작물 복제로 인하여 낮아지는 시장가격의 정도는 복제의 한계비용과 동일하다고 할 수 있다. 특히 일반 상품의 경우 설사 저작권이 보호되지 않더라도 상품의 출시 이후 일정기간 누릴 수 있는 리드타임(lead time)을 통하여 상당한 이익을 확보할 수 있다. 그러나 저작권 분야에 있어서는 특정 저작물이 시장에 등장한 시점에는 그 가치가 미미

하나 시간이 지날수록 점차 가치가 발현된다는 특징을 갖는다. 이에 저작권은 그 보호가 전제되지 않은 상태에서는 리드타임 등을 통한 가치의 확보가 특성상 불가능하다. 결국 시장실패를 초래하게 될 수밖에 없다. 저작권의 보호가 적절히 이루어지지 않는다면 이와 같은 현상이 저작자의 창작 의욕을 저하시키는 원인으로 작용할 수밖에 없으며, 산업적 관점에서도 발전의 원동력을 상실하게 되는 원인이 된다.

한편, 저작권은 인간의 정신적 소산인 재산을 대상으로 하며, 인간의 지적 창조물 중에서 보호할 만한 가치가 있는 것들에 대하여 법이 부여하는 권리로 이해할 수 있다. 이때 가치는 사회적 이익의 개념으로 보느냐 혹은 자연적 소유의 개념으로 보느냐에 따라 근거를 달리 생각해 볼 수 있다. 저작권의 보호 근거, 즉 보호의 전제가 되는 가치를 사회적 이익으로 보는 관점[1]에서는 시민이 지적 창조물을 창출하면 그것 자체가 가치를 갖기보다는 해당 창조물이 사회에 존재함으로써 사회적 후생이 높아지므로 이러한 창작을 장려하기 위한 대가로 저작권을 인정한다. 반면 그 가치를 자연

---

1 이를 공리주의적 정당화라고도 하는데, 이 관점에 따르면 공동체의 공동이익 내지 공동선을 지향하기 위하여 입법을 통한 개인의 이익을 조화시키는 것을 주장한다. 류병화, 「법철학」, 민영사, 1998, 358면. 즉, 정의의 기초가 되는 사회적 공리를 보장하기 위한 수단으로서의 성질을 중요시함에 따라, 문화발전의 증진이라는 정의를 실현하기 위한 저작권의 수단적·정책적 성격을 강조하는 입장이다. 이동희, 「법철학요해」, 도서출판 피데스, 2006, 152면. 따라서 저작권이 부여되면 저작자들은 사고의 산물인 저작물을 생산하고 이 사고의 산물이 시장으로 나올 수 있는 동기를 부여받을 수 있게 된다. 결국 시장을 통하여 사고의 산물인 저작물이 사회에서 유통됨에 따라 공동체 전체의 공익이 높아지게 된다는 것이다. 권영준, 「저작권 침해판단론(실질적 유사성을 중심으로)」, 박영사, 2007, 60-61면.

적 소유에 따른 것으로 보는 관점[2]에서는, 인간이 지적 창조물을 창출하면 그것 자체로 자연적 재산권을 향유하게 되며, 국가는 이를 인정하고 명확히 확정하기 위하여 저작권을 인정한다. 즉, 전자는 대가로서의 저작권을 인센티브로 부여하는 것이라면, 후자는 자연적 소유이므로 당연히 저작권이 존재하는 것으로 이해한다. 전자의 입장은 영미법계 국가들이 취하고, 후자의 입장은 대륙법계 국가들이 취하며, 최근에는 양측이 다소 수렴하는 듯한 모습을 보이기도 한다.

한편, 전자의 관점은 법경제학적 분석과도 연결되고 있다. 무형의 산물이 시장으로 나올 수 있도록 하는 동기는 저작권이 법적으로 보호됨에 따라 저작자가 얻는 이익인 인센티브에 의하여 증가된다고 한다. 특히 저작물은 일반적인 유형의 재화와 달리 공공재[3]로서의 성격이 존재하기 때문에 이를 창작한 자들은 시장에서

---

2 이를 자연권적 정당화라고도 하는데, 이 관점에 따르면 창작물에 대한 재산적 권리의 인정은 로크의 노동이론 등에 기초하고 있는데, 로크는 「정부에 관한 제2논문」에서 "그러므로 자연이 공급해 준 대로의 상태에 있는 것으로부터 이끌어 낸 것은 무엇이든 간에 그는 그것에다 그의 노동력을 투하한 것이며, 또한 무엇인가 자기 자신의 것을 첨가한 것이 되는데, 이렇게 함으로써 그것은 그의 재산이 되는 것이다."라고 한 것에서 알 수 있듯이 노동을 통하여 인간은 자연의 공유상태에 있는 것을 전유할 수 있게 된다고 한다. 이때 노동은 육체적 노력뿐만 아니라 정신적 활동이라는 점도 함께 포함되는 개념이다. 즉, 자연권적 정당화에 의하면 지적인 노동을 통하여 자연상태에서 어떠한 창작물을 만들어 내었다면 이는 창작자에게 전유된다는 개념에 기초하게 된다.

3 저작물을 공공재로 보는 근거로는 첫째, 저작물은 창작과정에서 다른 저작물과 필연적으로 상관관계를 갖는다는 점, 둘째, 저작물은 일반 재화와는 달리 생산과 소비 사이에 엄격한 구분이 가능하지 않다는 점, 마지막으로 무형의 지적 생산물은 물리적으로 마모되지 않기 때문에 특정인 또는 집단에 의해 독점되어서는 안 된다는 점이 제시되고 있다. 권세기, "인터넷에서 저작물의 공정이용", 입법정보, 제59호, 2002, 2면.

저작물을 거래하는 것만으로 그들의 순 가치(true value)를 충당하기 어려우므로,[4] 가치 충당의 수단으로서 저작자에게 특별한 인센티브를 제공한다는 것이다. 다만, 시장경제 중심의 경제학적 관점에서는 인센티브에 의한 해결은 새로운 문제를 발생시킬 수 있다고 주장한다. 인센티브에 의한 해결이 결국 새로운 재산적 권리를 창설하는 형태인 경우, 경제적 정당성이 있음에도 불구하고 새로운 독점이 창설된다는 점에 우려가 있기 때문이다. 왜냐하면 권리의 포괄적 보유는 최선의 경우보다 적은 수준의 정보 확산을 수반함에 그치기 때문이다. 이에 저작권 체계는 허용된 독점의 행사 범위에 대해 적절한 경계를 설정함으로써 균형을 유지하려고 한다. 즉 새로운 지적 창작물을 생산하기 위한 경제적 동기를 증진시키고자 저작자에게 인센티브를 제공함과 동시에, 창작성·아이디어/표현 이분법(idea-expression dichotomy)·공정이용(fair use) 등과 같은 이론적 수단에 의하여 그 인센티브의 향유 범위를 제한한다. 이러한 방법을 통하여 저작권 체계는 독점의 인센티브를 통한 창작 동기의 고취와 권리행사의 제한을 통한 최선의 이용 사이에 균형을 맞추게 된다.[5] 다시 말하면, 법경제학의 관점에서는 저작권 보호의 두 가지 효과, 즉 복제를 줄여 새로운 작품의 창작을 북돋는 효과와 창작비용을 상승시켜 새로운 작품의 창작을 방해하는 효과 사

---

4 다만, 시장에서 생산자와 판매자의 자연적인 리드타임(lead time, 기획에서 제품화까지의 소요기간)에 의해 창작을 위한 투자와 진흥을 계속적으로 가능할 수 있게 하여 일정한 이익을 얻을 수 있게 한다고 하는 견해도 있으나, 이는 순환적 차원에서 충분치 못하며 저작물의 공공재적 성격을 반영하지 못한다는 비판이 있다. Craig Joyce & Marshall Leaffer & Peter Jaszi & Tyler Ochoa, *Copyright Law*, 6th edition, LexisNexis, 2003, 56면.

5 Craig Joyce & Marshall Leaffer & Peter Jaszi & Tyler Ochoa, 상게서(2003), 56-57면.

이에서 최적의 균형점을 찾는 일이 저작권법에서의 근본 과제라 보고 있다.[6]

　그런데 저작권 체계에서 다루어지는 객체, 즉 법익이 지키고 자 하는 대상은 불확정의 개념으로 이루어져 있다. 이는 무체재산 권의 특징으로 볼 수 있는데, 이러한 불확정성을 제거하기 위하여 저작권법을 통하여 일정한 기준(요건)을 구체화하게 된다. 따라서 법정의 기준(요건)을 충족하면 해당 창작물에 저작권적 보호가 제 공되며, 기준이 충족되지 않는다면 저작권적 보호가 제공되지 않게 되는 것이다. 그럼에도 불구하고 여전히 불확정성은 완전히 해소 되지 않으며, 이는 저작권법의 해석과 판단 등에 있어서 일정한 어 려움을 초래하는 요인으로 작용한다. 이에 저작권법은 그러한 불 확정성을 법의 존재 목적에 근거하여 해결할 수 있도록 하고 있다.

나. 저작권법의 목적

　저작권법은 제1조에서 "이 법은 저작자의 권리와 이에 인접하 는 권리를 보호하고 저작물의 공정한 이용을 도모함으로써 문화 및 관련 산업의 향상 발전에 이바지함을 목적으로 한다."라고 명시 한다. 저작권법은 궁극적으로 문화 및 관련 산업의 향상 발전에 이 바지하는 방향으로 작용하며, 이를 위하여 저작자의 권리(저작인격 권 및 저작재산권)와 이에 인접하는 권리(저작인접권)의 보호, 그리고 저작물의 공정한 이용 도모를 그 수단으로 삼고 있다. 저작권을 흔 히 저작권자를 보호하는 권리로 이해하곤 하는데, 저작권법의 목 적 규정에서 보는 바와 같이 저작권법은 저작권자의 권리 보호뿐

6　윌리엄 M. 랜디스, 리처드 A. 포스너(정갑주, 정병석, 정기화 역), 「지적 재산권법의 경제 구조」, 일조각, 2011, 109면.

만 아니라 이용자의 공정한 이용도 보장함으로써 권리자와 이용자 간의 균형을 유지하도록 하고 있다.

저작권의 목적은 앞서 살펴본 바와 같이 저작권법에 내재된 불확정성을 보완하는 가장 중요한 해석의 기준으로 활용되고 있다는 점에 큰 중요성을 갖는다.

다. 컴퓨터프로그램에 대한 저작권적 태도

컴퓨터프로그램은 미국에서도 1976년에야 저작권법의 보호 대상으로 포함되었을 만큼 가장 최근에 저작권 보호 영역으로 들어온 유형이라 할 수 있다. 미국의 「저작물의 새로운 기술적 이용에 관한 국립위원회의 최종보고서(CONTU)」에서는 컴퓨터프로그램을 저작물로 인정할 것을 위한 권고를 하면서 정보의 복제가 용이해짐에 따른 법적 보호의 필요성이 증가하였다는 점을 근거로 한다. 특히 과학기술의 발전은 과거에 존재하지 않던 새로운 형태의 창작적 표현을 만들어 낼 수 있으며, 저작권의 보호 범위는 이와 같은 확장을 고려하여야 한다는 것이다.

컴퓨터프로그램은 어문저작물과 유사한 형태의 표현으로 이해되고 있다.[7] 미국 역시 CONTU 보고서에서 컴퓨터프로그램을

---

7 TRIPs 제10조 제1항에서 컴퓨터프로그램은 원시코드(source code)와 목적코드(object code)를 불문하고 모두 베른협약상의 어문저작물로서 보호되어야 한다고 규정하고 있다. "Article 10 (Computer Programs and Comoilations of Data) 1. Copmputer programs, whether in source code, shall be protected as literary works under the Berne Convention (1971)", 미국의 경우도 어문저작물(literary works)은 컴퓨터프로그램과 컴퓨터데이터베이스를 포함한다는 의회보고서에 따라서 1976년 저작권법 개정 시 컴퓨터프로그램을 저작물의 범위로 포함시켰다.

저작권법 제102조(a)의 보호 저작물의 분류 중 어문저작물에 해당하는 것으로 명시함으로써 컴퓨터프로그램을 어문저작물의 일종으로 보았다.[8] 이로 인하여 컴퓨터프로그램의 다양한 요소 중에서 어문저작물과 유사한 형태를 갖는 소스코드 및 오브젝트코드가 대표적인 보호받는 표현으로 다루어진다. 이외의 요소들에 대해서는 그들이 저작권으로 보호받을 수 있는 표현으로 볼 수 있는지, 그 경계에 관하여 오랜 기간 논의가 이루어지고 있다. 미국 저작권법 제102조(b)[9]는 컴퓨터프로그램의 보호범위에 대한 기본적 전제를 제시하는데, 이는 미의회보고서에서의 프로그래머가 작성한 표현이 컴퓨터프로그램에 대한 저작권 보호의 요소라는 점과 프로그램에 담긴 실제의 프로세스나 방법은 저작권의 범주에 속하지 않는다는 내용[10]에 따른 것으로 보인다. 이 당시와 같이 컴퓨터프로그램을 저작권에 의한 보호 대상으로 볼 것인지 여부에 관한 논의(1세대 논의)에 이어서 최근 문제가 되는 것은 컴퓨터프로그램에서 저

---

8 "'어문저작물'이란 용어는 문학적인 품격이나 질적 가치의 기준을 암시하지 않는다. 이에는 카탈로그, 디렉토리 및 사실에 관한 저작물, 참고서 또는 지도서, 그리고 자료 편집물이 포함된다. 또한 컴퓨터 데이터베이스와 컴퓨터프로그램도 사상 그 자체와 구별되는 것으로서, 프로그래머의 독창적 사상을 포함한 것인 한 포함된다." 최경수 역, 「저작물의 새로운 기술적 이용에 관한 국립위원회의 최종보고서(CONTU)」, 저작권심의조정위원회, 1994, 46면.

9 어떠한 경우에도, 독창적인 저작물에 대한 저작권 보호는 그것이 그 저작물에 기술, 설명, 예시, 또는 수록되는 방법에 관계없이, 관념, 절차, 공정, 체제, 조작 방법, 개념, 원리, 또는 발견에는 미치지 아니한다 (In no case does copyright protection for an original work of authorship extend to any idea, procedure, process, system, method of operation, concept, principle, or discovery, regardless of the form in which it is described, explained, illustrated, or embodied in such work.).

10 최경수 역, 전게서(1994), 53면.

작권의 보호범위를 어디까지 인정할 것인가 여부이다(2세대 논의). 이러한 논의는 컴퓨터프로그램의 보호범위와 관련하여 저작권법상 기본원칙인 아이디어·표현 이분법의 구체적인 의미를 정하는 문제이기도 하고, 동시에 컴퓨터프로그램의 저작권 침해와 관련된 분쟁에서 '실질적 유사성'을 판단하는 기준에 관한 문제로도 연결된다.[11]

한편, 우리나라는 1957년 저작권법을 제정할 당시에는 컴퓨터프로그램을 저작물의 영역으로 포함시키지 않고 있었다. 물론 법률에 명시한 유형은 예시의 성격을 갖기 때문에 컴퓨터프로그램이 명시되어 있지 않더라도 해석상 저작권법에 의하여 다루어질 여지가 전혀 없는 것은 아니다. 그러한 와중에 1980년대를 거치면서 미국과의 통상 문제로 인하여 저작권 분야에도 압력이 가해졌고, 이를 대응하는 과정에서 1985년「컴퓨터프로그램 보호법」이라는 별도의 법을 제정[12]함으로써 컴퓨터프로그램의 저작권을 저작권법과 분리하여 다루기 시작하였다. 컴퓨터프로그램 저작권의 이원적 규율은 컴퓨터프로그램이 갖는 특수성에 중심을 두었다는 점을 원인으로 한다. 이후 컴퓨터프로그램은 약 20년간 저작권법과 분리되어 다루어져 오다 2009년 컴퓨터프로그램 보호법이 폐지되면서 컴퓨터프로그램 저작권에 관한 사항이 저작권법으로 포섭된다. 이로써 컴퓨터프로그램은 단일한 저작권 체계에서 다루어지게 된다.

논의의 기간이 짧아서 그럴 수 있겠지만, 컴퓨터프로그램에

---

11   이해완,「저작권법」, 박영사, 2007, 904-905면.
12   컴퓨터프로그램 보호법의 제정 관련 자세한 사항은 컴퓨터프로그램보호위원회,「컴퓨터프로그램보호위원회 20년사: u-SW 强國을 향하다」, 2007, 36-42면 참조.

대한 저작권적 논의는 다소 일반적인 영역에 한정되어 있는 것으로 보인다. 컴퓨터프로그램이 다른 유형의 저작물에 비하여 갖는 특수한 성질을 아직 충분히 고려하지 못하고 있기 때문인데, 권리의 범위를 특정하는 것에서 유사성의 경계를 정하는 것 등 다양한 사항에 대한 구체적 고민이 필요하다. 대표적인 예로는 소스코드에서 보호받지 못하는 부분을 구분해 내는 것을 들 수 있다. 뒤에서 다시 살펴보겠지만 실질적 유사성을 탐지하기 위해서는 컴퓨터프로그램의 소스코드에서 보호받지 못하는 부분을 필수적으로 제거하는 과정을 거쳐야 한다. 그런데 수많은 코드 라인이 유기적으로 얽혀 있는 상태에서 제거되어야 할 부분과 보호하여야 할 부분을 정확히 선을 그어 구별할 수 있을까? 실무적으로는 기술전문가들의 지식·경험에 의하여 다루어지고 있지만, 이러한 문제가 법적 영역의 고민 없이 단순히 기술적 영역에 한정된 것으로 다루는 것이 적절할지는 의문이다. 실무에 있어서도 이러한 특성을 고려하여야 하며, 분쟁의 발생 시 해당 기술과 법률 모두에 깊은 이해를 갖고 대응할 수 있도록 하는 것이 적절하다.

2. 보호되는 저작물과 저작권자

가. 저작물의 인정 기준

저작권법은 제2조 1호에서 저작물을 "인간의 사상 또는 감정을 표현한 창작물"로 정의한다. 저작물의 개념적 범주는 법에 의하여 권리를 부여할 대상을 확정하는 것이라는 점에 매우 중요하다. 먼저 인간의 사상 또는 감정을 표현한 것이어야 한다는 것은 인간이 아닌 원숭이·인공지능 등에 의하여 만들어진 것은 저작권 보호 대상, 즉 저작물로 인정될 수 없으며, 컴퓨터프로그램에 의하여 자동적으로 만들어진 코드, 자연에 의하여 만들어진 무늬나 홈집 등도 역시 인간에 의하여 사상 또는 감정이 표현된 것이 아니라는 점에서 저작물로 인정되지 않는다. 유의할 것은 특정의 창작물(저작권 보호 및 비보호 대상을 포함하는 광의의 창작)이 경제적 가치를 갖는다고 하여 이를 저작물로 인정하고 저작권을 부여할 수는 없다는 점이다. 흔히 어떠한 것은 창작하는 데 많은 노력과 비용이 소요되었으며, 이것으로 인한 경제적 가치를 인정해야 되기 때문에 저작권에 의한 보호를 받아야 한다는 주장이 발견되는데, 창작성을 갖추고 있는 경우에 한하여 저작권에 의한 보호를 제공할 수 있도록 하는 것이 현재의 저작권법이 갖는 체계이다.[13]

창작성의 요건을 어떻게 볼 것인지에 관하여 많은 논란이 있어 왔다. 이는 창작자가 남의 것을 베끼지 않고 독자적으로 작성한 것인지, 또한 단순히 독자적인 작성뿐만 아니라 최소한의 창조적 개성을 갖추고 있을 것인지에 관한 법정책적 영역의 문제이기 때문이다. 컴퓨터프로그램과 같은 기능적 저작물은 그 특성상 단순히 독자적 작성뿐만 아니라 일정한 정도의 창조적 개성이 나타날 수 있어야 창작성이 인정될 수 있을 것으로 보는 것이 일반적이다. 왜냐하면 소설 등은 독자적으로 작성하였다면 그 내용에 있어서

---

13 물론 저작권법 체계에 대한 혁신적인 변혁이 이루어진다면 가능할 수도 있을 것이다. 다만 이때는 우리나라의 저작권법 체계뿐만 아니라 해외 국가들 역시 동일한 방향의 체계 개편이 이루어져야 실효성 있는 변혁이 가능할 것이다. 왜냐하면 전 세계적으로 영향을 미치고 협약 등에 의하여 일정한 틀을 형성하고 있는 저작권 분야는 한 국가가 독자적인 태도를 견지한다고 하여 그것이 큰 의미를 가질 수 없을 뿐 아니라 해당 국가 스스로 고립되는 것을 초래하기 때문이다.

사실상 당연히 창작적 개성이 나타날 수밖에 없지만, 컴퓨터프로그램의 경우에는 독자적으로 작성하였다고 하더라도 오픈소스를 사용하거나 관용적 예제를 활용하는 등의 경우에는 작성자의 창조적 개성이 나타나지 않을 수 있기 때문이다.

그런데 저작물의 성립 요건을 갖추었다고 하더라도 특정의 창작물을 저작물로 인정하지 않는 경우가 있다. 대표적으로 효율성 및 표준 등 어떠한 이유로 인하여 창작물의 표현이 누가 하더라도 그 표현 이외에는 달리 표현할 수 없는 경우가 이에 해당한다. 이러한 경우를 저작권법에서는 아이디어와 표현이 합체(merge)되었다고 하여(이를 '아이디어 · 표현 합체의 원칙'이라 한다) 해당 표현에는 저작권을 부여하지 않는다. 왜냐하면 어떠한 아이디어를 표현하기 위한 유일한 방법에 배타적 권리인 저작권을 인정하게 되면 사실상 그 아이디어에 배타적 권리를 부여한 것과 동일한 효과가 있기 때문이다. 아이디어와 표현이 합체된 경우에는 아이디어의 자유로운 유통을 보장할 수 있도록 저작권을 부여하지 않는 것이 사회 전체의 후생에 이익이 될 것으로 보는 것이다. 그 이외에도 필수장면의 원칙, 사실상의 표준 원칙 등에 의하여도 저작권에 의한 보호가 제한될 수 있다.

컴퓨터프로그램의 경우에는 저작권 보호 범위와 관련하여 별도의 규정을 두고 있다. 컴퓨터프로그램을 작성하기 위하여 사용하는 것 중에서 프로그램을 표현하는 수단으로서 문자 · 기호 및 그 체계인 '프로그램 언어', 특정한 프로그램에서 프로그램 언어의 용법에 관한 특별한 약속인 '규약', 프로그램에서 지시명령의 조합 방법인 '해법'은 저작권법에 의하여 보호받지 못한다. 따라서 C언어 등 프로그래밍 언어 그 자체는 저작권이 없으며, 알고리즘 역시 저작권으로 보호받지 않는다. 이에 알고리즘이 동일하지만 구체적인 소스코드가 달리 표현된 경우, 소스코드가 동일하더라도 알고리즘이 완전히 동일하여 이를 구현하기 위해서는 달리 표현할 수 없는 경우[14] 등은 저작권 침해가 성립하지 않게 된다.

아울러 저작권법이 보호하는 컴퓨터프로그램은 일반적으로 인식하는 광의의 개념이 아니라, 특정한 결과를 얻기 위하여 컴퓨터 등 정보처리능력을 가진 장치 내에서 직접 또는 간접으로 사용되는 일련의 지시 명령으로 표현된 창작물을 의미한다(법 제2조 제16호). 앞서 설명한 바와 같이 컴퓨터프로그램은 어문저작물의 일종으로 다루어지는데, 그로 인하여 저작권이 보호되는 컴퓨터프로그램의 요소로는 소스코드(source code)와 오브젝트코드(object code)가 전형적이라 할 수 있다. 자동생성 코드나 주석 등은 작성자의 창작성이 인정되지 않거나 특정한 결과를 위해 지시 명령의 기능을 수행하지 못하므로 저작물로 인정될 수 없다. 특히 라이브러리 파일 등의 데이터 파일은 실제에서 컴퓨터프로그램 저작물로 인식하는 경향이 발견되기도 하는데, 이는 지시 명령의 기능을 수행하지 않고 단순히 일정한 사항을 디지털화하여 정보로 저장하고 있는 형태에 불과하므로 저작물로 볼 수 없다.

나. 저작물의 유형과 의미

그렇다면 위의 요건을 만족하기만 하면 모든 것이 저작물로 인정될 수 있을까? 아니면 요건을 만족하더라도 저작권법에 구체적으로 명시된 유형에 해당하여야 하는 것인가? 저작권법 제4조는 저작물의 종류와 관련하여 소설·시·논문·강연·연설·각본 그

---

14 이 경우는 복제하여 똑같은 것이 아니라 우연히 동일한 아이디어를 구현하기 위해 아디이어와 표현이 합체된 상태를 전제한다.

밖의 어문저작물, 음악저작물, 연극 및 무용 무언극 그 밖의 연극저작물, 회화·서예·조각·판화·공예·응용미술저작물 그 밖의 미술저작물, 건축물·건축을 위한 모형 및 설계도서 그 밖의 건축저작물, 사진저작물, 영상저작물, 지도·도표·설계도·약도·모형 그 밖의 도형저작물 및 컴퓨터프로그램 저작물을 예시한다. 이와 같은 저작물의 유형은 단순히 예시에 해당하므로 제시된 유형 중 어느 하나에 명확하게 해당하지 않더라도 저작물의 성립 요건을 충족하였다면 저작권법에 의하여 보호를 받는 저작물로 인정된다.

지적 창조물과 저작물의 관계

다. 저작자와 저작권

저작권법은 제2조 2호에서 저작자를 "저작물을 창작한 자"로 정의하고 있다. 이에 저작자가 되기 위해서는 저작물의 창작 이외에 등록행위 등과 같은 추가적인 절차 요건을 필요로 하지 않는다.

그런데 실제로 저작자와 관련된 논란으로는 저작물의 창작을 누가한 것인지 주장이 대립되거나, 저작물 창작과정에서 발생한 일련의 기여행위 중 누구의 행위까지 저작자로 인정할 수 있는지가 대표적이다.[15] 첫 번째 논란에 관하여는 구체적인 사실의 확인에 따라 판단될 수 있는 문제이나, 두 번째 논란에 관하여는 저작권법에서 특별한 규정을 두어 기준을 마련하고 있다. 공동저작자, 업무상 저작자 등에 대한 규정이 이에 해당한다.

　공동저작자는 공동저작물을 창작한 자를 의미하며, 2인 이상이 공동으로 창작한 저작물을 공동저작물이라 정의한다. 즉, 공동저작물을 창작하는 과정에서 실질적인 기여(창작적 표현)를 제공한 사람을 공동저작자라 한다. 공동저작물은 개별적으로 이용이 불가능할 것 또한 2인 이상이 공동으로 창작에 관여하여야 할 것을 요건으로 충족하여야 한다. 이로 인하여 공동저작자는 서로 어떠한 부분을 창작하였는지 물리적으로 명확하게 분리할 수 없다는 특징을 갖는다. 컴퓨터프로그램 저작물의 경우 각각의 프로그래머가 모듈을 나누어 코딩을 한 후, 이를 물리적으로 합하여 단일의 컴퓨터프로그램으로 완성하였다면, 이는 각각의 기여한 표현이 분리될 수 있는 것이어서 공동저작물이 될 수 없다(결합저작물에 해당한다). 만일 참여한 각각의 프로그래머가 코딩한 부분을 특정할 수 없도록 섞어서 구성하였다면 공동저작물로 볼 수 있다. 공동저작자 중 1인이 자신의 권리, 즉 저작재산권 혹은 저작인격권을 행사하기 위해서는 다른 공동저작자 전원의 합의가 필요하다. 공동저작물의 경우 권리자 일방이 자신이 지분을 갖는 권리를 행사하려면 필연적으로 다른 권리자의 지분을 이용할 수밖에 없기 때문이다. 즉,

---

15　이해완, 「저작권법」, 제2판, 박영사, 2012, 223면.

저작물의 이용 시 자신의 기여 부분만을 분리하여 이용할 수 없고 전체를 이용할 수밖에 없다는 점이 이유이다. 예외적으로 자신 이외의 공동저작자가 신의에 반하여[16] 합의의 성립을 방해하거나 동의를 거부하는 것은 허용되지 않는다. 이는 권리남용을 방지하기 위함이다.

한편, 업무상저작물의 저작자에 관한 문제는 자인연이 아닌 기업(사용자)이 저작물에 대한 권리 주체가 될 수 있도록 하는 예외라는 점에서 매우 중요한 사항이다. 다시 말하면 창작자 원칙의 예외이다. 저작권법은 ① 법인·단체 그 밖의 사용자가 저작물의 작성에 관하여 기획한 것이어야 할 것, ② 법인 등의 업무에 종사하는 자에 의하여 작성된 것이어야 할 것, ③ 업무상 작성하는 저작물일 것의 요건을 충족하면 업무상저작물로 인정하며, 이러한 ④ 업무상저작물이 법인 등의 명의로 공표된 때에 해당 업무상저작물의 저작자를 사용자 등으로 인정한다. 예외적으로 대상의 비밀성 등을 고려하여 컴퓨터프로그램 저작물의 경우는 법인 등의 명의로 공표되지 않더라도 업무상저작물로 성립하면 바로 사용자 등을 저작자로 본다. 업무상저작물의 저작자인 사용자 등은 저작재산권뿐만 아니라 저작인격권도 갖게 되며, 진정한 권리의 주체로 활동할 수 있다. 실제 창작한 자가 아님에도 불구하고 저작자에 해당하는 권리를 인정하는 것은 저작물의 거래 원활화 및 저작물 창작에 따른 사용자의 비용 및 노력 투자를 보상하기 위한 점 등을 고려하여 저작물 창작에 대한 사용자의 지속적인 지원이 이루어질 수 있도록 하기 위함이다.

---

16 신의칙에 반하는지 여부는 공동저작물의 작성 목적, 저작인격권 혹은 저작재산권 행사의 구체적 내용 및 방법, 신의성실 원칙, 금반언의 원칙 등에 비추어 부당함이 인정될 수 있는지 여부의 판단에 따른다.

한편, 우리가 흔히 저작권이라 지칭하는 것은 사실 단일한 권리가 아닌 권리의 집합 개념이다. 저작권법은 저작권의 종류를 저작인격권과 저작재산권으로 구분한다. 저작인격권은 공표권·성명표시권·동일성유지권, 저작재산권은 복제권·공연권·공중송신권·전시권·배포권·대여권·2차적저작물작성권으로 구성된다. 이들 각 세부 권리들은 통상 '지분권'이라 지칭한다. 이에 '저작권을 침해하였다'라는 말은 사실 '복제권을 침해하였다'와 같이 각 지분권 중 어떠한 권리를 침해한 것인지를 명확히 명시하는 것이 보다 정확한 표현인 것이다. 물론 저작권이 각 지분권에 대한 집합적 개념을 갖고 있으므로 저작권을 침해하였다는 표현이 완전히 잘못되었다고 보기는 어려울 것이다.

3. 허용되는 저작물의 자유로운 이용 범위

가. 저작재산권 행사의 제한

저작권 침해를 주장하는 경우 권리자는 침해자가 권리자의 저작물을 허락 없이 이용하였으며, 이때 이용된 부분이 원저작물과 실질적으로 유사한 정도에 해당함을 입증하게 된다. 반면 저작권 침해에 대한 상대방(주로 피고)의 입장에서는 통상적으로 침해의 대상이 된 원저작물의 저작물성을 부정하거나, 이용자의 이용행위가 저작권법에 의하여 책임이 면책되는 행위에 해당함을 입증하는 것이 대표적인 항변 방법이다. 특히 후자에 대한 방법, 즉 타인의 저작물을 허락 없이 이용하긴 하였으나 저작권법에 명시되어 있는 일정한 경우에 따라 저작권 침해의 책임 면책을 주장하는 것을 통상 공정이용의 항변이라 한다.

저작권법은 저작재산권 행사의 제한을 일반적인 저작물을 대상으로 개별적 상황에 따른 규정과 포괄적 규정인 공정이용(fair use) 규정을 두고 있으며, 컴퓨터프로그램 저작물에 대해서는 별도로 저작재산권 행사를 제한하는 규정을 두고 있다.

구체적으로는 재판절차 등에서의 복제, 정치적 연설 등의 이용, 공공저작물의 자유이용, 학교교육 목적 등에의 이용, 시사보도를 위한 이용, 시사적인 기사 및 논설의 복제 등, 공표된 저작물의 인용, 영리를 목적으로 하지 아니하는 공연·방송, 사적이용을 위한 복제, 도서관 등에서의 복제, 시험문제로서의 복제, 시각장애인 등을 위한 복제 등, 청각장애인 등을 위한 복제 등, 방송사업자의 일시적 녹음·녹화, 미술저작물 등의 전시 또는 복제, 저작물 이용 과정에서의 일시적 복제에 대한 규정에서 정하는 요건을 충족하는 경우에는 저작권자의 허락 없이 타인에 의한 저작물 이용이 이루어지더라도 이용자는 책임에서 자유롭게 된다.

한편, 컴퓨터프로그램 저작물에 관하여, 재판 또는 수사를 위하여 복제하는 경우, 유아교육법, 초·중등교육법, 고등교육법에 따른 학교 및 다른 법률에 따라 설립된 교육기관(상급학교 입학을 위한 학력이 인정되거나 학위를 수여하는 교육기관에 한한다)에서 교육을 담당하는 자가 수업과정에 제공할 목적으로 복제 또는 배포하는 경우, 초·중등교육법에 따른 학교 및 이에 준하는 학교의 교육목적을 위한 교과용 도서에 게재하기 위하여 복제하는 경우, 가정과 같은 한정된 장소에서 개인적인 목적(영리를 목적으로 하는 경우를 제외한다)으로 복제하는 경우, 초·중등교육법, 고등교육법에 따른 학교 및 이에 준하는 학교의 입학시험이나 그 밖의 학식 및 기능에 관한 시험 또는 검정을 목적(영리를 목적으로 하는 경우를 제외한다)으로 복제 또는 배포하는 경우, 프로그램의 기초를 이루는 아이디어 및 원리를 확인하기 위하여 프로그램의 기능을 조사·연구·시험할 목적으로 복제하는 경우(정당한 권한에 의하여 프로그램을 이용하는 자가 해당 프로그램을 이용 중인 때에 한한다)에 역시 책임이 면책된다.

나. 공정이용

저작권법은 공정이용에 관한 일반적 면책요건을 충족하는 경우에는 저작권 침해의 책임을 면책시켜주고 있다. 저작권법 제35조의3은 공정이용에 관하여 구체적으로 특정하여 명시된 면책 사유 이외에 저작물의 통상적인 이용 방법과 충돌하지 아니하고 저작자의 정당한 이익을 부당하게 해치지 아니하는 경우에는 저작물을 저작자의 허락 없이 이용할 수 있다고 한다. 특히 저작물의 이용행위가 공정이용에 해당하는지 여부를 판단할 때에는 '이용의 목적 및 성격', '저작물의 종류 및 용도', '이용된 부분이 저작물 전체에서 차지하는 비중과 그 중요성', '저작물의 이용이 그 저작물의 현재 시장 또는 가치나 잠재적인 시장 또는 가치에 미치는 영향'을 고려하여야 한다.

이와 같이 저작권법이 명시하고 있는 침해의 책임을 면책할 수 있는 요건을 충족하는 경우에는 저작자의 허락 없이 이용하였음에도 불구하고 저작권법상의 책임을 지지 않고 자유롭게 해당 저작물을 이용할 수 있게 된다.

다. 공개소프트웨어와 저작권의 관계[17]

공개소프트웨어(FOSS)는 통상 오픈소스소프트웨어와 동의어로 이용되기도 하지만, 정확히는 자유소프트웨어(Free Software)[18]와 오픈소스소프트웨어(Open Source Software: OSS)를 모두 일컫는 용어로서, 소프트웨어 개발자가 자신이 개발한 프로젝트의 소스코드를 공개하여 누구나 자유롭게 사용·복제·수정 및 배포할 수 있도록 개방한 소프트웨어로 정의된다.[19] 공개소프트웨어의 라이선스는 공개소프트웨어 개발자와 이용자 간에 사용방법 및 조건의 범위를 명시한 계약을 의미한다.[20] 이는 기본적으로 OSI(Open Source Initiative)라는 비영리 인증단체에서 제시한 공개소프트웨어로 인증받기 위한 아래의 10가지 기준(Open Source Definition: OSD)을 충족시키면 인정될 수 있으며, 2016년 11월 현재 총 78개의 라이선스가 인증되어 있다. 공개SW 라이선스들은 그 내용에 따라 다양한 형태로 나타나나, 특히 카피레프트 조항을 포함하는지 여부에 따라 Permissive 라이선스와 카피레프트 라이선스로 구분되며, 카피레프트 라이선스는 다시 GPL형 라이선스와 MPL형 라이선스로 분류될 수 있다.[21] Permissive 라이선스에 해당하는 것으로는 BSD,

---

17 김시열, "공개소프트웨어에 대한 저작권 관점의 쟁점과 그 원인", 정보과학회지 제35권 제9호, 2017, 61-64면의 내용을 발췌하여 정리.

18 이때의 자유(free)라는 용어는 무료의 의미가 아닌 사용의 자유(libre)를 의미한다. TTA정보통신용어사전(http://100.daum.net/encyclopedia/view/55XXXXX15123) 참조.

19 박준석, "공개SW의 이해와 관리", 2016년도 공공SW사업 발주관리 교육자료, 2016, 3면.

20 김시열, 「디지털 환경에서의 SW 지식재산권 보호체계 선진화 방안」, 국가지식재산위원회, 2014, 117면.

21 이철남, 「오픈소스SW 라이선스 분쟁대응 가이드 개선 연구」, 한국저작

MIT, Apache 라이선스 등이 있으며, GPL형 카피레프트 라이선스에 해당하는 것으로는 GPL2.0, GPL3.0, LGPL2.1, LGPL3.0, AGPL3.0 등이 포함, MPL형 카피레프트 라이선스에 해당하는 것으로는 MPL, CDDL, EPL 등이 포함된다.[22]

　　저작권법은 저작물로 인정되기 위해서는 해당 창작물이 인간의 사상 또는 감정을 표현한 창작물이어야 한다는 요건을 충족할 것을 요구한다. 저작권법 제4조 제1항 9호에서 저작물의 예시로 컴퓨터프로그램을 명시함으로써 컴퓨터프로그램 역시 그 작성에 창작성이 있다면 저작물이 될 수 있다.[23] 공개소프트웨어 역시 컴퓨터프로그램이므로 그 작성에 창작성이 인정될 수 있다면 당연히 저작물에 해당된다.

　　이러한 배경에서 공개소프트웨어는 저작권법 하에서의 지위를 두 가지 관점으로 구분해서 생각해 볼 수 있다. 첫째, 공개소프트웨어를 창작한 개발자의 관점이다. 실제 이용 단계에서는 개발자(원저작자)의 허락 및 일련의 비용지급 없이 자유롭게 이용이 가능하더라도 해당 공개소프트웨어가 창작성이 있는 경우 이는 개발자가 저작권을 소유하게 된다. 즉, 공개소프트웨어라 하더라도 정당한 저작물이 될 수 있으며 이 경우 저작권법에 의한 보호를 받게 된다는 것이다. 둘째, 공개소프트웨어를 이용한 개발자의 관점이다. 이는 앞서 설명한 내용에 반대로 창작성이 없는 경우에 해당한다. 창작성이 없는 경우란, 해당 공개소프트웨어를 창작 시 다른 공개소프트웨어를 이용하거나 관용적 소스코드의 사용, 프로그래

　　권위원회, 2012, 12면.

22　이철남, 상계보고서(2012), 12-25면.

23　컴퓨터프로그램의 저작물성에 관하여 자세한 내용은 김시열, 「저작권 교양강의」, 개정판, 도서출판 범한, 2017, 52-56면 참조.

밍 도구에 의한 자동생성 코드 등의 상당한 활용으로 작성된 프로그램의 전부 혹은 부분이 개발자의 창작적 개성을 찾을 수 없는 경우를 의미한다. 전부가 창작성이 없다면 해당 프로그램 전체가, 부분에 창작성이 없다면 해당 부분에 한하여 저작권이 부여되지 않는다.

이에 컴퓨터프로그램을 대상으로 한 저작권 침해 분쟁에서 공개소프트웨어가 고려되어야 하는 경우는 주로 후자, 즉 공개소프트웨어를 이용하여 타 컴퓨터프로그램을 개발하는 자의 관점이다. 이 경우 이용된 공개소프트웨어는 이를 이용한 개발자의 창작부분이 아니므로 분쟁 대상 컴퓨터프로그램 간의 실질적 유사성을 판단하는 경우 반드시 비교 대상에서 제외되어야 한다.

4. 사법상 구제

분쟁과 관련하여서는 주로 민사상 구제와 형사상 구제가 다루어진다.

저작권법은 민사상 구제로는 침해정치 및 예방청구권, 침해물의 폐기 및 필요한 조치, 가처분, 손해배상청구권, 명예회복 등의 청구, 부당이득반환청구권 등을 명시하고 있다. 한편 형사상 제재로는 저작재산권 침해죄, 저작인격권 침해죄, 비밀유지명령 위반죄, 부정발행 등의 죄, 출처명시 위반죄 등이 명시되어 있다.

실무적으로 컴퓨터프로그램에 관한 저작권 침해 분쟁 시에는 소를 제기하는 측에서 영업비밀 보호에 관한 위반을 함께 청구하는 것이 일반적이다. 이는 컴퓨터프로그램이 갖는 특징으로 인한 것인데, 주로 분쟁의 대상이 되는 핵심인 소스코드는 해당 회사의 중요한 가치의 원천으로 영업비밀로 다루어지는 경우가 많기 때문이다. 저작권 침해와 영업비밀 보호 위반에 대한 청구를 함께 함으로써 전략적 이익을 도모하는 경우가 많다.

제3장

컴퓨터프로그램의 실질적 유사성 판단

1. 컴퓨터프로그램의 저작권 침해

가. 컴퓨터프로그램의 기술적 배경 및 특성

컴퓨터는 각종 데이터를 처리하는 것을 목적으로 하는 매우 정교한 전자적 장치이나, 그 자체로는 어떠한 기능도 수행할 수 없고 반드시 사람이 작성한 프로그램에 의해서만 기능 수행이 가능하다. 이때 컴퓨터프로그램을 작성하는 데 이용되는 언어 가운데 컴퓨터가 읽고 이해할 수 있는 언어를 기계어라고 한다. 기계어는 인간의 언어와는 달리 2진언어(binary code)[1]로 이루어져 있는데, 사람이 2진언어를 이해하는 것은 매우 어렵다. 그러므로 프로그래머는 인간이 직접 이해할 수 있는 고급언어[2]로 표현되는 소스코드(source code)를 작성하고 이를 기계어로 변환(컴파일, compile)하여 컴퓨터가 이해할 수 있는 오브젝트코드(object code)라고 하는 2진언어를 만들게 된다. 컴퓨터는 오브젝트코드를 읽고 이로 인하여 작동하게 된다.

컴퓨터프로그램을 작성하는 것을 프로그래밍(programming)이라고 한다. 이는 특정한 문제의 해결 및 작업의 수행을 목적으로 프로그래밍 언어를 사용하여 프로그래머가 갖고 있는 아이디어 등을 최종적인 제품으로 구현하는 것으로서 이는 다음의 여러 단계

1　수치 데이터, 문자 데이터, 음성 및 영상 등의 디지털 정보를 나타내기 위한 0과 1로 나타내는 방식이다. 컴퓨터는 소스코드 자체를 읽을 수 없어 소스코드를 컴파일하여 생성된 목적코드, 즉 2진언어를 통하여 작동이 가능하다.

2　인간이 이해할 수 있는 명령문이나 기호를 사용하여 프로그램의 작성과 판독이 쉽도록 만들어진 프로그래밍 언어이다.

를 거쳐 이루어지게 된다. 첫째, 프로그래머는 작성할 프로그램이 이용자에게 어떠한 서비스의 제공을 목적으로 하는지를 결정하게 된다. 둘째, 프로그래머는 이용자의 요구를 충족시키는 데 필요한 기능을 결정하여야 한다. 셋째, 프로그래머는 작성하고자 하는 프로그램의 전반적인 구조를 디자인하여야 한다. 일반적으로 세 번째 단계에서 흐름도 등의 산출물들이 도출되고 이는 코딩과정에서 활용된다. 넷째, 프로그래머는 실제적인 소스코드를 작성함으로써 디자인된 프로그램을 구체화시키게 된다. 마지막으로 작성된 프로그램에서 오류 등이 발생하지 않는지 검토하는 단계를 거쳐 컴퓨터프로그램이 완성되게 된다. 일련의 제작 과정 중 각 단계별로 투입되는 노력은 동일하지 않다. 흔히 소스코드를 직접 작성하는 과정에 많은 노력이 수반되는 것으로 생각하곤 하나, 실제로 프로그램을 작성함에 있어서 가장 많은 노력이 들어가는 부분은 프로그램을 기획하고 구조 등을 디자인하는 과정이다.[3]

컴퓨터프로그램을 개발하는 데 많은 시간과 노력이 소요되는 것과는 달리 컴퓨터프로그램은 전자적 형태로 이루어져 있기 때문에 추가적인 노력이 거의 없이 이를 원본과 동일한 수준으로 복제하는 것이 가능하다. 이 문제는 권리자들이 컴퓨터프로그램 저작권의 강력한 보호를 주장하는 원인이 된다.[4] 다만, 그 구체적인 보

---

3 따라서 소스코드에 대한 보호뿐만 아니라 컴퓨터프로그램을 디자인하는 단계에서의 산출물에도 저작권을 부여하여야 한다는 주장이 있다. Julian Velasco, "The copyrightability of nonliteral elements of computer programs", *Columbia Law Review*, January 1994, 2-3면.

4 이러한 취지에서 기업의 무형자산인 컴퓨터프로그램의 저작권의 엄격한 보호의 목적과 더불어, 컴퓨터프로그램 개발도구 및 언어를 이용한 개작 및 증거인멸을 시도하는 등 점차 침해 여부를 밝혀내는 것이 어려워지는 문제를 해결하기 위해 소프트웨어저작권 전문과학수사기법의 개발이 필요하다고 하는 주장도 있다. 'SW지식재산권의 중요성'(http://www.etnews.

호의 정도는 실질적 유사성 판단 대상에 관한 문제와 연결된다. 저작권 침해 소송에 있어서 실질적 유사성 판단은 저작권에 의하여 보호받는 표현만으로 그 대상을 한정하고, 두 비교대상이 실질적으로 유사한 정도에 이르는지 여부를 판단하는 것이기 때문이다. 만일 정책적으로 강한 보호를 제공하고자 한다면 실질적 유사성의 판단 대상, 즉 저작권 보호대상 범위를 넓게 설정하면 되며, 상대적으로 약한 보호를 제공하고자 한다면 그 범위를 좁게 설정하면 된다. 따라서 컴퓨터프로그램에 대해 어느 정도의 저작권 보호를 제공하는지 그 정도는 실질적 유사성의 판단 대상을 어디까지 인정할 것인지에 대한 문제와 연결되는 것이다.

컴퓨터프로그램은 다른 저작물의 유형과 달리 이들과 구별되는 몇 가지 특성을 갖는다. 저작권 침해 분쟁에서 컴퓨터프로그램을 다루는 데 있어서는 이들 특성이 고려되어야 한다.

첫째, 매우 짧은 생명주기를 갖고 있다. 컴퓨터프로그램을 하나의 생명체처럼 탄생에서 사망까지의 변환과정으로 보는 것을 컴퓨터프로그램의 생명주기[5]라고 한다. 어문저작물 등의 경우와 달리 컴퓨터프로그램은 창작된 이후부터 폐기되는 단계까지의 주기가 매우 짧다. 이것은 컴퓨터프로그램의 상업성, 하드웨어·기술

---

com/201103290087).

5 컴퓨터프로그램의 생명주기와 관련하여 다양한 모델이 제시되고 있다. 전통적인 생명주기 모델은 단계적 생명주기(phased life cycle) 혹은 폭포수(waterfall) 모델이다. 이는 계획단계-분석단계-설계단계-구현단계-시험단계-운영 및 유지보수 단계로 구분하고 있다. 이외에 실험적(expermental) 프로토타이핑 모델 및 진화적(evolutionary) 프로토타이핑 모델로 구분되는 프로토타이핑 모델(prototyping model), 계획수립-위험분석-개발-고객평가로 이루어지는 나선형 모델(sporal model), 반복 및 점증적 개발 모델(reiterative and incremental development model) 및 컴포넌트 기반 개발 모델(component based development model) 등이 존재한다.

의존성 및 이용자의 요구 등에 의한 것으로서 이러한 요소들의 빠른 변화는 컴퓨터프로그램의 생명주기를 매우 짧게 만들게 한다. 다만 다른 유형의 저작물과 달리 컴퓨터프로그램은 생명주기가 끝나더라도 바로 소멸되는 것이 아니라, 상위의 버전으로 다시 계속적으로 개발·발전된다는 특징을 갖는다. 그런데 새로운 버전의 컴퓨터프로그램은 비록 기존의 컴퓨터프로그램에 기초한 것이지만 2차적저작물로서 새로운 권리를 부여받는다. 따라서 기존의 컴퓨터프로그램과는 저작권적으로 완전히 구별되게 된다.

둘째, 상호 호환이 매우 중요하다. 최근에는 단일의 콘텐츠가 독자적으로 IT 시장에서 커다란 임팩트를 끌어내는 것이 상당히 어렵다는 특징이 나타난다. 따라서 여러 가지 연관성 있는 콘텐츠들이 서로 유기적인 관계에서 운영이 되어야 시장에서 시너지를 발휘할 수 있는 구조인 것이다. 컴퓨터프로그램 역시 이와 동일한 상황으로 볼 수 있다. 예를 들어 스마트폰에서 활용될 수 있는 어플리케이션을 개발한다고 하면, 기본적으로 해당 스마트폰에서 적용하고 있는 운영체제(안드로이드 등)에서 문제없이 구동될 수 있도록 하기 위한 호환성이 필요하다. 또한 각각의 콘텐츠를 연결하는 과정에서 충돌할 수 있는 타 컴퓨터프로그램과의 관계를 고려하여야 하며, SNS 등과도 연동될 수 있도록 다양한 호환 가능성이 고려되어야 할 것이다. 이러한 기본적인 예시에서 볼 수 있듯이 컴퓨터프로그램을 창작하기 위해서는 이용자가 사용하는 여러 컴퓨터프로그램들이 서로 상충되지 않고 데이터를 주고받을 수 있도록 호환성이 요구된다. 이러한 환경적 배경은 컴퓨터프로그램의 창작에 있어서 구체적인 표현을 제약하는 요인으로 작용될 수 있다. 즉, 앞서 살펴본 합체의 원칙이 적용되는 것인데, 필연적으로 확보되어야만 하는 다양한 호환을 고려한 프로그래밍의 결과는 상당 부분 저작권법에 의하여 보호받을 수 없는 표현에 해당하게 될 것이다. 실질적 유사성의 판단에 있어서는 이러한 부분을 비교대상에서 적절히 제외하여야 한다.

셋째, 최적의 효율성을 추구한다. 컴퓨터프로그램의 존재 목적은 가장 효율적인 방법을 통하여 특정의 결과를 얻기 위함에 있다. 특히 상업성을 전제로 하는 컴퓨터프로그램인 경우 이러한 목적은 더욱 강해진다. 즉, 상업성을 주요한 특성으로 하는 컴퓨터프로그램은 구현된 각 기능 및 전체적인 기능의 효율성을 가장 중요시하게 된다. 만일 상대적으로 비효율적인 방법을 채택한 컴퓨터프로그램이 있다면, 이는 결국 시장에서 가장 효율적인 방법을 적용한 컴퓨터프로그램에 밀려 상품으로서 적절한 역할을 할 수 없게 된다. 왜냐하면 동일한 결과를 도출하는 컴퓨터프로그램이라 하더라도 소비자들은 가장 효율적인 방법으로 수행되는 컴퓨터프로그램만을 선택하는 것이 당연하기 때문이다. 설사 다른 방법으로 우회하여 동일한 효율성을 담보할 수 있게 된다 하더라도, 그러한 것을 구현하는 데 소요되는 비용이 증가하게 되므로 결국 시장에서의 경쟁력이 저하되며, 종국적으로 시장은 가장 효율성을 갖는 특정의 컴퓨터프로그램에 의한 독점이 발생하게 된다. 이 역시도 합체의 원칙이 적용되는 부분이다.

나. 컴퓨터프로그램의 저작권 침해 유형

컴퓨터프로그램에 관한 저작권 침해 분쟁은 컴퓨터프로그램의 거래관계 혹은 해당 컴퓨터프로그램 제작자 등의 이직, 도급관계 등 다양한 원인에 의하여 발생하고 있다. 분쟁의 해결에 있어서 실질적 유사 여부가 쟁점으로 나타나는 대표적인 저작권 침해 유

형으로는 다음과 같이 4가지로 분류해 볼 수 있다.[6]

유형1. 특정 컴퓨터프로그램의 저작권을 갖고 있는 자의 허락 없이 부당한 방법을 통하여 저작권자의 컴퓨터프로그램을 획득하고 이를 이용하여 새로운 프로그램을 개발하여 판매하는 경우

이러한 유형은 가장 기본적인 형태의 컴퓨터프로그램 저작권 침해 분쟁 유형에 해당한다. 이때 침해자의 항변사항으로는 침해자의 컴퓨터프로그램은 피침해자의 것과 완전히 상이한 것이라는 점, 혹은 피침해자의 컴퓨터프로그램을 참고하여 개발한 것이 아니라 소외 제3자 회사의 기술(피침해자 역시 해당 회사의 기술을 참고하여 개발)을 참고하여 개발하였다는 점 등이 주로 나타난다. 이에 해당하는 사례로는 서울남부지방법원 2004.5.12. 자 2002카합2277 결정, 서울남부지방법원 2005.11.18. 선고 2005가합3367 판결, 서울중앙지방법원 2007.12.7. 선고 2006가합76502 판결, 서울중앙지방법원 2007.4.13. 자 2006카합2827 결정 등이 있다.

환경오염 계측장비의 제조 및 판매업을 영위하는 채권자 회사는 채무자 회사가 자사와 동일한 기능을 수행하는 동종의 장비를 제조 및 판매하고 있음을 알게 되었다. 채권자는 채무자의 영업행위로 인하여 자사에 영업상 불이익이 발생하자 채무자가 채권자 자신의 프로그램을 복제하여 구동 프로그램을 제작한 후 이를 채

---

6 물론 4가지 유형 외에도 다양한 형태의 사실관계 형태가 존재하나 이들을 그룹화하여 하나의 유형이라 할 만큼 사례가 충분히 존재하지 않으므로 이들은 대표적 유형 이외의 예외적인 형태로 보는 것이 가능할 것으로 생각된다.

무자 장비에 장착 및 판매하여 채권자의 저작권을 침해하고 있음을 주장하였으며, 이를 원인으로 하여 자신의 프로그램의 사용 등을 금지하는 청구를 한 사례[7]를 대표적인 사실관계 유형으로 볼 수 있다.

> 유형2. 특정 컴퓨터프로그램의 저작권을 갖고 이를 활용하여 영업을 영위하는 회사의 종업원이던 자가 퇴사하여 동종의 타 회사로 이직하고, 이전 회사에서 가져온 소스코드 등을 이용하여 현재의 회사에서 동종 컴퓨터프로그램을 개발 및 판매하는 경우

이 유형 역시 상당히 대표적인 형태의 분쟁 유형이라 할 수 있다. 침해자가 본래 저작권자인 회사의 소스코드를 갖고 있는 사유는 다양하지만, 개발과정에서 사무실 이외의 지역, 특히 자택에서 작업을 하기 위하여 소스코드를 복제해 둔 경우, 퇴사 당시 해당 소스코드를 직접 복제하여 나온 경우 등이 대표적인 유출형태라 볼 수 있다. 이에 해당하는 사례로는 서울중앙지방법원 2005.3. 16. 자 2004카합2396 결정, 서울남부지방법원 2006.1.4. 자 2004 카합3090 결정, 서울중앙지방법원 2006.9.7. 선고 2004가합76119 판결, 서울중앙지방법원 2007.2.8. 선고 2006가합40343 판결, 서울중앙지방법원 2009.6.18. 선고 2007가합82740 판결, 서울고등법원 2011.5.25. 선고 2009나60413 판결 등이 있다.

원고는 컴퓨터수치제어 자동공작기계 및 이를 구동하는 컴퓨터프로그램 등을 제작 및 판매하는 회사이고, 피고는 동종의 컴퓨

---

7 서울고등법원 2008.4.1. 자 2006라124 결정 참조.

터프로그램을 개발하는 회사이다. 피고회사는 원고 회사에서 종업원으로 근무하던 사람들이 퇴사하여 설립한 것인데 피고회사는 해당 컴퓨터프로그램의 WinXP용 버전을 개발하여 판매를 하였다. 이에 원고는 해당 컴퓨터프로그램이 자사 동종의 Win98용 버전을 수정하여 만든 것이라고 주장하며 저작권 침해에 따른 손해배상을 청구한 사례[8]를 대표적인 사실관계 유형으로 볼 수 있다.

> **유형3.** 정당한 이용허락 계약을 통하여 특정의 컴퓨터프로그램을 이용하던 중 이를 활용하여 이후 자신이 독자적인 컴퓨터프로그램을 개발하여 사용하는 경우(새로 개발된 프로그램이 원프로그램에 비하여 창작적으로 추가·변경된 부분이 많지 않음을 전제)

이 유형은 상대적으로 사례가 많지는 않으나 본래의 컴퓨터프로그램을 역으로 분석하기 쉬우며 신속한 영업적 대응이 필요한 웹기반 소프트웨어 분야에서 주로 발생한다. 처음에는 일정한 비용을 지불하고 해당 프로그램을 사용하지만, 사용하다 보니 원프로그램을 다소 변경하여 다른 프로그램으로 만들기가 용이할 것으로 판단하여 사용료 지급을 하지 않을 목적으로 새로운 컴퓨터프로그램을 만들어 이용하는 형태이다. 이에 해당하는 사례로는 서울중앙지방법원 2005.10.13. 자 2004카합3789 결정 등이 있다.

신청인은 소프트웨어 개발 및 유통업을 영위하는 회사이고, 피신청인은 웹호스팅 등을 영업으로 하는 회사인데, 피신청인은 신청인으로부터 '신청인이 개발하여 저작권을 보유하고 있는 SMS

8　서울중앙지방법원 2009.6.18. 선고 2007가합82740 판결 참조.

프로그램'에 대한 이용허락을 받아서 사용하고 있었으나, 이후 피신청인이 자체적으로 동종의 프로그램을 개발하여 활용하게 된다. 이에 신청인은 피신청인의 새로운 프로그램은 신청인이 이용허락의 대상으로 제공한 컴퓨터프로그램을 복제하여 제작한 것으로서 이는 신청인의 저작권을 침해하는 것임을 주장하는 소를 제기한 사례[9]를 대표적인 사실관계 유형으로 볼 수 있다.

> 유형4. 특정 시스템의 개발 및 운용을 목적으로 도급계약을 체결하여 업무를 수행하던 회사가 해당 업무 수행과정에서 취득하게 된 발주회사의 컴퓨터프로그램을 무단으로 복제하여 이를 이후 자신의 컴퓨터프로그램 개발에 활용하는 경우

이에 해당하는 사례로는 서울고등법원 2011.6.23. 자 2011라 457 결정, 서울고등법원 2004.10.6. 선고 2002나35586 판결, 서울고등법원 2009.5.27. 선고 2006나113835, 2006나113842(병합) 판결 등이 있다.

채권자와 채무자는 극장 예매시스템의 개발 및 그 운영에 관하여 도급계약을 체결하였고 채무자는 지속적인 유지보수의 의무를 부담하고 있었다. 그런데 채무자가 이와 병행하여 타사의 홈페이지 개편에 관한 용역을 수행하였는데, 채무자가 타 용역을 수행하는 과정에서 채권자의 컴퓨터프로그램 소스코드 및 데이터베이스를 무단으로 이용하였다는 점이 문제된 사례[10]를 대표적인 사실관계 유형으로 볼 수 있다.

---

9   서울중앙지방법원 2005.10.13. 자 2004카합3789 결정 참조.
10   서울고등법원 2011.6.23. 자 2011라457 결정 참조.

다. 저작권의 침해판단 구조

일반적인 유체물에 대한 권리를 침해한 경우와 달리 저작권은 권리 객체의 경계가 명확하게 나타나지 않는다는 특징을 갖는다. 예를 들어 유체물인 지갑을 누군가 훔쳐 갔다면 도난당한 지갑은 그 자체로서 정확하게 특정된다. 그 지갑에 대한 범위는 어느 누구도 달리 보지 않을 뿐 아니라 달리 볼 이유도 없다. 그런데 무체물인 저작물에 대한 문제는 이와 상이하다. 저작물은 표현을 대상으로 한다. 여기서 표현은 노트에 적혀진 글자, 캔버스에 그려진 그림, 오선에 그려진 악보 등을 의미하는 것이 아니며, 노트나 캔버스, 오선지 등의 매개를 제외한 표현 그 자체가 저작물이 된다. 즉, 우리가 흔히 저작물이라 말하는 것들은 사실 저작물이 유체물인 매개를 통하여 우리에게 나타나는 것으로 이해할 수 있는 것이다. 따라서 저작물은 눈에 보이지 않고 그 경계를 명확하게 그을 수 없는 특성을 갖는다.

이와 같은 저작물의 특성은 저작물에 부여되는 배타적 권리, 즉 저작권을 침해하였는지 여부를 판단하는 데 내재적 어려움으로 작용한다. 왜냐하면 저작물의 경계가 불확정성을 갖는다는 점은 저작권 침해의 범위에 영향을 미치게 되기 때문이다. 저작권은 완전히 똑같이 복제한 것뿐만 아니라 일정한 수준으로 유사하게 복제한 것 역시 타인의 저작권을 침해한 것으로 포함한다. 이는 저작권의 본질상 저작물의 경계를 모든 경우에 정확히 구분하기 어려우며, 침해의 인정을 회피할 목적으로 이루어진 사소한 변경을 다른 것으로 인정하여 침해를 부정하기에는 적절하지 않기 때문이다. 그러다 보니 저작권 침해를 다루는 데 있어서 유사성이라는 개념은 중요한 특징으로 자리잡고 있으며, 과연 어느 정도의 유사성이 인정되는 경우에 비로소 저작권 침해에 이르는 것으로 볼 수 있는지에 대한 판단은 쉽지 않은 문제이다.[11]

저작권 보호범위와 유사성의 영역

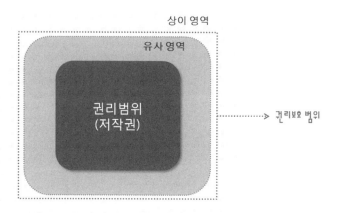

저작권 침해라는 말을 실무에서 자주 사용하곤 하는데, 구체적으로 어떠한 경우를 저작권이 침해되었다고 할 수 있을까? 저작권법은 제124조에서 침해로 보는 행위를 제시하고 있는데, 이는 특정한 행위를 저작권 침해로 인정하겠다고 의제한 것에 불과하다. 저작권법의 개념에 비추어 보면 기본적으로는 저작권자의 허락을 받지 않고 특정의 저작물을 이용하게 되는 경우에 저작권 침해가 발생한다고 할 수 있다. 다만 허락 없이 타인의 저작물을 이용하였다고 하여 무조건 저작권 침해가 발생하는 것은 아니다. 보호받지 않는 표현의 사용, 공정이용 등 저작권법의 내재적 한계에

---

11 이러한 점으로 인하여 유사 영역에 대한 판단은 법적 판단의 문제라기보다는 정책적 판단의 문제로 보는 시각이 많다.

따라 침해가 인정되지 않는 경우가 있기 때문이다.

사실 현행 저작권법은 저작권을 침해한 행위를 판단할 수 있
는 원칙을 구체적으로 명시하지 않는다. 다만 저작권법의 기본원
리를 고려하여 학설 및 판례에 의한 일정한 기준이 형성되고 이것
이 활용되고 있을 뿐이다. 이렇게 활용되는 저작권 침해 여부를 판
단하기 위한 기준이라 하더라도 이에 대한 견해가 완전히 일치되
는 상태는 아니다.[12] 우리나라의 판례와 학설은 첫째, 원고가 유효
한 저작권을 보유하고 있을 것, 둘째, 피고가 원고의 저작물에 의
거(依據)하여 자신의 작품을 작성하였을 것, 그리고 셋째, 피고의
작품[13]과 원고의 저작물 사이에 동일성 내지 실질적 유사성이 존재
하여야 할 것이 모두 충족될 때 저작권 침해가 인정될 수 있다고
한다.[14] 세 가지 요건 가운데 실무적으로 가장 중요한 것은 세 번째

---

12 Roger E. Schechter & John R. Thomas, *Principles of Copyright Law*,
    Thomson Reuters, 2010, 364면.

13 피고의 제작물을 작품이라 표현한 것은 정당한 저작물이어야 하는 원고의
    것과 달리 피고의 제작물은 저작물에 해당하지 않더라도 상관없기 때문이
    다. 즉, 피고가 제작한 것이 저작물이 아니라 하더라도, 이의 제작 시 원고
    의 저작물의 표현을 허락없이 이용하였다면 저작권 침해가 인정된다.

14 정상조 편,「저작권법 주해」, 박영사, 2007, 1069면; 오승종,「저작권법」,
    박영사, 2007, 960면 등. 판례도 이와 같은 기준을 통하여 저작권 침해여
    부를 판단하고 있으며, 대법원 1996.6.14. 선고 96다6264 판결, 서울고등
    법원 2005.7.27. 자 2005라194 결정, 서울중앙지방법원 2006.4.26. 선고
    2005가합58156, 79993 판결; 서울남부지방법원 2004.3.18. 선고 2002가
    합4017 판결; 서울남부지방법원 2004.11.4. 선고 2002가합4871 판결 등
    이 있다. 한편, 의거여부를 명시적으로 판단하는 과정없이 실질적 유사성
    의 존부만을 다루는 경우도 많다. 이는 사실관계의 확정 등을 통하여 의
    거관계의 존재는 당연히 전제되는 것으로 본 것이라 생각된다. 대법원
    2000.10.24. 선고 99다10813 판결; 대법원 1999.11.26. 선고 98다46259
    판결; 서울고등법원 1998.7.7. 선고 97나15229 판결; 서울중앙지방법원
    2010.7.23. 선고 2008나40136(본소) 2008나40143(반소) 판결; 부산지방

의 실질적 유사성에 관한 문제이다. 왜냐하면 구체적인 사실에 따라 상대적으로 명확한 결론을 찾을 수 있는 요건들에 비하여 유사한지 여부에 관한 문제는 결국 법관에 의한 가치 판단일 수밖에 없기 때문이다. 즉, 완전히 동일하거나 상이하지 않은 상태에서 과연 어느 정도로 유사한 경우에 서로 유사한 것으로, 특히 실질적으로 유사한 것으로 판단할 수 있는지의 문제는 주관적으로 판단될 수밖에 없다. 유사한 정도가 저작권 침해에 이를 정도로 판단할 수 있는 기준은 유사함의 정도가 실질적이어야 한다는 것인데, 이는 완전히 동일한 경우에서 완전히 상이한 경우를 잇는 직선상 그 어딘가에 경계선을 긋는 것으로서 매우 추상적이고 어려운 사항이라 할 수 있다.[15]

저작권 침해 판단을 위한 각 요건을 구체적으로 살펴본다.

첫 번째 요건의 경우, 원고, 즉 저작물을 창작한 자가 유효한 저작권을 보유하지 못한다면 아무리 타인이 이를 보고 똑같이 만들었다고 하더라도 저작권 침해를 주장할 수 없게 된다. 유효한 권리가 없기 때문에 저작권법에 의한 보호 대상으로 인정되지 않아 타인이 이를 똑같이 만들더라도 그것은 저작물을 복제한 것으로 다루어지지 않기 때문이다. 이에 저작권의 적절한 보유가 전제되어야만 저작권 침해를 주장할 수 있다. 실제 실무에서는 침해물과 원저작물이 사실상 상당히 유사한 상태에 있고, 침해자에 의한 복제 등이 인정될 수밖에 없는 상황이라면 원저작물에 적절한 저작권이 존재하지 않음을 항변사유로 삼는 것을 종종 발견할 수 있다.

두 번째 요건은 의거가 인정되어야 한다는 것으로, 의거는 타

법원 2004.7.15. 선고 2004노167 판결 등 참조.

15 Melville B. Nimmer & David Nimmer, *Nimmer on Copyright*, Vol.IV, LexisNexis, 2010, 13-37면.

인의 것을 참고 혹은 보았다는 의미이다. 이를 주관적 요건이라고도 한다. 한편 이 요건은 타인의 작품을 베끼지 않았음에도 우연히 같은 저작물을 창작하게 된다면 이를 저작권 침해로 볼 수 없다는 의미를 내포한다. 저작권은 상대적 권리로서 서로 다른 사람이 우연히 동일한 작품을 창작하게 된 경우에는 창작자 양측에 모두 창작자의 권리를 인정하기 때문이다. 우연히 동일한 발명이 이루어졌다고 하더라도 그중 선출원자를 보호하고 후행 발명자는 선출원자의 권리를 침해한 것으로 되는 특허권 등 산업재산권과 다른 점이다.

의거 요건의 입증, 즉 침해자가 저작권자의 저작물을 참고하거나 베끼는 등의 행위를 하였음을 입증하기 위한 방법은 직접증거에 의한 것과 간접증거에 의한 것으로 나누어 볼 수 있다. 직접증거로는 자백이 대표적인데, 객관적인 입증자료가 없더라도 침해자가 피침해자의 저작물을 참고하여 창작하였다는 자백을 하면 그 사실을 인정할 수 있기 때문이다. 반면 직접증거만으로 의거여부를 판단하기 어려운 때에는 간접증거를 이용할 수 있다. 대표적인 간접증거로는 공통의 오류, 현저한 유사성, 접근가능성 등이 있다. 원저작물에 있는 오타 등의 오류가 베끼지 않고는 우연히 같을 수 없을 정도로 침해자의 작품에도 동일하게 나타난다면 침해자는 피침해자의 저작물에 의거하여 자신의 것을 만든 것이라 추정할 수 있기 때문이다. 한편 비교 대상이 너무 동일하여 침해자가 원저작물을 보고 자신의 것을 만들었다고 하지 않고서는 그 동일한 정도가 설명될 수 없는 경우에도 역시 의거를 추정할 수 있을 것이다. 그 외에도 원저작물을 보고 한 것을 구체적으로 확인하기 어렵더라도, 여러 정황상 침해자가 원저작물을 보고 만들었을 충분한 가능성이 있다면, 즉, 침해자가 원저작물을 충분히 볼 수 있는 가능성(접근가능성)이 합리적으로 인정될 수 있는 경우에도 의거가 추정될 수 있다. 실제 사례에서는 직접증거의 활용보다는 주로 간접증거를 활용하여 의거 여부를 입증한다.

그런데 무의식적으로 타인의 창작물을 접하게 된 경우, 의거 요건이 성립되는 것으로 보아야 하는지 논란이 되기도 한다. 예를 들어 과거에 무심코 들었던 음악이 무의식 속에 잠재되어 있다가 창작 시 의도적이지 않은 상태에서 선의로 해당 음악 멜로디를 표현하는 경우 등이 대표적인 형태이다. 우리나라의 판례는 이러한 경우에 의거 요건이 성립되는 것으로 인정하는 태도를 보인다.[16]

세 번째 요건은 침해자의 작품이 원저작물에 종속되는 것이라는 점을 입증하기 위한 것이다. 이는 침해자의 작품 및 원저작물이 서로 완전히 동일한 관계에 있거나 양자가 실질적으로 유사한 관계에 있는 경우에 인정될 수 있다. 소위 데드카피(dead copy) 된 정도라면 별다른 논란이 없겠으나, 동일한 상태는 아니지만 일정한 정도의 유사함이 인정되는 경우에는 종속여부를 가리기 위해서 어느 정도의 유사함을 기준으로 정할 수 있을지 많은 논란이 존재할 수밖에 없다. 이때 그 기준이 되는 유사한 정도를 넘는 것을 실질적으로 유사하다고 할 수 있다. 즉, 실질적 유사성은 원저작물에의 종속성을 인정할 수 있는 수준으로 유사한 정도가 인정될 수 있는 것을 의미한다. 침해자의 작품과 원저작물 사이에 실질적 유사성이 있다면 이는 양자가 동일하거나 침해자의 작품이 원저작물에 종속되는 것으로 인정될 수 있다는 것이다. 이를 객관적 요건이라

---

16 정상조 편, 전게서(2007), 249면. 한편, 미국은 우리와 같이 무의식의 선의 복제인 경우라도 의거가 성립하는 것으로 보는 데 반하여, 일본은 이를 의거가 성립되는 경우로 보지 않는 것이 유력한 견해라 한다. 오승종, 「저작권법」, 제4판, 박영사, 2016, 1225면.

고도 한다. 주의할 점은 실질적 유사성은 작품 전체를 비교대상으로 하는 것이 아니고 저작권법에 의해 보호받을 수 있는 창작적인 표현에 해당하는 것만을 비교의 대상으로 한다는 점이다. 이는 뒤에서 살펴보겠지만 컴퓨터프로그램을 대상으로 정량적 유사도를 활용하여 실질적 유사성을 입증하는 과정에서도 매우 중요하다. 기술적 관점의 유사도 분석 결과를 실질적 유사성이라는 법적 · 정책적 가치로 나타내는 과정에서 적절한 비교대상을 비교하였는지의 여부가 실질적 유사성의 형식적 정당성을 좌우하는 상당히 중요한 쟁점으로 작용하기 때문이다.

　이와 같은 세 가지 요건이 모두 충족되면 그 결과에 따라 저작권 침해 여부를 판단할 수 있다. 만약 침해자가 원저작물을 실제로 참고하여 자신의 컴퓨터프로그램을 만들었다고 하더라도 원저작물과 침해자의 프로그램 사이에 실질적 유사성이 인정될 수 없다면, 이는 실제로 타인의 것을 가져다가 사용하였음에도 저작권 침해가 성립되지 않게 된다. 반대의 경우도 마찬가지이다. 두 컴퓨터프로그램이 실질적으로 유사한 관계에 있다고 하더라도 막상 침해자가 원저작물을 의거하여 이용하였다는 점이 입증되지 않는다면 상당한 정도로 유사함에도 불구하고 이는 우연히 비슷한 것일 뿐 저작권 침해는 성립하지 않게 된다.[17]

　모든 요건이 중요하게 요구되지만, 실무적으로 저작권 침해 여부를 판단하기 위한 과정에서 가장 논란이 되는 요건은 실질적 유사성의 인정 여부이다. 왜냐하면 적법한 저작권의 보유 여부나 침해자의 원저작물 의거 여부는 구체적인 사안에서 상대적으로 다소 명확한 결과를 이끌어 낼 수 있는데, 실질적 유사성 유무는 실

17　Melville B. Nimmer & David Nimmer, *Nimmer on Copyright*, Vol.Ⅳ, LexisNexis, 2010, 13-10면.

질적이라는 기준이 갖는 추상성 및 불확정성으로 인하여 쉽게 판단할 수 있는 성질의 것이 아니기 때문이다. 이에 실제 사안에서도 저작권 침해 여부에 대한 판단은 실질적 유사성이 인정될 수 있는지 여부에 달려 있는 경우가 많다. 이 때문에 실질적 유사성 요건이 저작권 침해 판단에 있어서 가장 중요한 역할을 하게 되는 것이다.

2. 실질적 유사성의 개념

가. 개 념

실질적 유사성(substantial similarity)이란 용어에서 '실질적'의 어원을 살펴보면 라틴어의 'substantia'에서 유례가 되었음을 알 수 있는데, 이는 '실체'라는 뜻으로서 무엇인가 특별한 의미로서 인물이나 성격 등을 말할 때 사용되는 단어이다. 이와 유사한 것으로서는 'essentia'가 있으며 이는 일반적인 의미의 '본질'을 지칭하는 단어이다.[18] 따라서 저작권 체계에서 '실질적'이라는 의미는 모든 저작물을 아우를 수 있는 보편적 기준이 될 수는 없으며, 특정의 저작물에 대한 개별적 판단 기준이 사건마다 정립되고 적용되어야 한다는 특징이 유추될 수 있다.

실질적 유사성이 저작권 침해 여부의 판단 과정에서 가장 중요한 요건이라는 점은 앞서 설명한 바와 같다. 실질적 유사성에 대한 판단은 복제의 사실 자체는 인정할 수 있더라도 복제의 정도가 실질적이지 않다면 법적으로 이를 복제로 인정하지 않는다는 의

---

18 이들 용어는 그리스어의 'hypostasis'와 'ousia'를 라틴어로 번역한 것으로서 표면적 의미는 실체와 본질로 동일하다.

미를 갖는다. 즉, 유사한 정도가 실질성을 구성하여야 하는 것이다. 실질적 유사성은 법적 구조상 부당한 이용에 대한 문제이다. 실질적 유사성이라는 용어는 주관적 요건의 간접증거로서 이용되는 유사성과는 차이가 있음을 주의하여야 한다.[19]

그런데 실질적 유사성이 실제 사례에서 많은 논란이 되는 것은 완전히 동일하거나 혹은 완전히 상이하지 않은 상태에서 과연 어느 정도로 유사한 것을 저작권 침해에 이를 정도로 볼 수 있는지 명확한 기준 설정이 사실상 불가능하기 때문이다. 즉, 완전히 동일하거나 혹은 완전히 상이한 경우에는 누구라도 저작권 침해 여부에 대해 쉽게 판단이 가능한데, 침해자가 원저작물을 그대로 이용한 것이 아니라 일부를 변경하여 이용한 경우에는 명확한 판단기준을 설정할 수 없고 구체적 사안에 따라 해결할 수밖에 없기 때문이다. 실질적 유사성의 판단은 복제행위가 있었다는 사실 문제에 더하여 저작권법에 의하여 보호받는 권리를 침해한 것인지의 판단이 이루어지는 법적 문제라 할 수 있다.[20]

완전히 동일하게 복제한 것이 아닌, 원저작물에 수정을 가한 침해물에 대하여 과연 어느 정도 유사한 것을 실질적으로 유사하다고 할 수 있는지를 판단하는 것은 쉬운 일이 아니다. 물론 비슷한 부분이 아주 일부에만 존재한다면 이는 분명히 실질적으로 유사하다고 할 수 없다. 실질적으로 유사하지 않으므로 당연히 저작권 침해도 인정되지 않는다. 그런데 만일 얇은 저작권(thin copyright)이 부여된 저작물이 비교대상인 경우에는 두 비교대상이 매우 유사하여야 침해가 인정될 수 있는데, 저작권의 얇은 정도가 매우 강하다

---

19 주관적 요건에서의 유사성을 거증적 유사성이라 하여 실질적 유사성과 구별하기도 한다.

20 정상조, "창작과 표절의 구별기준", 법학, 제44권 제1호, 2003, 113면.

면 거의 그대로의 복제가 이루어진 경우에야 저작권 침해가 인정될 수 있게 된다. 실질적 유사성의 문제는 극단적으로 유사하지 않은 한쪽 끝에서부터 완전히 문자적으로 동일한 다른 한쪽 사이에 실질적 유사성의 경계를 긋는 선을 그리는 것이며,[21] 이 경계선은 저작권의 보호와 공정한 이용의 도모 사이에서 균형을 이루어야 한다는 점을 전제한다.[22]

우리나라 저작권법도 실질적 유사성 판단 기준과 관련하여서는 어떠한 사항도 제시하지 않는다. 저작권 침해와 비침해를 구별할 수 있는 어떠한 실체적 기준도 법률을 통하여 명문으로 제시되고 있지 않는 것이다. 이는 구체적 사안에 대한 부분까지 법에 규정하기에는 저작물 유형 및 침해의 정도가 매우 다양하므로 그 기준을 일률적으로 제시하기가 난해하기 때문인 것으로 판단된다. 따라서 저작권 침해 여부, 특히 실질적 유사성의 판단은 법관이 이론과 학설에 기초하여 구체적 사안에 따라 판단할 수밖에 없다.

실질적 유사성의 인정기준 즉, 침해자의 작품이 원저작물과 어느 정도로 유사하다면 자유로운 이용을 보장할 것이며, 또한 어느 정도로 유사한 경우부터 저작권자의 권리를 보장할 것인지에 관한 기준점 설정은 매우 중요한 문제이다. 실질적 유사성 판단을 위한 기준점은 두 가지 관점에서 생각해 볼 수 있다. 저작권의 근거를 공리주의적 정의에서 찾는 입장은 창작자에게 부여할 인센티브와 이용자에게 부여할 인센티브의 최적의 균형점, 즉 전체 후생

---

21 Melville B. Nimmer & David Nimmer, 전게서(2010), 13-38면.
22 Nicholas R. Monlux, "An Invitation for Infringement : How the Ninth Circuit's Extrinsic and Intrinsic Similarity Tests Encourage Infringement: An Analysis Using Reece v. Island Treasures Art Gallery", *Journal of the Copyright Society of the USA*, Vol.56, No.2-3, 2009, 543-544면.

이 극대화될 수 있는 균형점을 기준으로 볼 수 있을 것이다. 한편, 저작권의 근거를 자연적 정의에서 찾는 입장은 자연적 소유에 기하더라도 그 권리의 행사가 제한될 수밖에 없는 지점, 즉, 타인의 정당한 행위를 부당하게 제한하지 않는 한계점을 기준으로 볼 수 있다고 본다.

결국 얼마만큼 서로 유사하여야 이를 실질적으로 유사하다고 할 수 있을지에 대한 명확하고 객관적인 기준을 설정한다는 것은 현실적으로 불가능한 일이라 할 수 있다. 이러한 점으로 인하여 저작권 침해 여부를 판단하는 과정은 필연적으로 모호성을 내포하고 있다고 본다.

다만, 저작권 침해 소송에서 실질적 유사성의 판단은 두 비교대상이 서로 어느 정도로 유사할 때 이를 실질적으로 유사한 관계라고 볼 수 있는지를 밝히는 것이 아니라, 두 비교대상이 특정의 유사성을 갖고 있을 때 그것이 실질적으로 유사한 것인지 여부만을 판단하는 방식으로 재판이 진행되는 것이 현실이다. 구체적 사안에서 실질적으로 유사한 것으로 판단하기 위한 기준점을 찾는 것이 아니라(찾는다는 것 자체가 사실상 불가능하므로), 특정의 유사한 정도가 어딘가에 있을 기준점의 오른쪽에 속할지 혹은 왼쪽에 속할지를 가리는 정도로 사안을 해결할 수밖에 없다. 저작권법 제1조[23]는 저작권법의 목적을 천명하고 있다. 저작권법에 규정되어 있는 각종 규정 및 법이론 등은 해석 및 적용에 있어 저작권법의 목적을 고려하여야 한다. 이에 저작권 침해 판단을 위한 실질적 유사성의 판단 역시 이를 고려하여 판단하여야 하는 것이다. 즉, 비

---

23 제1조 (목적) 이 법은 저작자의 권리와 이에 인접하는 권리를 보호하고 저작물의 공정한 이용을 도모함으로써 문화 및 관련 산업의 향상발전에 이바지함을 목적으로 한다.

교대상의 유사한 정도를 실질적인 정도로 볼 수 있는지 여부는 문화 및 관련 산업의 발전을 위하여 저작권의 보호와 이를 공정하게 이용하는 자의 이익이 균형을 이룰 수 있도록 하여야 함이 고려되어야 한다.

나. 유사성 개념의 구분

저작권 침해에 관하여 주관적 요건의 입증은 피침해자의 저작물과 침해자의 작품 사이에 현저한 유사성(striking similarity)이 있다는 것 등으로도 가능한데, '유사성'이라는 용어를 사용한다는 점에서 객관적 요건인 실질적 유사성과 혼동을 일으키는 경우가 많다.

유사성으로 표현되는 내용이 다수이나, 대표적인 개념으로 현저한 유사성을 살펴본다. 현저한 유사성은 그 존재가 입증되면 그 자체만으로 피고가 원고의 저작물에 의거하였음을 추정할 수 있게 된다. 이를 위해서는 유사성이 말 그대로와 같이 축어적(verbatim)인 정도는 아니라도 현저하여야 한다.[24] 피침해자의 저작물과 침해자의 작품이 현저한 정도로 유사하다고 하기 위해서는 존재하는 유사함이 우연의 일치나 기존의 공통 소재 등에 의한 것이라고 인정되지 않으며, 침해자가 그와 같은 결과를 스스로 만들어 내었을 가능성이 배제될 정도로 현저하여야 한다.[25] 현저한 유사성은 공통의 오류가 있는 경우에도 인정될 수 있다. 원고의 저작물과 피고

---

24 Melville B. Nimmer & David Nimmer, 전게서(2010), 13-31면. Testa v. Janssen, 492 F.Supp. 198 (W.D. Pa. 1980); Ellis v. Diffie, 177 F.3d 503, 505 (6th Cir. 1999) 참조.

25 오승종, 전게서(2007), 970면; Melville B. Nimmer & David Nimmer, 전게서(2010), 13-31면.

의 작품 사이에 피고가 원고의 것을 보지 않고는 존재하기 어려운 공통의 오류(common error)가 존재한다면 그 자체만으로도 의거가 추정될 수 있을 것이다.[26] 또한 오류는 아니더라도 원고의 저작물을 보지 않고는 절대 동일할 수 없는 표현이 포함되어 있는 경우에도 의거관계를 추정할 수 있을 것이다. 이에 그러한 요소들이 발견된다면 침해자가 피침해자의 저작물을 보고 작성하였다는 점이 인정되기에 상당하므로 의거관계를 추정할 수 있는 것이다. 그러나 단순히 축어적으로 상당히 유사하더라도 그 유사함이 두 비교대상의 공통된 자료 등에 의한 것이라면 현저한 유사성을 인정할 수가 없게 된다. 따라서 현저한 유사성을 판단하기 위해서 필요한 경우에는 전문가 증언이나 관련 증거들이 포함될 필요도 있다.[27] 즉, 현저한 유사성이라는 용어를 일반적으로 사용하고 있지만, 이는 양적인 유사함만을 의미하는 것이 아니라 침해자가 피침해자의 저작물을 이용하였음을 입증할 수 있는 명확한 증거 일체를 의미한다고 볼 수 있다.

현저한 유사성은 특정 저작물에 대한 인센티브 부여의 정도를 결정할 수 있는 것으로 볼 수 없다는 점에서 실질적 유사성과는 차이가 있다. 따라서 피침해자의 저작물과 침해자의 작품이 현저하게 유사하다고 하더라도 이것만으로 객관적 요건인 실질적 유사성까지 영향을 미치는 것은 아니다. 현저한 유사성을 판단함으로써 입증하려는 의거관계는 사실에 대한 문제로서 침해자에 의하여 피

---

26 여기서의 오류는 기능적 오류와 미적 오류를 모두 포함하는 개념이다. Roger E. Schechter & John R. Thomas, 전게서(2010), 370면.

27 Melville B. Nimmer & David Nimmer, 전게서(2010), 13-35면. McRae v. Smith, 968 F. Supp. 559, 567 (D. Colo. 1997) 판결에서는 비교대상 노래에서 그러한 부분을 제외하였는데 결국 현저한 유사성의 증거가 될 요소가 남지 않게 되었다.

침해자의 저작물을 베낀 행위가 존재하였는가를 밝히는 단계이다. 따라서 이 단계에서 유사성 여부를 판단하기 위해서는 표현에 해당하는 부분만을 구분하여 비교할 필요는 없다. 현저한 유사성은 저작권법에 의하여 보호를 받는 대상이 원고의 창작적 표현뿐만 아니라 보호대상이 아닌 당해 저작물을 창작하는 데 적용된 아이디어까지 모두 범위로 하게 된다.[28] 이는 창작적 표현만을 비교대상으로 하는 객관적 요건으로서의 실질적 유사성과 중요하게 구분되는 점이다.[29]

　컴퓨터프로그램을 대상으로 하는 경우에도 실질적 유사성과 의거 입증을 위한 간접증거로서 유사성의 구분이 중요하다. 실무적으로는 컴퓨터프로그램의 비교·분석을 감정인 등 외부전문가에 의해 진행하는 경우가 많은데, 단일의 분석결과를 이용하여 의거 입증을 위한 유사성과 실질적 유사성 모두를 다루는 경향도 있다. 물론 동일한 결과를 활용하는 것은 아니고, 기본적으로는 분석결과 자체는 의거 입증 요건으로 활용하면서 그중의 보호받는 표현에 해당하는 요소에 대한 결과만을 분리하여 이를 통하여 실질적 유사성을 판단하는 사례가 있다. 다만 이러한 구분을 통한 적용역시 일부 사례에 불과하며, 최근까지도 이들의 구분을 명확히 하지 않은 채 결론을 도출하는 경우도 많았다. 전문가 등에 의하여 컴퓨터프로그램의 유사성이 비교·분석되는 경우 정확한 타깃을 어떻게 맞추어 진행을 하여야 하는지 사전에 명확한 기준이 주어

28　Douglas Y'Barbo,, "On the Legal Standard for Copyright Infringement", *UCLA Journal of Law & Technology*, 1999, 2면.

29　이러한 의미의 혼란으로 인하여 주관적 요건에서의 유사성을 'resemblance'라 하고, 객관적 요건에서의 유사성을 'similarity'로 지칭하는 견해도 있다. Roger E. Schechter & John R. Thomas, 전게서(2010), 370면.

지지 않는다면 상당히 모호하고 활용하기 어려운 분석결과가 도출될 수밖에 없게 된다.

다. 유사성의 유형

실질적 유사성은 어떠한 부분에서 유사함을 이끌어 내는지에 따라 포괄적 · 비문자적 유사성(comprehensive nonliteral similatiry)과 부분적 · 문자적 유사성(fragmented literal similarity)으로 구분될 수 있다.

먼저 포괄적 · 비문자적 유사성은 특정의 구문이나 단락 등의 유사성을 찾는 방식이 아니라 저작물의 기초적인 본질이나 구조 등이 복제되었는지 여부를 확인함으로써 실질적 유사성을 판단하는 것이다. 그런데 이러한 유사성은 비교대상의 저작물을 보호받는 표현과 보호받지 못하는 표현을 구분하지 못하고, 보호받지 못하는 부분까지를 포함한 비교대상 저작물의 전체적인 유사성을 나타낼 수 있다는 특성을 갖는다. 저작물의 전체를 살핀다는 점에서 세부적이고 구체적인 내용보다 외부에 나타나는 전체적인 느낌에 의존하게 되는 경향이 크다. 대표적인 예는 Daly v. Palmer 판결[30]을 들 수 있다. 이 사건에서 법원은 문제가 된 철길 장면은 원 · 피고 두 작품에 모두 나타나는 거의 동일한 장면구성으로서 보는 이로 하여금 동일한 감각과 인상으로 다가오기 때문에 실질적으로 동일하다는 판단을 하였다.[31]

30　Daly v. Palmer, 6 F.Cas. 1132, No 3, 552 (C.C. S.D.N.Y. 1868).

31　또한 본 판결에서는 관객의 지성과 교감하는 장면은 움직임과 동작에 의한 것이 주된 표현이고, 구어에 의한 표현은 이야기 전개에 있어서 극적 효과에 관한 비중이 작다고 하였다. 여기에서 연극적 구성에 대하여 문자

전체적인 유사성을 탐지하는 방식은 비교대상 저작물을 전체적으로 살피는 것으로 그 이외의 다른 분석 작업이 이루어질 필요는 없다. 따라서 비전문가인 배심원 등 사실인정자(the trier of fact)[32]가 수행하여야 할 역할이 간단해진다는 장점이 있다. 그러나 이 방식은 몇 가지 문제점을 안고 있다. 첫째, 저작권법의 전제인 아이디어·표현 이분법 체계에서 저작권법이 보호대상에서 제외하고 있는 아이디어 등을 실제적으로 보호하게 된다는 점이다. 컴퓨터프로그램의 구체적인 요소를 살펴보면 저작권법에 의해 보호받는 표현뿐만 아니라 주석, 오픈소스, 자동생성코드 등과 같이 보호대상에서 제외되는 요소들도 존재하는데, 이들을 모두 비교 및 보호대상에 포함시키는 형태가 되기 때문이다. 둘째, 컴퓨터프로그램과 같이 고도로 기술적인 저작물에 대해서는 적용하기가 어렵다. 왜냐하면, 일반적인 저작물과 달리 컴퓨터프로그램과 같은 기술적 저작물은 그것을 해석하고 그 내용을 파악하는 것이 일반인들에게는 거의 불가능하기 때문이다. 그렇다 보니 전체적인 부분을 일반인의 시각으로 살펴본다는 것이 현실적으로 적절히 와닿지 않는다. 셋째, 외관이론에서와 같이 개념(concept)과 느낌(feel)을 실질적 유사성 판단의 기준으로 삼는 것은 구체적인 보호받는 표현만을 보호대상으로 삼고 있는 우리 저작권법의 취지에 어긋난다는 점이다.[33]

(대사)보다는 행동에 초점을 두고, 배우의 동작에 의해 표현된 부분이 관객에게 감성·지성적으로 영향을 주었다면 이것을 저작권침해 판단의 기준으로 삼은 것을 확인할 수 있다. 정영미, "공연예술의 저작권보호에 관한 연구(연극연출을 중심으로)", 상명대학교 박사학위논문, 2009, 12-13면.

32 예외적으로 배심원 제도를 운용하는 경우가 아닌 한, 우리나라에서 사실인정자는 대체로 법관인 경우가 많다.

다음으로 부분적·문자적 유사성은 보호받는 표현 부분을 분리해 내어 그것만을 대상으로 실질적 유사성을 판단한 것을 의미한다. 컴퓨터프로그램의 경우 두 비교 대상 프로그램을 비교 시 소스코드 등의 전부를 비교하는 것이 아니라 보호받지 못하는 요소, 즉 주석, 오픈소스, 자동생성코드 등을 제외한 후 보호받는 표현에 해당하는 소스코드만을 비교대상으로 하여 유사성을 살펴보는 방식이 해당한다. 이 방식은 보호받는 표현에 해당하는 부분만을 적용의 대상으로 한다는 점에 아이디어·표현 이분법의 전제에 적합한 방식으로 볼 수 있다. 그러나 이 방식도 몇 가지 문제점을 안고 있다. 첫째, 현실적으로 저작물을 보호받는 표현과 보호받지 못하는 부분으로 분해하는 것이 간단하지 않다는 점이다. 컴퓨터프로그램의 비교·분석 과정에서 주석이나 자동생성코드 등은 물리적으로 제외하는 데 무리가 없을 수 있으나, 이용된 모든 오픈소스를 직접 탐지하여 제거하는 것 등은 현실적으로 쉽지 않으며, 더욱이 제외되어야 하는 부분을 실제로 어느 지점에서 특정하여야 하는지 등도 실무적으로 문제되는 사안이다. 둘째, 비교를 위해 각 부분 요소를 분해하였다 하더라도 각각의 요소 자체를 본래의 저작물로 볼 수 있는지에 대한 점과 이러한 개별 요소만을 복제한 것을 갖고 저작권 침해에 이른다고 할 수 있을지에 대한 문제이다.

우리나라는 포괄적·비문자적 유사성 혹은 부분적·문자적 유사성의 어느 하나만을 활용하기보다는 우선 부분적·문자적 유사성을 살핀 후에 이를 보완하기 위하여 포괄적·비문자적 유사성을 고려하는 것이 일반적인 판례의 경향으로 보인다. 다만, 컴퓨터프로그램을 대상으로 하는 경우에는 다소 차이가 있는데, 비교 대

---

33 오승종, 전게서(2007), 1009면.

상 프로그램의 전체를 살피기보다는 소스코드 등을 비교분석하여 텍스트 간 유사성을 찾는 것이 일반적인 경향이라 볼 수 있다. 물론 그렇다고 하더라도 논리적 · 기능적 맥락을 고려하지 않는 것은 아니다.

라. 유사성 판단의 관점

보통 관찰자 관점(ordinary observer 혹은 lay observer)은 실질적 유사성 여부를 판단하는 시각을 일반인인 보통의 관찰자로 하여 적용한다는 입장이다. 즉 침해자가 이용한 저작물과 피침해자의 저작물에 있는 원래의 표현을 비교 시 일반인들이 서로 실질적인 정도로 유사하다고 느끼는 경우를 실질적 유사성이 인정되는 것으로 본다.[34]

미국에서도 보통 관찰자 관점의 활용이 대법원의 명시적 판결 등을 통하여 기준이 제시된 것은 아니나, 하급심[35]을 중심으로 일반화되어 인정 및 사용되고 있다.[36] 우리나라도 비슷한 태도를 보이는데, 일반인의 시각에서 실질적 유사성을 판단하여야 한다는 명시적 근거는 없으나, 그럼에도 실질적 유사성의 판단은 사회통념상 평균적인 일반인의 관점에서 판단하여야 한다는 것이 당연스

---

34 오승종, 전게서(2007), 1003면.

35 보통 관찰자 관점이 최초로 적용된 사건은 1868년의 Daly v. Palmer, 6 F.Cas. 1132, No. 3,552 (C.C. S.D.N.Y. 1868) 판결이다. Daly 판결에서는 유사성 판단 기준에 관하여 다음과 같이 제시하고 있다. "(1) recognized by the spectator, (2) through any of senses to which the representation is addressed, (3) as conveying substantially the same impressions to and exciting the same emotions in the mind in the same sequence or order."

36 Melville B. Nimmer & David Nimmer, 전게서(2010), 13-93면.

럽게 인정되고 있는 것으로 보인다.[37]

미국의 보통 관찰자 관점론에서는 실질적 유사성을 판단하기 위해서 전통적으로 다른 사람의 분석적 방식에 따른 어떠한 제언 및 도움 없이 유사성이 탐지되어야 한다고 하며, 이때 당해 문제에 대하여 관찰자들은 자연스럽고 즉각적인 반응에 의하여 판단하여야 한다고 한다.[38] 저작권 침해의 입증을 위한 판단 구조 속에서 보통의 관찰자 관점이 적용되는 부분은 주로 실질적 유사성 여부를 입증하는 객관적 요건으로서의 유사성, 즉 유사한 부분이 저작권 침해에 이를 정도인 것인지 여부를 판단(actionable copying)하는 과정에 활용된다.[39] 반면 의거 여부에 대한 판단(actual copying)에는 전문가의 분석 및 증언이 활용 가능하다고 한다.

보통 관찰자 관점을 통한 실질적 유사성 판단 방식은 경제적 측면에서 보더라도 저작권을 보호하고자 하는 목적과 부합하는 것으로 본다.[40] 만일 저작자의 저작물과 실질적으로 유사한 저작물이 시장에 나와 원저작자의 저작물을 사용하던 소비자들이 원저작물과 실질적으로 유사한 저작물을 대체재로서 사용하게 된다면, 이는 원저작자가 저작물의 창작으로 보상받을 수 있는 경제적 인센티브를 침해당한다고 할 수 있다. 따라서 대체재를 선택하는 일반인이 실질적 유사 여부를 판단하는 보통의 관찰자가 될 수 있는 것이다. 그런데 한 가지 중요한 점은 여기서 일반인은 소비자와의

---

37 정상조 편, 전게서(2007), 1104면; 권영준, 전게서(2007), 130면 등.

38 Harold Lloyd Corp. v. Witwer 65 F.2d 1 (9th Cir. 1933); Kohus v. Mariol, 328 F.3d 848, 854 (6th Cir. 2003); Peel & Co. v. Rug Market, 238 F.3d 391 n.35 (5th Cir. 2001).

39 Arnstein v. Porter, 154 F.2d 464, 468 (2d Cir. 1946); Apple Computer v. Microsoft Corp., 35 F.3d 1435, 1442 (9th Cir. 1994).

40 권영준, 전게서(2007), 131면.

연관성을 갖고 있어야 한다는 점이다. 즉, 보통의 관찰자는 해당 저작물을 소비 및 활용하는 수요자로서의 일반인을 의미한다고 보는 것이 보다 적절할 수 있다.

　이러한 의미의 보통 관찰자 관점은 실제로 실질적 유사성 판단에 적용하는 과정에서 다소 논란이 제기되곤 한다. 최근에는 전통적인 예술과 관련한 저작물에서 기술적 요소 등이 고려되는 소위 기능적 저작물로 저작권 보호범위가 확대되고 있는데, 기능적 저작물과 같이 해당 저작물을 살피는 데 전문적 능력을 필요로 하고, 해당 저작물 유형의 향유 대상이 한정적인 경우 등에도 동일하게 보통 관찰자에 의한 관점을 유지하는 것의 어려움을 고려한 것이다. 설사 보통 관찰자를 구체적 수요자로서의 일반인을 의미한다고 하더라도 그것만으로 전문적이고 구체적인 이해를 담보할 수는 없다. 아울러 보통 관찰자에게는 다른 것과 같은 느낌을 주면서 교묘하게 복제의 흔적을 은닉하는 경우에 이를 일반인인 보통 관찰자가 인지하기는 쉽지 않으며, 반대로 실제로는 저작권 침해로 볼 수 없는 경우에도 바라보는 각도 및 전체적이고 순간적인 느낌에 의하여 이를 실질적으로 유사하다고 인정하는 오류를 범할 수 있다는 점도 무시할 수 없다는 것이다.[41] 또한 보통 관찰자 관점에 의한 판단은 아이디어와 표현을 구분하지 않고 즉각적인 인상에

41　서울남부지방법원 2011.1.27. 선고 2010노310 판결의 감정결과에서는 "피고의 건축물은 '장미'의 저작권을 침해할 정도에 이르지는 않았으나, 개별 구성요소에 있어 입면재료, 건축구조미, 곡률, 입면형태상 유사한 미학적 특성이 있고 전체 구성요소에 있어서도 조망각에 따라 두 건축물이 매우 유사하게 보일 수 있으며 특히 이 사건 각 건축물의 재료가 유리라는 면에서 시각적으로 유사하게 보일 수 있다"라고 제시한다. 이러한 점은 건축 등 전문적인 분야에 대하여 일반인의 관점에서의 판단이 오판에 이를 수 있는 근거가 될 수 있을 것으로 생각된다.

의하여 실질적 유사 여부를 판단하게 되므로, 창작적 표현만을 보호범위로 삼고 있는 저작권법 체계에서 보호받지 못하는 범위까지 보호하는 문제를 일으킬 수 있다고도 한다. 결국 보통 관찰자인 일반인의 즉각적인 느낌에 의하여 실질적 유사 여부를 판단하는 방식은 복제의 존재를 입증하는 데에는 유용한 증거로서 작용할 수 있을 것이나, 이는 노력의 산물이 도난당한 사실을 입증할 수 있는 것이지 저작권법이 보호하는 대상이 특정되어 도난당한 것을 입증하기에는 다소 보완해야 할 부분도 있음을 알 수 있다.[42]

　이러한 문제로 인하여 미국에서는 전문가에 의한 분석적 방식, 그리고 전문가의 관점이 아이디어와 표현을 구분하는 저작권법 체계에 더 적합하다는 지적이 있으며,[43] 기술적으로 복잡성이 있는 저작물의 경우에는 해당 분야의 전문가의 증언 및 분석을 필요로 한다고 판단하는 경우도 있다.[44] 그런데 사실인정자와 법관이 일치하게 되는 우리나라 법체계에서는 이러한 논의가 미국 등에 비해 실익이 그리 크지 않다고 본다. 왜냐하면 결국 법관이 사실인정자와 최종적인 판단의 주체로 기능하는데, 전문적 자료 등 다양한 증거 등을 고려하여 결정을 한다는 점에서 전문가 분석에 의한 관점과 기술 비전문가인 법관의 판단이 결국 두 관점을 모두 결합하고 있는 것으로 해석할 수도 있지 않을까 생각한다.

42　Melville B. Nimmer & David Nimmer, 전게서(2010), 13-100.1면.

43　Melville B. Nimmer & David Nimmer, 전게서(2010), 13-96면.

44　Whelan Associates, Inc. v. Jaslow Dental Laboratory, Inc., 797 F.2d 122(3d Cir. 1986); Dynamic Microprocessor Assocs. v. EKD Computer Sale, 919 F.Supp. 101 (E.D.N.Y. 1996).

3. 실질적 유사성의 판단 범위

가. 저작권 보호범위와 실질적 유사성

미국은 1976년 저작권법 입법을 위해 추진한 CONTU 보고서에서 컴퓨터프로그램을 어문저작물의 일종으로 보았다.[45] 이후 저작권법의 일부 개정을 통하여 컴퓨터프로그램을 저작권 보호대상으로 포함시키게 된다. 또한 미국저작권법 제102조(b)[46]는 프로그래머가 작성한 표현이 컴퓨터프로그램에 대한 저작권 보호의 요소라는 점과 프로그램에 담긴 실제의 프로세스나 방법은 저작권의 범주에 속하지 않는다는 점을 분명히 하기 위한 것이라는 미의회 보고서의 기술[47]은 컴퓨터프로그램의 보호범위에 대한 기본적 전제를 제시하고 있다.

이 당시에서와 같이 컴퓨터프로그램을 저작권에 의한 보호 대상으로 볼 것인지 여부에 관한 논의(1세대 논의)에 이어서 최근 문

---

45 "'어문저작물'이란 용어는 문학적인 품격이나 질적 가치의 기준을 암시하지 않는다. 이에는 카탈로그, 디렉토리 및 사실에 관한 저작물, 참고서 또는 지도서, 그리고 자료 편집물이 포함된다. 또한 컴퓨터 데이터베이스와 컴퓨터프로그램도 사상 그 자체와 구별되는 것으로서, 프로그래머의 독창적 사상을 포함한 것인 한 포함된다." 최경수 역, 전게서(1994), 46면.

46 어떠한 경우에도, 독창적인 저작물에 대한 저작권 보호는 그것이 그 저작물에 기술, 설명, 예시, 또는 수록되는 방법에 관계없이, 관념, 절차, 공정, 체제, 조작 방법, 개념, 원리, 또는 발견에는 미치지 아니한다 (In no case does copyright protection for an original work of authorship extend to any idea, procedure, process, system, method of operation, concept, principle, or discovery, regardless of the form in which it is described, explained, illustrated, or embodied in such work.).

47 최경수 역, 전게서(1994), 53면.

제가 되는 것은 컴퓨터프로그램에서 저작권의 보호범위를 어디까지 인정할 것인가 여부이다(2세대 논의). 이러한 논의는 컴퓨터프로그램의 보호범위와 관련하여 저작권법상 기본원칙인 아이디어·표현 이분법의 구체적인 의미를 정하는 문제이기도 하고, 동시에 컴퓨터프로그램의 저작권 침해와 관련된 분쟁에서 실질적 유사성을 판단하는 기준에 관한 문제로도 연결된다.[48] 왜냐하면 실질적 유사성은 컴퓨터프로그램 전체에 대한 유사 여부 및 정도를 의미하는 것이 아니라, 컴퓨터프로그램 중 저작권법에 의해 보호받을 수 있는 창작적 표현만을 비교대상으로 하기 때문이다. 따라서 컴퓨터프로그램 유사도와 관련된 비교·분석을 수행하는 데 있어서 보호범위에 대한 문제는 실질적 유사성 판단의 전제가 되는 가장 중요한 쟁점이 된다.

나. 보호받는 표현 비교의 원칙

실질적 유사성은 침해자가 저작권자인 피침해자의 저작물을 허락 없이 이용함에 있어서 해당 이용행위를 저작권 침해로 볼 수 있는지 여부를 판단하기 위한 것이다. 이에 실질적 유사성은 피침해자의 보호받는 표현이 얼마나 이용되었는지를 밝혀내는 과정이라 할 수 있는 것이다. 따라서 실질적 유사 여부를 가리기 위한 두 비교대상의 대비는 저작권으로 보호받는 창작적 표현만을 대상으로 이루어지며, 아이디어 등은 비교대상으로 포함될 수 없다. 어떠한 컴퓨터프로그램에서 실질적 유사 여부를 가리고자 한다면 저작권 보호를 받는 표현 부분만을 분리해 내어 그것만을 대상으로 비

---

48 이해완, 전게서(2007), 904-905면.

교를 수행하는 것을 원칙으로 하여야 한다.

이로 인하여 실질적 유사성 판단에서는 표현과 아이디어의 분리가 중요한 전제로 작용하게 된다. 그런데 저작권법은 이에 대하여 별다른 명문상 기준을 제시하지는 않고 있어 양자의 분리 시 그 기준을 설정하는 데 어려움이 있다. 다만 저작권법은 제2조 제1호에서 "저작물은 인간의 사상 또는 감정을 표현한 창작물을 말한다."고 정의하고 있는데, 이를 아이디어·표현 이분법의 취지를 규정한 간접적인 근거로 이해할 수는 있다.[49] 또한 컴퓨터프로그램에 관한 특례인 동법 제101조의2[50]에서 프로그램 언어, 규약 및 해법은 저작권법에 의하여 보호를 받지 못한다고 규정하고 있는데 이 역시 아이디어·표현 이분법을 전제로 한 것으로 볼 수 있다.

아이디어와 표현의 경계가 명확한 기준으로 정해질 수 있는 것이 아닌 만큼, 저작물의 종류, 특성 및 내용에 따라 저작권으로 보호받는 표현 부분과 보호받지 못하는 아이디어에 해당하는 부분을 구분하는 구체적인 경계는 상이하게 나타난다. 이에 특정의 작품 등에서 아이디어와 표현을 구분하는 작업은 구체적 사안에 따라 개별적으로 이루어질 수밖에 없다.[51] 문학 등 예술작품에 대해서는 보호받는 창작적 표현이 넓게 인정될 수 있을 것이나, 일정한 사실을 바탕으로 하거나 특정한 기능을 구현하는 것을 전제로 한

---

49 오승종, 전게서(2016), 82면.
50 제101조의2(보호의 대상) 프로그램을 작성하기 위하여 사용하는 다음 각 호의 사항에는 이 법을 적용하지 아니한다.
   1. 프로그램 언어: 프로그램을 표현하는 수단으로서 문자 기호 및 그 체계
   2. 규약: 특정한 프로그램에서 프로그램 언어의 용법에 관한 특별한 약속
   3. 해법: 프로그램에서 지시·명령의 조합방법
51 Peter Pan Fabrics, Inc. v. Martin Weiner Corp., 274 F.2d 487, 489 (2d Cir. 1960).

표현의 경우에는 보호받는 표현의 범주를 상대적으로 좁게 인정할 수밖에 없다. 이는 후자의 경우 보호받는 표현의 범위를 넓게 인정하게 되면 사실상 아이디어를 보호하는 것과 유사하게 되어 오히려 학문 및 예술 등의 자유를 제약하는 효과를 가져올 수 있기 때문이다.[52]

이처럼 아이디어와 표현을 분리하는 것은 명확한 기준 설정이 어렵다는 특징이 있으나, 그럼에도 불구하고 두 가지 기본 원칙이 고려되어야 한다. 첫째, 저작권법이 기본 원칙으로 제시하고 있는 창작의 유인 및 보상과 공정한 이용 사이에 균형이 유지되어야 한다는 점이다. 만일 보호받는 표현에 해당하는 부분, 즉 저작권의 보호대상을 너무 좁게 설정하여 그 보호범위가 줄어들면 창작의 유인 및 보상의 수준이 낮아지게 된다. 반면 이를 너무 넓게 설정하면 지나치게 저작자의 권리를 보호하게 되어 이용자들의 활용이 제약을 받게 된다. 이는 종국적으로 문화 및 관련 산업의 발달을 저해하는 원인으로 작용하게 된다. 둘째, 법원은 보호받는 표현을 찾는 데 중점을 두어야 한다. 참고로 미국의 법원은 이 점에 있어서 표현의 정도가 충분한지 아니면 상대적으로 적은 표현으로 이루어진 것인가에 따라 그 보호의 정도를 다르게 적용하고 있다. 따라서 추가적으로 창작된 표현의 정도가 충분한 경우에는 보호받는 표현 부분이 피침해자의 것을 일부 재구성(paraphrasing)한 것이라도 이를 저작권 침해에 해당한다고 보지 않기도 한다.[53] 이처럼 특정 저작물에서 보호받는 표현에 해당하는 부분에 대한 유사한 정도 및 비교대상의 상태 등에 따라 최종적인 유사성 판단에 영향을

---

52   김시열, 전게서(2017), 13면.

53   Paul Goldstein, *Goldstein on Copyright*, Vol. II, Aspen Publishers, 2011, 2:33-34면; 오승종, 전게서(2007), 75면.

미치게 된다.

한편, 실질적 유사성 판단범위의 전제가 되는 아이디어·표현 이분법은 다음과 같은 특징을 갖는다. 첫째, 모든 저작물은 각기 상이한 정도의 아이디어와 표현으로 구성된다. 그렇기 때문에 아이디어와 표현을 분리하기 위하여 일률적인 기준을 정할 수는 없는 것이고 추상화를 이용한 분리와 같은 방식을 활용하여 각각의 저작물에 따라 상이한 수준의 아이디어와 표현으로 분리된다. 둘째, 아이디어와 표현을 구분하는 구체적인 선이 설정되는 것은 아니다. 아이디어·표현 이분법은 저작권 침해사건에서 대상 저작물의 보호범위를 명확히 확정하기 위하여 주로 적용되어 왔는데, 그 결과 법원은 특정한 저작물에서 보호받는 표현과 그렇지 않는 표현 및 아이디어 사이에 정밀한 경계선을 그을 필요가 없었다. 왜냐하면 법원은 침해자가 사용한 부분이 보호받는 표현에 해당하는 것인지 여부만 판단하면 되었기 때문이다. 마지막으로 아이디어·표현 이분법을 적용하는 문제는 일률적이지 않으며 저작물의 유형에 따라 상이하게 적용된다. 예를 들면 문학에서의 아이디어와 미술에서의 아이디어가 동일한 것이라 볼 수 없는 것과 같다. 결국 특정의 저작물에서 아이디어와 표현을 구분하는 선을 긋기 위해서는 해당 저작물의 보호목적 및 보호를 통하여 부여되는 독점을 어디까지 인정할 것인지 등의 정책을 고려하여 이루어져야 한다.[54] 이러한 판단은 최종적으로 소송을 담당하는 법원에 의하여 수행되는 것이 일반적이다.[55] 그러나 그 판단의 기준은 법리적인 면보다

---

54 Paul Goldstein, *Goldstein on Copyright*, Vol. II, LexisNexis, 2010, 2:27-29면.
55 아이디어·표현 이분법의 적용으로 인하여 법원은 컴퓨터프로그램의 어느 요소가 저작물성이 있는지, 또한 서로 경쟁관계에 있는 컴퓨터프로그

는 정책적인 면에 따르는 경향이 있다. 즉, 아이디어 및 표현의 경계를 미리 선 긋기보다는 정책적으로 창작 의욕을 고취할 필요가 있는 것으로 인정되는 부분은 표현으로 보고, 반면 자유로운 이용이 허용되어야 할 것으로 인정되는 부분은 아이디어라고 하여 보호대상에서 제외하게 된다는 것이다.[56]

다. 비교 제외 요소

아이디어는 실질적 유사성 판단을 위한 비교대상에서 제외되는 것이 원칙이라는 점은 앞서 설명하였다. 그런데 아이디어가 무엇을 의미하는지 개념적으로 특정하는 것은 쉬운 일이 아니다. 이에 관하여 Goldstein 교수는 아이디어를 개념(concept), 해법(solution) 및 창작의 도구(building blocks)로 분류하고 있다. 이 분류에 기초하여 살펴본다. 특정한 저작물을 창작하기 위한 개념은 저작권법에 의하여 보호받지 못한다. 이러한 개념은 상대적으로 그 양이 제한되어 있으며 독점을 통한 보호가 적절치 못한 특징을 갖는다. 한편, 해법에 관한 대표적인 판결이 Baker v. Selden 판결[57]인데, 이 사건에서 법원은 저작권이 보호되는 대상은 부기(簿記) 방식 자체가 아니라 그 방식을 설명한 축어적 표현만이 해당된다고 판시하였다. 즉, 방식이라는 아이디어가 보호대상이 아니고 그 아이디어를

램의 요소 사이에 실질적 유사성이 존재하는지 여부를 결정하여야 하는 어려운 일을 수행하여야 한다. David A. Lowe, "A Square Peg In A Round Hole: The Proper Substantial Similarity Test for Nonliteral spects of Computer Programs", *Washington Law Review*, April 1993, 358면.

56 오승종, 전게서(2007). 72면.
57 Baker v. Selden, 101 U.S. 99 (1879).

문자로 나타낸 표현이 보호대상이라는 것이다. 그리고 특정의 저작물을 창작하는 데 필요한 창작의 도구 역시 저작권으로 보호받지 못한다. 이러한 창작의 도구는 각각의 저작물 유형에 따라 상이하게 존재한다. 예를 들어 어문저작물의 경우 전통적으로 주제·플롯·기본적 캐릭터 등이 해당된다. 이러한 요소들은 저작물을 창작하는 데 필요한 도구일 뿐이지 여기에 독점권을 주게 되면 결국에는 그것으로 인하여 다른 창작자의 창작의욕을 감소시키게 되는 효과를 초래한다.[58]

둘째, 외부 요인에 의한 제한도 고려되어야 한다. 이는 하드웨어 기준에 따른 제한, 소프트웨어 기준에 따른 제한, 산업의 형태 및 프로그래밍 관행에 따른 제한으로 구분하여 볼 수 있다.

먼저 하드웨어 기준에 따른 제한은 컴퓨터프로그램이 하드웨어와 필연적으로 불가분의 관계에 있다는 점에 의한 것으로 특정 하드웨어에서 구동되기 위해 충족하여야 할 제시된 기준에 의한 표현 등은 비교대상에서 제외하여야 한다는 것이다.

컴퓨터라는 물리적 장비는 컴퓨터를 작동시키기 위해 존재하는 컴퓨터프로그램의 많은 요소들에 영향을 줄 수 있다. 특정한 기계에 관하여 호환성 있는 컴퓨터프로그램을 만들기 위하여 프로그래머는 그 컴퓨터의 외적 작동 기준에 적합하게 컴퓨터프로그램을 맞추도록 하여야 한다. 이러한 기준은 어문저작물의 경우에서 필수장면과 같은 공통의 요소를 만들어 낸다. 그 결과 동일한 컴퓨터에서 작동시키고자 하는 두 컴퓨터프로그램은 프로그래머가 독자적으로 창작한 부분 이외에, 해당 컴퓨터에서 적절히 기능을 수행하기 위해 반드시 요구되는 요건을 충족시키는 과정에서 상당부분

---

58 Paul Goldstein, 전게서(2011), 2:30-33면.

이 유사하게 나타나기도 한다.

  예를 들면, 컴퓨터의 내부적인 기능에 접근하기 위해서는 컴퓨터프로그램이 당해 컴퓨터의 표준 지시에 따라 명령이 수행되어야 한다. 만약 해당 장비의 표준 기준에 따르지 않고 달리 구현한다면 이는 해당 컴퓨터에서 적절히 작동할 수 없다. 다른 예로, 컴퓨터 모니터에 화면을 출력하는 IBM PC 하드웨어는 캐릭터와 그래픽을 일정한 포맷에 의하는 경우만 이를 출력할 수 있도록 디자인되어 있다. 따라서 IBM PC에서 화면으로 출력시키고자 원하는 모든 컴퓨터프로그램은 이러한 특정한 기준을 적용하여 개발되어야만 한다.[59] 이와 같이 컴퓨터프로그램이 구동되어야 할 장비에 따라 필수적으로 요구되는 특정의 기준에 의하여 컴퓨터프로그램이 작성됨에 따른 유사성은 저작권 침해 여부를 판단하기 위한 실질적 유사성의 대상에서 제외되어야 한다.[60]

  다음으로 소프트웨어 기준에 따른 제한은 운영체제(OS), 플랫폼 등 비교대상이 되는 컴퓨터프로그램이 필연적으로 연계하여야 하고, 이를 위해 충족하여야 하는 기준 및 요건 등에 의한 표현 등은 비교대상에서 제외하여야 한다는 것이다.

  컴퓨터프로그램은 소프트웨어 환경에 의하여 영향을 받을 수 있다. 워드프로세서나 스프레드시트와 같은 최종적 프로그램은 반드시 컴퓨터의 운영체제와 연동되어야만 한다. 운영시스템과의 호환성은 컴퓨터프로그램을 디자인하는 과정에서 상당부분에 영향을 줄 것이다.[61] 비슷한 예로, 구글(google社)은 2007년 안드로이드

---

59 David Nimmer, *Copyright Illuminated Refocusing the Diffuse US Statute*, Wolters Kluwer, 2008, 520면.

60 컴퓨터프로그램에서 이러한 부분을 제외하는 과정은 전문가에 의하여 수행될 수밖에 없다.

(Android)[62]라는 새로운 모바일 플랫폼을 발표하여 휴대폰 등의 모바일 기기를 이용한 웹 응용을 위한 소프트웨어 플랫폼을 제공하였다. 이 플랫폼은 구글의 다양한 온라인 서비스를 모바일 기기에서 구현하기 위해서 반드시 따라야 하는 기준이다. 따라서 안드로이드 플랫폼을 기준으로 작성된 컴퓨터프로그램은 애플(apple社)의 플랫폼을 필요로 하는 서비스를 실행할 수 없게 된다. 또한 컴퓨터프로그램 언어도 영향을 미칠 수 있다. 어떤 언어를 선택하여 프로그래밍 하느냐에 따라 그 표현의 방식 및 데이터 구조 등이 결정되기 때문이다. 따라서 이러한 제한으로 인한 유사성은 복제로 인한 것으로 볼 수 없으며, 실질적 유사성의 판단 대상에서 제외되어야 한다.

그리고 산업의 형태 및 프로그래밍 관행에 따른 제한 역시 창작자의 창조적 개성이 투영될 수 없는 영역이므로 실질적 유사성 판단을 위한 비교 대상에서 제외하여야 한다.

---

61 David Nimmer, 전게서(2008), 521-522면.
62 안드로이드(Android)는 휴대 전화를 비롯한 휴대용 장치를 위한 운영 체제와 미들웨어, 사용자 인터페이스 그리고 표준 응용 프로그램[웹 브라우저, 이메일 클라이언트, 단문 메시지 서비스(SMS), 멀티미디어 메시지 서비스(MMS) 등]을 포함하고 있는 소프트웨어 스택이자 모바일 운영 체제이다. 안드로이드는 개발자들이 자바 언어로 응용 프로그램을 작성할 수 있게 하였으며, 컴파일된 바이트코드를 구동할 수 있는 런타임 라이브러리를 제공한다. 또한 안드로이드 소프트웨어 개발 키트(SDK: Software Development Kit)를 통해 응용 프로그램을 개발하기 위해 필요한 각종 도구들과 응용 프로그램 프로그래밍 인터페이스(API)를 제공한다. 2005년에 안드로이드사를 구글에서 인수한 후 2007년 11월에 안드로이드 플랫폼을 휴대용 장치 운영 체제로서 무료 공개한다고 발표한 후 48개의 하드웨어, 소프트웨어, 통신 회사가 모여 만든 오픈 핸드셋 얼라이언스(Open Handset Aliance: OHA)에서 공개 표준을 위해 개발하고 있다. (http://ko.wikipedia.org/).

한편, 컴퓨터프로그램을 구성하는 데 영향을 주는 많은 외부 요인들 가운데 가장 중요한 것은 비즈니스 절차 및 최종 이용자의 기술적 요구이다.[63] 예를 들어 주식거래프로그램(HTS)은 개발자가 그 구성을 자신의 의지대로 할 수 없으며, 주식거래 업무 흐름, 이용자들의 선호 기능 및 인터페이스의 배치 등이 고려되어 만들어지게 된다. 또한 전사적 자원 관리(Enterprise Resource Planning: ERP) 프로그램은 대상이 되는 회사의 조직, 구조, 업무의 종류, 업무의 흐름 및 당해 회사의 고유한 요구 등을 반영하여 만들어질 수밖에 없다. 따라서 두 컴퓨터프로그램의 구조 및 조직 등이 실질적으로 유사한지 여부를 판단하기 위해서는 위와 같은 산업 환경에 따라 작성되어 유사할 수밖에 없는 부분을 찾아 제외하여야 한다.[64]

또한 많은 프로그래머들은 프로그래밍 과정에서 나타나는 반복적인 문제에 대해 전통적인 해결 방법에 의존하곤 한다. 이러한 것은 컴퓨터프로그램을 작성하는 데 전형적이고 관용적인 구문 등의 활용으로 연결된다. 따라서 누가 하더라도 유사하게 나타날 수밖에 없는 소스코드의 관용적 표현 등은 보호받지 못하는 표현으로 이 요소들이 서로 유사하더라도 실질적 유사성에 영향을 주지 못하며, 그 자체만으로 저작권 침해의 증거가 되기 어렵다.

셋째, 컴퓨터프로그램 작성의 목적 달성을 위하여 누가 하더라도 그렇게 할 수밖에 없는 표현은 보호받지 못하며, 실질적 유사성을 판단하기 위한 비교에서도 제외되어야 한다. 컴퓨터프로그

---

63 David Nimmer, 전게서(2008), 523면.

64 Business Trends Analysts v. Freedonia Group, Inc., 650 F.Supp. 1452, 1460 (S.D.N.Y. 1987); McGrawHill, Inc. v. Worth Publishers, Inc., 335 F.Supp. 415 (S.D.N.Y. 1971) 참조.

램, 특히 상업성을 전제로 한 컴퓨터프로그램은 목적으로 한 기능을 수행하기 위해 가장 효율적인 표현을 구성하게 된다. 이는 아이디어와 표현이 합체되는 것으로 다른 사람이 이를 작성하더라도 해당 알고리즘을 구현하기 위해서는 동일하게 할 수밖에 없는 것을 의미한다. 이는 합체의 원칙 혹은 필수장면의 원칙 등의 개념과 동일하다.

라. 비교대상 확정을 위한 실무적 경향

컴퓨터프로그램의 유사성을 탐지하기 위하여 비교분석을 수행할 때 그 목적이 실질적 유사성의 탐지라면 비교의 대상은 보호받는 표현에 한정된다. 보호받는 표현, 즉 비교대상을 특정하기 위해서 실무에서는 소거법을 주로 사용한다. 현실적으로 구체적 표현이 저작권법에 의한 보호받는 표현인지 여부를 일일이 판단한다는 것은 결코 용이하지 않다. 그래서 물리적으로 소스코드 등을 구분하여 해당 소스코드에서 보호받지 못하는 표현요소를 제거해 나가는 것이다. 이를 통하여 의미없는 빈 공란, 주석, 자동생성 코드, 오픈소스, 관용적 코드구성 등을 비교대상에서 제외시키는 작업을 거치게 된다. 이 과정을 거쳐 최종적으로 남은 소스코드 등을 저작권법에 의해 보호받는 표현으로 보고 유사성을 비교분석하여 실질적 유사성 판단에 활용한다. 비교대상에서 제외하여야 할 표현요소를 얼마나 적절히 제외하고 비교를 수행하였는지에 따라 최종적인 실질적 유사성 판단에 상당한 영향을 미친다는 점은 많은 판례에서도 확인된다.

4. 해외의 주요 실질적 유사성 판단 방식

가. Arnstein 테스트

Arnstein 판결은 저작권자인 원고가 보유하고 있는 여러 개의 음악저작물의 저작권을 피고가 침해하였다고 주장된 사건에 대한 것이다. 작곡가인 Cole Porter가 작곡한 'Begin the Beguine', 'My Heart Belongs to Daddy', 'I Love You', 'Night and Day', 'I Love You Madly', 'You'd Be So Nice to Come To', 'Don't Fence Me In' 등의 곡이 Arnstein의 저작권을 침해하여 만들어진 것이라는 주장이다.

제2연방항소법원은 저작권 침해 여부를 판단하기 위하여 첫째, 피고가 원고의 저작물을 복제(copying)하였다는 것과 둘째, 피고의 복제가 부당한 이용을 구성하여야 한다는 점을 요건으로 제시하였다.[65] 즉 저작권 침해를 입증하기 위해서는 복제가 이루어졌다는 사실의 입증만으로는 부족하고, 그 복제가 위법에 이를 정도로 부당성을 충족하여야 할 것을 요구하였다. 부당한 이용(improper appropriation)은 기본적으로 보통의 일반인(ordinary lay hearer)의 반응을 기준으로 판단하여야 한다고 하였으나, 부당한 이용을 입증하기 위한 요건을 피고는 원고의 저작물 중 보호받는 표현을 이용하였어야 하는 점과 이용된 보호받는 표현이 보통의 일반인에 의하여 실질적으로 유사할 것으로 인식되어야 한다는 점으로 구분하

---

[65] 이 판결 이후 미국의 연방법원은 대체적으로 이 기준을 따르고 있다. 정경석, "실질적 유사성론", 계간저작권, 통권 85권, 한국저작권위원회, 2009, 75면.

였다. 특히 첫 번째 요건에서 보호받는 표현을 이용하였는지 여부를 판단하기 위해서는 전문가의 증언(expert testimony)을 통한 분석적 방법을 사용할 수 있도록 하였는데, 전문가의 증언은 사실인정자의 판단을 돕기 위한 제한적 목적하에서 사용되어야 한다고 하였다.

이 판결에서는 두 저작물 간 유사성의 존재가 보호받는 표현의 복제와 아이디어의 복제 모두를 포함하고 있기 때문에, 부당한 이용을 입증하기 위해서는 아이디어와 표현을 분리하여야 한다고 하였다. 이에 원고의 저작물과 피고의 작품이 보통의 일반인에 의하여 실질적으로 유사한 것으로 보이며, 이때 유사한 부분이 아이디어가 아닌 보호받는 표현에 해당하는지 혹은 그 표현이 공유영역(public domain)에 해당하는지 여부는 전문가의 분석에 의하여 확인할 수 있다고 하였다.[66]

---

66 이와 같은 Arnstein 판결에서의 기준은 이후 상당히 오해되는 경향이 있었다고 한다. 즉, 전문가에 의한 분석과 보통의 일반인에 의한 판단을 함께 취급하거나 혹은 완전히 분리하여 실질적 유사성 판단에는 보통의 일반인에 의한 판단만이 가능하다고 인식하였다. 따라서 일부 예외(Bright Tunes Music Corp. v. Harrisongs Music, Ltd., 420 F.Supp. 177 (S.D.N.Y. 1976) 등)는 있으나, 1970년대 중반까지는 보통의 일반인 관점에서의 판단에만 의지하고 전문가에 의한 분석적 방법은 사실상 활용되지 않았다. 이에 제2연방항소법원의 Ideal Toy Corp. v. Fab-Lu Ltd., 360 F.2d 1021 (2d Cir. 1966) 판결은 '실질적 유사성'을 '원저작물을 도용하여 복제가 추정된다는 것을 인식하는 평균적 일반인에 의한 상당한 유사성'이라 정의하기도 하였다. 즉, 1970년대 중반까지는 저작권 침해를 입증하기 위하여 ① 피고가 원고의 저작물에 접근하였어야 하고, ② 보통의 일반인에 의하여 피고의 작품과 원고의 저작물이 실질적으로 유사하다고 인식되어야 한다는 인식이 강했다고 한다. Stephanie J. Jones, "Music Copyright in Theory and Practice: An Improved Approach for Determining Substantial Similarity", *Duquesne Law Review*, Winter 1993, 286-290면.

나. Krofft 테스트

Krofft 판결은 TV 쇼에 대한 저작권 침해, 즉 원고가 제작한 'H.R. Pufnstuf' TV 쇼의 내용을 피고가 허락 없이 이용하여 McDonald 광고를 제작한 사건에 관한 것이다.

제9연방항소법원은 저작권 침해 여부를 판단하기 위한 요건으로 첫째, 원고가 정당한 저작권을 보유하고 있을 것(ownership of the copyright)과 둘째, 피고가 원고의 저작물을 복제하였을 것(copying)을 제시하였다. 그리고 두 번째 요건에서의 복제는 다시 의거(access)와 실질적 유사성(substantial similarity)의 요건으로 나누었다. 그리고 실질적 유사성을 입증하기 위해서는 두 가지 테스트를 거치도록 하였는데, 이를 '외부적 테스트(extrinsic test)'와 '내부적 테스트(intrinsic test)'라고 한다. 외부적 테스트는 원고의 저작물과 피고의 작품 간 일반적인 아이디어 사이의 유사성을 판단하는 것으로서, 분석적 판단방식이 이용되어야 하고 전문가의 참여가 적절하다고 한다. 반면, 내부적 테스트에서는 원고의 저작물과 피고의 작품 사이에서 표현상의 유사성을 합리적 일반인의 관점에서 판단하게 된다. 이때는 외관이론(total concept and feel test)에 의하여 판단되며, 분석적 판단방식 및 전문가에 의한 조사 등은 적절하지 않다고 하였다.[67]

이후 Shaw 판결에 의하여 Krofft 판결의 기준이 변화되는데,

---

67 Krofft 판결 이후, 1981년 초에는 여러 판례들을 통하여 Krofft 판결에서 말하는 아이디어에 대하여 정리가 되었다. 이에 Shaw v. Lindheim, 908 F.2d 531 (9th Cir. 1990) 및 Litchfield v. Spielberg, 736 F.2d 1352 (9th Cir. 1984) 등의 판례에 의하여 플롯(plot), 주제(themes), 대화(dialogue), 분위기(mood), 세팅(setting), 캐릭터(characters) 및 순서(sequence) 등이 아이디어에 해당한다고 하였다.

이때 외부적 테스트에서 유사성을 판단하는 대상이 되는 아이디어의 범주를 확장하여 기존에 표현 부분에 있던 것들도 아이디어의 범주로 들어오게 된다. 따라서 이전의 Krofft 판단방식에서는 아이디어의 유사성에 해당하던 것이 Shaw 판결에서는 아이디어뿐만 아니라 표현에 대한 유사성을 좀 더 포함하는 형태로 변화되었다고 볼 수 있다. 따라서 이러한 변화로 인하여 외부적 테스트는 객관적 테스트(objective test), 내부적 테스트는 주관적 테스트(subjective test)로 새롭게 변경되었다.[68]

 그런데 Arnstein 테스트 혹은 Krofft 테스트 어느 방식을 택하든 간에 일정한 문제점을 안고 있다. Arnstein 판단기준의 경우 전문가에 의한 분석을 활용할 수 있는 가능성은 열어 두고 있으나, 최종적인 판단은 결국 보통의 일반인에 의한 것으로서 컴퓨터프로그램과 같은 기능적 저작물에 대하여 적용하기에는 무리가 따르며, 전체적 접근방식이 갖는 전형적 문제점을 여전히 갖는다. Krofft 판단기준도 외부적 테스트(혹은 객관적 테스트)와 내부적 테스트(혹은 주관적 테스트)가 서로 섞이지 않고 개별적으로 존재하는 데 그친다는 점에서 결국 실질적 유사성의 최종적 판단은 Arnstein 판단기준과 같이 보통의 일반인에게 달려 있다고 볼 수 있다. 또한 아이디어의 유사성은 의거를 입증하기 위한 증거로서 활용되는 것인데, 이를 외부적 테스트를 적용하여 실질적 유사성 판단의 근거로 삼는 점에 대해서는 의문이 제기되기도 한다.[69] 특히 이러한 방식은

---

68 Krofft 판결은 Arnstein 판결에서의 기준을 잘못 이해하여 발생한 것이라
   는 비난이 있는데, Shaw 판결은 이러한 오류에서 본래의 Arnstein 판결
   의 기준으로 돌아오려는 노력이라는 견해가 있다. Stephanie J. Jones, 전
   게논문(1993), 291-292면.
69 Douglas Y'Barbo, 전게논문(1999), 36-37면.

컴퓨터프로그램과 같은 기능적 저작물에 적용하여 실질적 유사성을 판단하는 데 상당히 무리가 있다고 비판되기도 한다.

다. Whelan 테스트

미국 연방법원은 컴퓨터프로그램의 비문자적 요소에 대한 실질적 유사성을 도출하기 위하여 여러 가지 방식[70]을 적용하여 왔으며, Whelan 판결[71]에서 제시된 기준과 Altai 판결[72]에서 제시된 기준이 대표적이다.[73]

1986년 제3연방항소법원의 Whelan 판결에서는 컴퓨터프로그램의 비문언적 요소를 면밀히 분석하여 실질적 유사성의 입증근거로 활용하는 방식을 처음 제시하였다. 본 사건의 하급심은 '파일구조, 화면출력절차 및 서브루틴의 일부'에 대한 두 프로그램 사이의 유사성이 있다는 원고측 전문가의 증언을 받아들여 두 프로그램의 실질적 유사성을 인정하였고, 피고가 원고의 프로그램에 접근하였다는 사실에 기초하여 피고가 원고 프로그램의 공통요소를

---

70   이는 모두 아이디어·표현 이분법의 적용을 받는다.

71   Whelan Associates, Inc. v. Jaslow Dental Laboratory, Inc., 797 F.2d 122(3d Cir. 1986).

72   Computer Assocoates International, Inc. v. Altai, Inc., 982 F.2d 693, 23 U.S.P.Q. 2d 1241 (2d Cir. 1992).

73   이외에도 Lotus Development Corp. v. Borland International, Inc.[49 F.3d 807 (1st Cir. 1995)] 판결에서의 기준과 Brown Bag Software v. Symantec Corp.[960 F.2d 1465 (9th Cir. 1992)] 판결에서의 기준을 함께 제시하는 견해도 있다. Julian Velasco, 전게논문(1994), 9-12면; 이러한 기준들은 본래 컴퓨터프로그램 저작권 침해 소송에서 비문언적 표현 요소에 대한 실질적 유사성을 입증하기 위한 것들이나, 특히 Altai 기준 등은 후술하는 바와 같이 비문언적 표현 요소에 관한 것뿐만 아니라 컴퓨터프로그램의 실질적 유사성 입증에 모두 활용될 수 있다고 보인다.

복제하여 원고의 저작권을 침해하였다고 판단하였다. 이때 이 하급심에서는 컴퓨터프로그램에서 저작권법에 의해 보호 가능한 표현에는 소스코드만 있는 것이 아니라 컴퓨터프로그램을 작동하고 통제 및 관리하는 방법 역시 보호 가능한 표현에 속한다고 판시하였다. 이에 피고는 그와 같은 하급심의 판단은 소스코드를 비교하여 실질적 유사여부를 확인한 것이 아니기 때문에 법적 문제인 실질적 유사성이 인정된 것이 아니라고 항소심에서 주장하였다. 그러나 제3연방항소법원은 피고의 주장을 받아들이지 않고, 컴퓨터프로그램에 아이디어·표현 이분법을 적용함에 있어 저작권으로 보호받을 수 없는 아이디어는 컴퓨터프로그램의 목적 혹은 기능 그 자체가 해당할 뿐이고, 컴퓨터프로그램에서 저작권으로 보호받을 수 있는 표현은 소스코드뿐만이 아니라 그 컴퓨터프로그램의 목적이나 기능을 구현하기 위해 필수적인 것이 아닌 모든 것이 해당한다고 하였다.[74] 따라서 원고 컴퓨터프로그램의 목적은 치과연구소의 조직을 효과적으로 운영하는 것이고, 원고 컴퓨터프로그램의 목적을 구현하는데 필수적인 것이 아닌 구체적 구조는 보호 가능한 표현이라고 전제하고, 구조·처리의 흐름 및 구성을 보호 대상으로 하여 평균적 일반인의 관점에서 직관과 느낌에 의하는 소위 'look and feel' 방식을 통하여 실질적 유사성을 인정하였다.[75]

---

74 즉 목적을 달성하는 다양한 방법이 있는 경우에는 그 가운데 특별히 선정된 방법이 그 목적을 위하여 필연적인 것이 아니므로 이는 아이디어가 아닌 표현에 속한다고 볼 수 있다. 김정완, "컴퓨터소프트웨어의 법적 보호", 전남대학교 박사학위논문, 1990, 84면.

75 Whelan 판결에서의 기준은 컴퓨터프로그램에 대하여 가장 강력한 보호주의적인 경향을 보여 주는 이론으로서 효율성 및 외부조건에 의하여 표현이 제한되는 컴퓨터프로그램을 창작자의 개성이 중시되고 광범위한 표

라. Altai 테스트(3-Step 테스트)

제3연방항소법원의 Whelan 판결에서 제시된 기준은 컴퓨터 프로그램에 대한 실질적 유사성을 입증하는 데 있어서 비문언적인 요소를 어떻게 바라볼지에 대하여 명확한 지침을 제공[76]하였다는 점에 의의가 있다. 그러나 이후 제2연방항소법원의 Altai 판결에서 Walker 판사에 의하여 3단계테스트(3-step test) 방식이 제시되었고, 이 기준이 Whelan 판결에서의 기준인 look and feel 방식을 대체하게 된다.[77]

Altai 판결에서 Walker 판사는 Baker 판결[78]에서와 같이 컴퓨터프로그램의 기능에 필연적으로 수반되는 요소들은 보호대상이 아니라는 것을 전제하며, 컴퓨터프로그램 구조 등에 대한 실질적 유사성은 추상화(abstraction), 여과(filteration) 및 비교(comparison) 과정을 거쳐 판단하도록 제시하였다. 추상화 과정[79]은 프로그램의

현이 가능한 소설 등의 어문저작물과 혼동하고 있다는 비판이 있다. 이해완, 전게서(2007), 906-907면.

76 "Copyright protection of computer programs may extend beyond the programs' literal code to their structure, sequence and orgarnization." Whelan Associates, Inc. v. Jaslow Dental Laboratory, Inc., 797 F.2d 122(3d Cir. 1986).

77 Whelan 판결에서의 기준은 제2연방항소법원의 Altai 판결 이후 제3항소법원 이외의 대부분의 법원에서는 적용되지 않고 있으며[Gate Rubber Co. v. Bando Chem. Indus., 9 F3d 823, 840 (10th Cir. 1993); Sega Enters. Ltd. v. Accolade, Inc., 977 F2d (9th Cir. 1992); Plains Cotton Co-Op Ass'n v. Goodpasture Computer Serv., Inc., 807 F2d (5th Cir. 1987)], 많은 비판을 받고 있다, Andrew Chin, "Antitrust Analysis in Software Product Markets: A First Principles Approach", *Harvard Journal of Law & Technology*, vol.18 number 1, 2004, 49면.

78 Baker v. Selden, 101 U.S. 99, 25 L.Ed. 841 (1879).

79 '추상화'는 Nichols 판결[Nichols v. Universal Pictures Co., 45 F.2d 119,

소스코드로부터 시작하여 프로그램의 궁극적 기능에서 끝나는 것으로 역분석(reverse engineering)과 유사한 방식으로 비문언적 표현요소를 구분하고, 아이디어와 표현을 구분하는 것이다. 여과 과정은 보호받지 못하는 표현으로부터 보호받는 표현을 분리하기 위한 것인데, 추상화를 거친 구조적 요소(structural components)들을 효율성에 의해서 지배되는 요소들(elements dictated by efficiency)인지, 외부요인에 의하여 지배되는 요소들(elements dictated by external factoers)인지 혹은 공유영역으로부터 가져온 요소들(elements taken from the public domain)인지 여부를 살펴보고 이를 제거한다. 이러한 요소들을 여과(제거)하는 과정을 거치게 되면 컴퓨터프로그램에서 보호받는 표현의 핵심(core)만 남게 되는데,[80] 비교 과정에서는 핵심(core)에 해당하는 표현만을 가지고 피고가 보호받는 표현의 실질적인 부분을 복제 하였는지에 대해 판단하게 된다.[81]

Altai 테스트를 활용한 실질적 유사성의 판단 방식은 본래 컴퓨터프로그램을 대상으로 시작된 것인데, 이 기준이 저작권법의 기본 원리를 충실히 반영하고 있다는 점이 고려되어 컴퓨터프로그램 이외의 모든 유형의 표현에 적용될 수 있는 정밀한 이론이라고

---

121 (2d, Cir. 1930)]에서 Learned Hand 판사에 의해 처음 적용된 것으로서, 주로 어문저작물과 같이 문언적 표현에 대해 적용되는 것이었으나, Altai 판결에서 이를 컴퓨터프로그램저작물에까지 확장하여 적용하였다.

80 이를 '컴퓨터프로그램의 golden nugget'으로 표현하기도 한다. David I. Bainbridge, *Intellectual Property*, fifth edition, Pearson Education, 2002, 201면.

81 일반적으로 컴퓨터프로그램을 제작하는 과정에서는 대체로 공유영역에 속하는 부분이 많을 수밖에 없고, 점차 이러한 경향이 강해지고 있기 때문에 3단계테스트 방식이 컴퓨터프로그램의 저작권에 대해 상대적으로 약한 수준의 보호를 제공할 수밖에 없다는 견해가 있다. David I. Bainbridge, 상게서(2002), 202면.

평가되기도 한다.

5. 실질적 유사성 판단의 조력을 위한 제도

가. 소송법상 감정제도

(1) 민사소송법에 의한 감정

민사재판은 사실을 확정하여 법률을 적용하는 과정을 통해 분쟁을 해결하는 절차로, 당사자 간 다툼이 되는 사실관계가 어떻게 인정을 받느냐에 따라 다툼의 승패가 결정되는 것이 대부분이다. 변론주의[82]가 지배하는 민사소송법 체계에서는 원칙적으로 다툼이 있는 사실에 대하여 당사자가 법원에 증거자료를 제출하여 자신의 주장에 대한 입증을 하여야 할 책임을 부담하며, 법원이 능동적으로 나서서 사실관계를 탐지하여야 하는 것은 아니다.[83]

실무적으로 주로 활용되고 있는 증거방법으로는 증인신문, 감

---

82 변론주의란 소송자료 즉 사실과 증거의 수집, 제출의 책임을 당사자에게 맡기고, 당사자가 수집하여 변론에서 제출한 소송자료만을 재판의 기초로 삼아야 한다는 입장을 말하며, 이에 대하여 직권탐지주의란 소송자료의 수집, 제출 책임을 당사자가 아닌 법원이 지게 되는 입장을 말한다. 변론주의는 우리 민사소송을 관류하는 대원칙이며 다만 특수소송에서 일부 직권탐지주의를 규정한 것이 있고(가사소송법 제12조, 제17조, 행정소송법 제26조), 민사소송에서도 변론주의의 예외로서 직권조사사항 즉 당사자의 신청 또는 이의에 관계없이 법원이 반드시 직권으로 조사하여 판단하여야 하는 사항이 있는데, 소송요건 중 당사자능력 등, 절차적 강행법규의 준수, 재판권 유무, 소송계속 유무, 과실상계, 위자료의 액수, 신의성실 또는 권리남용 등이다.

83 사법연수원, 「민사실무 I」, 2008, 204면 참조.

정, 서증, 문서제출명령 신청, 문서송부촉탁, 검증, 조사의 촉탁(사실조회), 당사자본인신문 등이 있다. 그중에서 컴퓨터프로그램을 대상으로 하는 저작권 분쟁에서 법관의 조력을 위해서는 감정이 주로 활용된다. 감정은 법관이 필요로 하는 모든 지식을 갖출 수 없기 때문에 법관의 판단능력을 보충하기 위해 전문적 지식과 경험을 가진 자로 하여금 법규나 경험칙(대전제에 관한 감정) 또는 이를 구체적 사실에 적용하여 얻은 사실판단(구체적 사실판단에 관한 감정)을 법원에 보고하게 하는 증거조사를 의미한다.[84] 감정은 인증(人證)의 일종이므로 법원의 명령에 의하여 감정인이 작성한 감정서는 서증(書證)으로 취급해서는 안 된다. 따라서 현실적으로는 감정결과를 서면으로 제출하고 있지만, 이것으로 단순히 서증으로 볼 것은 아니며 감정인의 진술이 구술과 서면으로 가능하다는 점에 따라 의견 전달 수단을 서면으로 하였을 뿐이다.

아울러 여기서의 감정은 소송감정(訴訟鑑定)이라고도 하는데, 이는 사감정(私鑑定)과 구별된다. 사감정은 법관의 명령이 아닌 당사자가 직접 전문가에게 일정한 사항을 의뢰하여 감정을 받는 것을 말하는데, 사감정을 통해 법원에 제출된 감정서는 서증에 해당하며 그 결과가 합리적이라고 판단되면 사실인정의 자료로 삼을 수 있다.[85] 실무적으로 사감정 결과와 법관에 의한 감정이 충돌하는 경우가 발생할 수 있는데, 이 경우 양측에 특별한 하자가 있는 것이 아니라면 일반적으로 후자가 상대적으로 인정받기 유리하다. 왜냐하면 사감정은 법관에 의한 감정보다 상대적으로 공정성이 약할 것으로 인식하기 때문이다.

---

84 법원행정처,「법원실무제요 민사소송 III」, 2005, 172면; 이시윤,「신민사소송법」, 제7판, 박영사, 2013, 476면.
85 대법원 2002.11.27. 선고 2000다47361 판결 등.

감정업무를 처리함에 있어서 일부 용어를 혼동하는 경우가 있다. 먼저 감정인과 관련하여서는 증인, 감정증인과 감정인의 차이에 대해 살펴본다. 증인은 과거에 경험한 사실을 법원에 보고할 것을 명령받은 사람이고 감정증인은 증인과 같이 과거에 경험한 사실을 특별한 학식과 경험을 기초로 하여 법원에 보고할 것을 명령받은 사람을 말한다.[86] 이들이 감정인과 다른 점은 감정인이 대체성이 있는 데 비하여 증인, 감정증인은 대체성이 없는 점, 감정인이 자연인 또는 법인 모두 가능한 반면 증인, 감정증인은 자연인에 한정되는 점, 감정인은 법원에 일임되어 지정되나 증인, 감정증인은 입증자가 특정인을 지정하여야 한다는 점 등에 차이가 있다.[87] 또한 사감정과 관련하여 사감정은 법원의 명령이 아닌 당사자의 기피권과 신문권이 보장되어 있지 않은 증거조사 방식으로 이에 대한 실질적 증거력을 판단하기 위해 여러 검증을 거쳐야 한다는 점에 법원의 명령으로 인하여 수행하는 감정과는 구별된다.[88]

한편, 감정인과 증인의 구체적인 차이는 다음과 같다.[89]

증인과 감정인의 구별

구분	증인	감정인
보고의 대상	증언은 법원에 출석하기 전의 과거의 경험사실보고임	감정의견은 법원의 명령을 받고 감정을 한 후 내린 판단보고임
대체성 여부	증인은 대부분 구체적인 사	감정인은 법원에서 감정의

86　이시윤, 「신민사소송법」, 제3판, 박영사, 2006, 435면.
87　법원행정처, 전게서(2005), 173면.
88　법원행정처, 전게서(2005), 173면; 이시윤, 전게서(2006), 446면.
89　이시윤, 전게서(2013), 477면.

	건과 관련하여 과거경험사실을 보고하는 사람이므로 대체성이 없음	명을 받은 뒤 전문적 경험지식에 기한 판단을 보고하는 사람이므로 대체성이 있음
증인, 감정인 지정	입증자가 특정인을 지정(민사소송법 제308조)	감정인 지정은 법원에 일임(민사소송법 제335조)
결격사유	증인능력에 특별한 제한은 없으며, 증인은 어느 누구나 될 수 있음	감정인의 경우 결격사유에 대한 규정(민사소송법 제334조 제2항)과 기피에 관한 규정(제336조)이 있으며, 감정인은 특수지식을 다루는 전문가만이 될 수 있음
불출석의 경우 제재여부	감치처분이나 구인을 할 수 있음(민사소송법 제311조, 제312조)	감정인에게는 출석의무, 선서의무, 감정의견 보고의무의 3가지 의무가 있는데, 이를 해태하면 증인의 경우에 준하여 소송비용의 부담 또는 500만원 이하의 과태료 부과 등 제재가 가해짐(민사소송법 제333조, 제326조, 제318조, 제311조). 다만, 감정인은 대체성이 있으므로 불출석하더라도 감치처분이나 구인할 수 없음(민사소송법 제333조 단서)
자연인에 한정여부	증인은 자연인에 한함	법인 등에도 감정촉탁이 가능함(민사소송법 제341조)
보고의 형태	증인진술은 구술이 원칙임	감정진술은 서면(감정서) 또

	(민사소송법 제331조)	는 말로 함(민사소송법 제339조 제1항), 실무상 서면(감정서)에 의함이 보통이고, 감정서로 부족할 경우 사실조회, 감정인신문, 재감정 등으로 보완함
공동 여부	공동으로 시킬 수 없음	감정은 여러 사람에게 공동으로 시킬 수 있음(민사소송법 제339조 제2항)

민사소송법상 감정의 대상은 우선 법규와 경험칙(특히 상관습) 과 같은 재판의 대전제로 되는 것들이 해당한다. 아울러 재판의 소전제인 사실판단에 대해서도 감정을 필요로 한다. 예를 들면, 부동산 기타 재산권의 시가나 임대료, 토지의 경계측량, 공사의 하자 유무와 그 정도 및 수리비용, 필적·인영·지문·사용된 잉크 또는 용지의 동일성, 사람의 정신상태, 사인, 교통사고의 원인, 상해의 부위와 정도, 향후치료 소요 일수, 노동능력 상실정도 등이다.[90] 저작권 침해 소송에서 이루어지는 감정 역시 사실판단에 대한 부분이다. 컴퓨터프로그램의 구체적 표현을 직접 인지하기 어려운 법관의 판단을 조력하기 위하여 전문가로 하여금 이를 비교 및 분석하도록 함으로써 이를 전제로 저작권 침해 여부를 최종적으로 판단할 수 있게 한다. 이러한 감정은 복잡하고 전문화되는 현대사회에서 분쟁의 대상이 과학기술의 진보에 따라 고도의 전문지식과 경험 없이는 분쟁을 해결하기 어려운 영역으로 점차 확대되고 있기 때문에, 해당 분야의 전문적 지식을 갖지 못한 법관을 보조할

---

90 법원행정처 편, 전게서(2005), 172면.

필요가 증가하고 있다는 현실에서 그 필요성이 요구되고 있다.

감정의 유형은 감정을 의뢰하는 법관과 이를 수행하는 감정인 사이의 역할, 전제사실의 인정방식에 의하여 4가지 유형으로 구분될 수 있다. 제1유형은 해당 분쟁사건의 해결을 위한 직접적인 증거가 아닌 특정의 전문지식 자체만을 감정인에게 묻는 것이다. 제2유형은 법관이 조사한 증거, 일반적 경험법칙 및 자유심증에 의하여 인정한 전제사실의 범위 안에서 감정인의 전문적 지식과 경험을 통한 감정결과를 제시하는 유형이다. 제3유형은 분쟁의 대상이 상당한 전문적 식견을 필요로 함에 따라 법관이 사실인정을 하는 것 자체가 쉽지 않은 경우 감정인에게 사실인정의 주체가 되도록 하는 것을 말한다. 제4유형은 혼합형으로서 법관이 인정하는 전제사실에 대한 것과 감정인에게 증명주체로서의 권한을 부여하는 것을 부분적으로 적용하여 보완하는 유형을 말한다.[91] 저작권

감정 유형의 분류

구분	감정유형의 내용
제1유형	감정인에게 전문지식만을 묻는 감정
제2유형	법관이 일상 경험법칙에 의하여 인정한 전제사실을 기초로 감정인이 전문지식을 적용하여 도출한 결론을 보고하는 감정
제3유형	법관이 전제사실을 인정할 수 없어 그 자체도 감정인에게 위임하는 감정
제4유형	제2유형과 제3유형이 혼합되어 있는 감정

91　김황중, 「법원감정인을 위한 소송감정」, 도서출판 서우, 2008, 17-19면.

침해 소송에서 컴퓨터프로그램을 대상으로 이루어지는 감정은 실무적으로 제2유형 내지 제3유형에 해당하는 것으로 볼 수 있다. 법관이 대략적인 감정사항에 대해서는 인지할 수는 있으나, 그 구체적 내용에 대해서 적극적으로 감정을 지휘할 수 있는 역량을 갖추기 어렵기 때문이다.

이러한 감정은 다음과 같이 많은 절차를 거쳐 이루어진다.

첫째, 감정신청의 채부결정이 이루어진다. 감정은 소송 당사자의 신청이나 법원의 직권에 의하여 결정되지만, 후자의 경우는 그 예가 드물고, 전자의 경우와 같이 당사자의 감정신청이 있으면 법원이 감정의 채부결정을 함으로써 감정이 시작되는 것이 일반적이다.

둘째, 감정인 지정 결정이 이루어진다. 감정인의 지정은 수소법원, 수명법관 및 수탁판사에 의하여 이루어진다. 당사자는 감정신청 시 감정인을 특별히 지정할 필요가 없으며, 설사 이때 특정한 감정인을 표시하였더라도 재판부에 감정인을 추천하는 이상의 의미는 없다. 즉 법원은 감정인의 지정을 위한 인선(人選)에 있어서 신청에 구속되지 않는다. 그런데 민사사건, 가사사건, 행정사건 및 경매사건에서 토지, 건물, 동산 기타의 재산에 대한 감정평가와 토지수용으로 인한 손실액의 산정을 위한 감정은 「부동산시가 등 감정인의 선정 등에 관한 예규」, 건설감정(공사비, 유익비, 하자보수비, 건축물의 구조, 공정 기타 이에 준하는 사항의 감정)은 「공사비 등 감정인의 선정 등에 관한 예규」, 신체감정에 대해서는 「신체감정에 있어서 감정인 선정과 감정절차 등에 관한 예규」, 측량감정에 대해서는 「측량감정에 있어서 감정 방법과 감정인 선정 등에 관한 예규」, 필적·문서·인영·문자·지문감정 등에 대해서는 「필적·문서·인영·문자·지문감정 등에 관한 감정 방법과 감정인 선정 등에 관한 예규」가 별도로 존재하므로 이에 따라야 한다.

법원에서 재판을 진행함에 있어서 활용되는 감정을 위한 일반적 기준에 해당하는 것은 「감정인 등 선정과 감정료 산정기준 등에 관한 예규」이다. 이 예규는 각급 법원 및 지원 단위에서 오프라인으로 분산 진행되던 감정인 선정 및 관리업무가 법원행정처 주관의 '온라인감정인신청시스템'[92] 개통에 따라 온라인을 통한 업무처리로 변경됨에 따라 감정인 선정 및 관리방법의 통일적 규율 및 감정의 공정성·적정성 확보를 위하여 필요한 사항과 구체적인 방법과 절차를 규정한 것이다. 주요 내용으로는 1) 감정인으로서의 결격사유를 명시하여 자격을 명확히 정하였고, 2) 감정인 등록 업무가 법원행정처에서 처리하는 감정인 신청접수 및 등재 업무와 각급 법원에서 처리하는 감정인 선정 업무로 나누어짐에 따라 법원행정처와 각급 법원의 업무분장 범위 및 절차를 명확히 하고, '감정인 명단' 등재 신청자의 동의에 의한 범죄경력조회의 근거규정을 마련, 3) 감정인 명단에서 감정인을 삭제하는 경우 공정성을 확보하기 위하여 미리 삭제 예고 통지를 하고 그에 관한 의견 및 소명자료 제출의 기회를 부여하는 절차를 정하였다. 4) 경매사건에서 서면으로 된 감정평가서 접수 시와 감정평가협회연계시스템에 전자적으로 작성된 감정평가서의 저장 시 중 앞선 때를 감정평

---

92 대법원의 '온라인감정인신청시스템'은 감정인의 종류를 ① 신체/진료기록 감정인, ② 공사비 등의 감정인, ③ 측량감정인, 문서 등의 감정인, ④ 시가 등의 감정인, ⑤ 경매 감정인으로 총 5가지로 구분하여 감정인 명단을 관리 및 신청을 받고 있다. 모집방법은 신체/진료기록 감정인의 경우 병원장의 추천을 받아 심사 후 등재하고, 공사비 등의 감정인과 측량감정인, 문서 등의 감정인은 등재신청 모집공고를 통한다. 한편 시가 등의 감정인과 경매 감정인은 감정평가협회의 추천을 받아 심사 후 등재하도록 되어 있다(대법원 온라인감정신청 웹페이지 / https://gamjung.scourt.go.kr).

가서 제출시기로 보았으며, 5) 시가 등 감정에서 소급감정료 증액 비율을 일정한 범위 내에서 조정할 수 있도록 하였다. 그리고 6) 감정인의 지정 취소나 감정 종료 시점에서 필요한 경우, 재판장이 감정인에 대한 평정표를 작성할 수 있도록 하였고, 7) 기존 예규에 특별한 정함이 없던 특수분야 전문가의 감정인 선정 등 업무에 관하여 명단 등재 및 감정인 선정 등 절차에 관한 규정을 신설함으로써 특수분야 전문가의 감정 관련 업무를 체계적으로 관리할 수 있는 근거를 마련하였다.

따라서 실제 소송의 진행 시 기본적으로는 이 예규에 따라 감정인을 특정하여 지정하게 되며, 그렇지 않는 경우에는 양 당사자가 합의하여 감정인 지정신청을 하면 법원이 그 감정인에게 감정을 명하거나, 법원이 적절한 자격자를 알고 있는 경우에는 그에 따르며, 그렇지 않는 경우에는 그 선임에 공정을 기하기 위하여 유관 단체에 재판장이 추천을 의뢰하고 그 추천에 의하여 감정인을 지정하기도 한다.

셋째, 감정료의 결정과 예납이 이루어진다. 법원은 감정인이 지정되면 감정인에게 예상 감정료와 그 산출근거를 제출받고, 해당 감정료를 민사예납금취급규칙에 따라 예납을 받는다. 측량감정, 시가, 임료 등 감정, 신체감정, 문서감정의 경우에는 「감정인 등 선정과 감정료 산정기준 등에 관한 예규」에 의해 감정료가 산정되며, 이에 적용받지 않는 경우에는 감정을 신청한 당사자와 지정된 감정인 간 상호 교섭에 의하여 감정료가 산정되는 것이 일반적이다. 감정인은 감정서를 작성하여 제출하고 예납된 감정료를 수령하게 된다.

넷째, 감정사항을 결정한다. 감정신청 시 감정을 구하는 사항을 적은 서면과 입증취지 및 감정대상을 명시한 신청서를 제출하어야 한다. 감정사항은 신청인이 감정을 구하는 사항을 토대로 결정하는 것이 일반적이나, 감정사항을 적절하게 결정하기 위해서는 법원이 필요 없다고 인정하는 경우가 아닌 한 감정사항을 정하기에 앞서 상대방에게 이에 관한 의견을 제출할 기회를 부여하여야 한다. 이때 필요한 경우에는 감정인의 의견도 참작하여 감정사항을 정하게 된다. 그런데 이 과정에서 저작권 침해 소송 등 전문소송의 경우, 감정신청의 상대방도 별다른 논의 없이 형식적으로 감정절차에 임하고 양 당사자와 법원은 감정결과가 나온 이후에야 실질적인 검토를 시작하는 것이 실무에서의 일반적인 현상이다. 그런데 이와 같이 감정의 대상과 조건, 기준 등이 명확히 정리되지 않은 채 감정이 진행된 이후에 감정결과를 검토하는 사후검증식 실무구조는 많은 자원의 낭비를 초래하고, 재판의 신뢰성에 도 영향을 미칠 수 있으므로, 사전점검식 실무구조로 전환하여야 한다는 비판이 있다.[93] 이러한 현상은 저작권 침해 소송에서 컴퓨터프로그램을 대상으로 감정을 진행할 때 역시 동일하게 나타난다.

다섯째, 감정인신문기일 및 필요한 자료의 제공 등이 이루어진다. 감정인이 지정되면 지정된 신문기일에 출석하도록 하여야 하며, 이때 출석요구 방식은 증인의 경우와 동일하게 출석요구서에 별지로 감정사항을 기재한 서면을 첨부하여 송달한다. 이러한 감정인신문기일은 일종의 증거조사기일이므로 당사자들에게도 출석할 수 있도록 기일통지를 하여야 한다. 이와 같이 감정인에게 최초 출석을 요구하며 선서가 이루어지면 감정사항을 알리고 감정을 명하게 된다. 한편, 필요한 경우 법원은 전제사실을 인정하는 데 자료로 삼은 서증이나 그 밖의 참고자료를 감정인에게 송부하기도

---

93 윤재윤, "전문소송에서의 감정절차에 대하여―건설감정의 표준절차를 중심으로", 입법연구, 2002, 247면.

한다. 감정인은 필요한 때에 법원의 허가를 얻어 남의 토지, 주거, 건조물, 항공기, 선박, 차량, 그 밖의 시설물 안에 들어갈 수 있으며, 이 경우 감정인이 저항을 받았을 때에는 경찰공무원에게 원조를 요청할 수 있다.

컴퓨터프로그램을 대상으로 하는 저작권 침해에 관한 감정 시 이 절차는 매우 중요하다. 실무적으로 감정사항이 감정을 신청한 당사자에게 유리한 방향으로 작성되어 제출되는 것이 보통인데, 감정사항을 비롯하여 감정대상 등이 상대방에 의해 쟁점화되는 경우가 많기 때문이다. 이에 감정인신문기일을 통하여 당사자 및 법관과의 협의를 통하여 감정을 진행하는 데 필요한 전제사항 및 기준 등을 명확히 확정할 수 있도록 하는 것이 중요하다.

여섯째, 감정인이 작성한 감정서의 제출이 이루어진다. 법원은 감정인으로 하여금 서면이나 말로써 의견을 진술하게 할 수 있고, 여러 감정인에게 감정을 명하는 경우에는 다 함께 혹은 각기 의견을 진술하게 할 수 있다. 실무상으로는 감정의견을 서면에 기재하여 제출하게 하는 것이 일반적인데, 이때의 서면을 감정서라 한다. 감정결과에 이의가 있는 경우에는 감정인에 대한 사실조회신청, 제2차 감정인신문, 감정증인신문, 재감정 등이 실무상 많이 활용되고 있다.

일곱째, 감정결과에 대해 제2차 감정인신문 및 감정증인의 출석요청 등이 가능하다. 제출된 감정서에 모순되거나 명료하지 않은 사항이 있는 경우 등에는 감정인을 법원에 출석시켜 이들 사항에 대하여 신문할 수 있는데, 이 경우 감정서와 감정인신문결과가 일체로서 감정의견을 구성하게 된다. 한편 법원이 부여한 전제사실과 다른 사실을 전제로 감정을 한 경우 등에는 그 감정인에게 종전 감정의 보완을 명할 필요가 있으며, 이를 보충감정이라 한다.

법원은 감정인에게 구술로 의견을 진술하게 할 수 있으므로 감정보완조회를 하는 대신에 직접 감정인을 출석시켜 신문을 할 수도 있다. 한편, 감정인이 법원의 명에 따라 감정을 행하는 과정에서 알게 된 사실에 관하여 설명을 구하거나 신문하는 경우에는 단순히 감정의 연장에 불과하여 감정의견의 진술에 포함될 수 있는 경우와 감정증인으로서 진술로 보아야 하는 경우 두 가지가 존재한다.

여덟째, 감정의견이 불충분하거나 신빙성이 의심스러울 때 또는 감정절차가 아예 위법한 경우, 여러 사람의 감정의견이 달라 그 채택이 불가능할 때는 재감정을 하게 된다. 당사자로부터 재감정의 신청이 있으면 법원은 그 채부를 결정하여야 한다. 재감정이 채택되면 종전과는 다른 감정인 또는 다른 방법에 의한 새로운 감정절차에 의하여 처리한다.

이와 같은 자연인을 감정인으로 지정하여 감정을 진행하는 방식 이외에 법원은 필요하다고 인정하는 경우에는 공기관, 학교, 그밖에 상당한 설비가 있는 단체 또는 외국의 공공기관에 감정을 촉탁할 수 있다. 감정을 촉탁하는 경우에는 선서의무가 면제되기 때문에, 감정촉탁은 권위 있는 기관에 의하여 공정성, 진실성 및 전문성이 담보되어야 한다.[94] 촉탁기관이 제출한 감정서에 분명하지 않거나 불비된 점이 있는 등 법원이 필요하다고 인정하는 때에는 촉탁기관이 지정한 자로 하여금 감정서를 설명하게 할 수 있다. 이 경우 감정촉탁의견 중 전문지식에 관한 설명을 구하면 감정인에 준하고, 감정 시 지득한 사실에 관한 설명을 구하면 증인에 준하여 선서하여야 한다. 그러나 실무상으로는 증인신문방식을 취하여 전문적 지식과 사실 모두를 자유롭게 신문하는 경향이 있다.

---

94 대법원 1982.8.24. 선고 82다카317 판결.

감정결과를 어떻게 평가할 것인지는 다른 증거와 마찬가지로 법원의 자유로운 심증에 맡겨져 법관이 감정의견에 기속되지 않는 것이 원칙이다.[95] 그러나 신체감정촉탁에 의한 남은 여명 감정결과는 특단의 사정이 없는 한 존중하여야 하는[96] 등의 제한이 있다. 동일한 사항에 대해 수 개의 상반된 감정결과가 있는 경우에는 그 중 어느 것을 채택하더라도 채증법칙에 위반되지 않는 한 적법하나,[97] 동일한 감정인이 동일한 감정사항에 대해 모순, 불명료한 감정의견을 내었을 때에는 감정서의 보충을 명하거나 감정증인으로 신문하는 등 적극적 조치를 강구하게 된다.[98]

(2) 형사소송법에 의한 감정

형사소송법상 증거방법을 증거조사의 방식에 따라 분류하면 인증, 증거서류, 증거물, 증거물인 서면 및 컴퓨터용 디스크 등 그 밖의 증거로 구분할 수 있다. 그중에서 컴퓨터프로그램을 대상으

---

95 대법원 1998.7.24. 선고 98다12270 판결. 증거방법으로서 증거조사의 대상이 될 수 있는 자격을 '증거능력'이라고 하는데, 법정대리인은 당사자신문의 대상일 뿐 증인신문의 대상이 될 수 없고(민사소송법 제367조, 제372조), 기피신청이 받아들여진 감정인은 감정을 할 자격을 상실하며(민사소송법 제336조, 제337조), 선서하지 않은 감정인에 의한 감정결과는 증거가 될 수 없고, 불법검열, 감청에 의하여 취득한 우편물이나 전기통신, 공개되지 않은 타인 간의 대화를 녹음 또는 청취하여 취득한 자료의 내용은 증거로 사용될 수 없다(통신비밀보호법 제4조, 제14조). 민사소송에서는 위와 같은 법률상 예외를 제외하면 증거능력의 제한은 없다. 증거능력을 가진 증거자료가 요증사실의 인정에 기여하는 정도를 '증명력'(증거력, 증거가치)이라 하며, 법관이 논리법칙과 경험칙에 따라 자유로운 심증으로 판단한다.
96 대법원 2002.11.26. 선고 2001다72678 판결.
97 대법원 1997.12.12. 선고 97다36507 판결.
98 대법원 1994.6.10. 선고 94다10955 판결.

로 하는 저작권 분쟁에서 법관의 조력을 위해서는 민사소송에서와 같이 감정이 주로 활용된다. 형사소송법상 감정은 법원 또는 수사기관이 재판상 또는 수사상 필요한 실험칙 등에 관한 전문지식, 경험 등의 부족을 보충할 목적으로 그 지시하는 사항에 관하여 제3자로 하여금 조사를 시키고 실험칙 또는 이를 적용하여 얻은 구체적 사실판단 등을 보고하게 하는 것을 의미한다. 민사소송법에서의 감정과 마찬가지로 형사소송법상의 감정 역시 인증에 해당한다.

수사기관은 수사상 필요한 경우 감정을 위촉할 수 있는데, 이러한 단계에서는 법원의 관여가 발생하지 않는다. 수사기관으로부터 감정을 위촉받은 자 역시 실무상 감정인으로 칭하고 있으나, 이는 선서의무도 없으며 허위감정을 하더라도 허위감정죄에 해당하지 않고, 그 절차에 있어서 당사자에 의한 반대신문의 기회도 주어지지 않는 점에서 법원의 명령에 의한 감정인과는 큰 차이가 있다.[99]

법원은 감정을 할 만한 학식과 경험이 있다고 인정할 수 있는 자에게는 누구에게나 감정을 명할 수 있는 것이 원칙이다. 그러나 증인적격의 제한, 증언거부권과 동일한 예외가 인정된다. 형사소송에서는 민사소송과 달리 감정인에 대한 기피제도가 없으므로 감정인에 대한 기피는 불가능하다.

형사소송에서도 민사소송과 마찬가지로 정신감정, 신체감정, 필적·문서·인영·문자·지문 감정을 하게 되며, 드물기는 하지만 시가감정이나 측량감정을 하기도 한다. 또한 형사소송에서는 민사소송과 달리 마약분석, 마약모발감정, 거짓말탐지기 검사, DNA 감식 등이 많이 이루어진다.

---

99 강학상으로 이를 감정수탁자 혹은 감정수촉자로 부르기도 하며, 형사소송법 제221조의4에서는 '감정의 위촉을 받은 자'라고 표현하기도 한다.

이러한 감정은 다음과 같이 많은 절차를 거쳐 이루어진다.

첫째, 감정수행에 대한 채택이 이루어진다. 감정을 명할 것인지 여부는 원칙적으로 법원의 재량이므로 법원이 심리의 대상이 된 전문분야에 대해 충분한 지식을 가지고 있다면 감정인의 감정결과 없이도 판단을 내릴 수 있다. 그러나 책임능력 판단과 관련하여 심신장애의 의심이 있는 경우에 전문가의 정신감정을 받지 않았다면 심리미진의 위법이 있다는 것이 판례의 태도이며,[100] 법관이 사실해명의무를 이행하기 위해 감정이 필요한 경우, 예컨대 치료감호사건, 성도착과 같은 정신의학적 판단을 요하는 경우, 유아의 증언을 증거로 사용할 필요가 있는 경우, 필적·유전자 등의 동일성을 판단할 필요가 있는 등의 경우에는 법원이 감정을 명하지 않은 경우에는 심리미진으로 상소이유에 해당할 수 있다.[101]

둘째, 감정인 지정이 이루어진다. 감정을 신청하는 경우 입증취지와 관련된 특정분야의 전문가를 감정인으로 선임해 달라는 취지의 신청을 하는 것으로 충분하며, 특정한 감정인을 표시하였더라도 재판부에 감정인을 추천하는 이상의 의미는 없다. 즉 법원은 감정인의 지정을 위한 인선(人選)에 있어서 신청에 구속되지 않는다는 점은 민사소송의 경우와 같다. 실무적으로도 증거신청 및 증거결정 단계에서는 감정인을 특정하지 않은 채 추상적인 감정 그 자체를 신청할 뿐이며, 감정인의 지정은 감정결정이 있은 후 감정의 준비절차로서 따로 행하고 있다. 형사소송에서도 민사소송의 경우와 같이 대법원 예규를 따르는 것이 보통이며, 관련 예규가 없는 때에는 민사소송의 경우와 동일하다.

---

100 대법원 1999.4.27. 선고 99도693 판결 등.

101 신호진, "형사소송법상 감정제도에 관한 몇 가지 고찰", 법학논집, 제28권 제4호, 2011, 334면.

셋째, 감정인신문이 이루어진다. 감정인이 지정되면 감정인을 최초 소환하여 감정인에 대한 인정신문, 허위감정의 벌의 경고, 선서, 감정거부권의 설명을 한 후 감정사항을 알리고 감정을 명하게 된다. 검사, 피고인, 변호인은 이러한 감정인신문에 참여할 권리가 있으므로 법원은 위 당사자 등이 미리 참여하지 않겠다는 의사를 명시하지 않는 한 반드시 감정인신문기일을 정하여 미리 통지하여야 한다.

넷째, 필요한 자료의 제공이 이루어진다. 법원은 필요한 때 감정인으로 하여금 법원 외에서 감정을 수행하게 할 수 있으며,[102] 이 경우에는 감정을 요하는 물건을 감정인에게 교부할 수 있다. 그리고 재판장은 필요하다고 인정하는 때에는 감정인에게 소송기록에 있는 감정에 참고가 될 자료를 제공할 수 있다. 감정인은 재판장의 허가를 얻어 소송서류와 증거물을 열람, 등사할 수 있고, 재판장의 허가를 얻어 피고인신문 또는 증인신문에 참여할 수 있으며, 법원에 대하여 피고인신문 또는 증인신문을 청구할 수 있고, 그 신문절차에서 재판장의 허가를 얻어 직접 질문할 수 있다.

다섯째, 감정서의 제출이 이루어진다. 감정인은 감정의 경과와 그 결과를 서면으로 법원에 제출하여야 한다. 즉, 형사소송에서는 서면에 의한 보고(감정서 제출)만이 인정될 뿐 구술에 의한 보고는 인정되지 않는다. 이는 민사소송의 경우와 다른 점이다. 감정서가 제출되는 경우에 필요 시 감정인으로 하여금 감정의 경과와 결

---

102 '법원 외에서 감정을 하게 할 수 있다.'의 의미는 법원 외에서 감정을 명할 수 있다거나 법원 외에서 감정에 관한 보고를 시킬 수 있다는 의미가 아니고, 감정에 필요한 사실행위를 법원 외에서 하게 할 수 있다는 의미이다. 조문 표현상으로는 예외적인 조치로 규정되어 있으나, 실제로는 감정이 법원 안에서 행해지는 경우란 거의 없으므로 오히려 원칙에 속하는 사항이라고 할 수 있다.

과를 설명하게 할 수 있으며, 이는 감정인신문의 형식으로 이루어진다.

여섯째, 감정료를 납입하여야 한다. 감정인은 법률이 정하는 바에 의하여 여비, 일당, 숙박료 외에 감정료와 체당금의 변상을 청구할 수 있다. 여비, 일당 및 숙박료의 지급은 증인에 관한 규정을 준용하고 있다. 민사소송법과 달리 형사소송법에서 감정비용은 종국적으로 국고의 부담이 되며, 이는 소송비용에 포함되지 않으므로 다른 소송비용을 피고인에게 부담시키는 경우에도 감정비용은 피고인에게 부담시킬 수 없다.

법원은 필요하다고 인정되는 때에는 공무소, 학교, 병원 기타 상당한 설비가 있는 단체 또는 기관에 대하여 감정을 촉탁할 수 있다. 감정촉탁을 채택하는 경우에는 곧바로 촉탁절차로 나아가면 되고, 감정인의 소환이나 신문절차는 필요가 없으므로, 감정촉탁의 경우에는 감정인 선서에 관한 규정이 적용되지 않는다. 감정촉탁에 의한 경우에 법원은 당해 공무소, 학교, 병원, 단체 또는 기관이 지정한 자로 하여금 감정서를 설명하게 할 수 있다

나. 전문심리위원제도

전문심리위원제도란 의료·지식재산권·금융·건축 및 환경 등 전문분야에 대한 지식이 필요한 분야의 재판에서 법관이 아닌 해당 분야의 전문가가 재판에 참여해 사건해결을 위하여 필요한 전문적 의견이나 설명을 보완하여 법관의 판단을 지원할 수 있도록 하는 제도이다. 즉, 전문심리위원이 갖는 법정에서의 지위는 법관에 대한 조언자의 역할이므로, 중립적인 위치에서 이루어지게 된다. 민사소송법은 제164조의2에서 "소송관계를 분명하게 하기

나 소송절차(증거조사·화해 등을 포함한다)를 원활하게 진행하기 위하여 직권 또는 당사자의 신청에 따른 결정으로 제164조의4 제1항[103]에 따라 전문심리위원을 지정하여 소송절차에 참여하게 할 수 있다."라고 규정하고 있다. 이 제도는 2007.8.14. 자로 시행되었으며, 민사소송절차뿐만 아니라 민사소송법이 준용되는 소송절차인 가사, 행정, 특허소송 절차에도 활용이 가능하며, 심급에 상관없이 활용할 수 있다. 대법원에서는 민사소송 분야에서 상임전문심리위원제도를 도입하여 2017년 3월 1일 현재 서울고등법원 및 부산고등법원에 상임전문심리위원 6명(의료분야 3명, 건설분야 3명)을 배치한 바 있다.

재판에 있어서 전문심리위원이 참여할 수 있는 범위는 소송절차에서 특정 쟁점 등에 관한 설명 및 의견을 서면으로 제출할 수 있으며, 변론준비기일·변론기일·증인신문기일·검증기일 및 감정인신문기일 등에 출석하여 설명이나 의견을 진술할 수 있도록 하고 있다. 그러나 재판의 합의과정에는 참여할 수 없다. 기일의 참여에 있어서 전문심리위원은 재판장의 허가를 받아 당사자·증인 및 감정인 등 소송관계인에게 직접적으로 질문을 할 수도 있다.

전문심리위원에게는 일정한 책임이 부여되는데, 전문심리위원 또는 전문심리위원이었던 자가 그 직무수행 중에 알게 된 다른 사람의 비밀을 누설하는 경우에는 2년 이하의 징역이나 금고 또는 1천만 원 이하의 벌금에 처할 수 있도록 되어 있다.[104]

---

103 민사소송법 제164조의4(전문심리위원의 지정 등) ① 법원은 제164조의2 제1항에 따라 전문심리위원을 소송절차에 참여시키는 경우 당사자의 의견을 들어 각 사건마다 1인 이상의 전문심리위원을 지정하여야 한다.

104 민사소송법 제164조의7(비밀누설죄) 전문심리위원 또는 전문심리위원이었던 자가 그 직무수행 중에 알게 된 다른 사람의 비밀을 누설하는 경우에는 2년 이하의 징역이나 금고 또는 1천만 원 이하의 벌금에 처한다.

한편, 감정을 명할 때는 감정사항을 명확히 하여야 하고 감정인에게 선서의무가 부여되지만, 전문심리위원에게는 설명 또는 의견 요청 사항을 감정사항과 같이 명확히 확정할 필요가 없고, 감정에 비하여 신속하게 설명 또는 의견을 들을 수 있다. 아울러 감정은 증거자료가 되지만, 전문심리위원의 설명이나 의견은 증거자료가 되지 않고 전문지식을 보충하는 참고자료가 될 뿐이라는 점에 전문심리위원제도와 감정제도의 차이가 있다.

이러한 전문심리위원제도를 활용하는 데 있어서 몇 가지 문제가 제기되기도 한다.

먼저 입증책임 전환에 대한 문제이다. 일반적인 민사소송에서 원고는 피고의 귀책에 관하여 자신이 이를 입증할 책임이 있다. 이에 전문적인 분야에 대한 증거 제출을 위하여 감정신청을 하고 그 비용에 대한 부담을 갖게 된다. 그러나 전문심리위원제도를 활용하게 되면 원고는 감정신청을 통한 입증방식 이외에 전문심리위원을 통하여 어느 정도의 입증이 해결될 수 있게 되며, 이에 별다른 비용이 소요되지 않게 된다. 따라서 재판과정에 있어서 원고는 비용이 수반되는 감정보다 전문심리위원제도를 선호하는 경향을 가져오게 된다. 이러한 점은 원고에 부여된 입증책임의 문제를 국민의 부담으로 대신한다는 문제가 있으며, 전문심리위원의 역할에 관하여 제한을 두어야 한다는 비판이 있다. 즉, 전문심리위원은 전문적인 지식에 대한 사항에 관한 의견을 진술하는 것에 그 직무가 한정되어야 하고, 그에 대한 구체적인 판단을 하는 것은 자제되어야 할 필요가 있다고 한다.[105]

---

105 임채웅, "민사소송법의 전문심리위원제도에 관한 연구", 민사소송, 제11권 제2호, 2007.11, 191-192면. 이에 관하여 전문심리위원이 질문할 수 있는 범위가 모호하여 이를 구체적으로 규정하여야 한다는 의견이 있었

다음으로는 전문심리위원의 영향력이 과다해지는 문제이다. 전문분야에 대한 재판을 진행하다 보면 해당 분야의 전문성 정도가 법관의 지식 수준을 넘어서기 때문에 특정 쟁점에 대해서는 실질적으로 판단의 주도권이 법관이 아닌 전문심리위원에게 넘어간다는 비판이 있다.[106] 이러한 상황은 전문심리위원이 중립성을 갖지 못하고 당사자 일방에 기울어져 있을 때 더욱 문제가 된다. 즉, 전문심리위원이 특정 일방에 유리한 견해를 표명하더라도 이를 법관이 인지하지 못하여 그 내용을 정확하게 판단할 수 없다면 이는 전문심리위원제도를 시행하고 있는 목적에 부합하지 못하는 결과를 가져오게 된다. 그러나 이는 전문심리위원제도만의 문제라고 보기는 어려울 것이다. 구체적인 전문지식을 법관이 이해하기 쉽지 않고 전문가가 재판에 미치는 영향이 높아지는 경향에 따른 전문소송의 특성상 내재된 문제라고 볼 수 있다. 이에 최대한 중립적 입장에 있는 전문심리위원을 선정하여야 하고, 전문심리위원의 의견에 대하여 양 당사자들의 자유로운 의견 개진이 가능하게 하여 이러한 일련의 사항들이 법관의 판단을 보조할 수 있도록 해야 할 필요가 있다.

다. 저작권법에서의 전문가 활용 제도

저작권법은 제119조에서 감정제도를 명시함으로써 저작권 침해에 관한 분쟁 시 전문가를 통한 조력을 받을 수 있도록 하고 있

다. 민사소송법 일부개정법률안(이상민 의원 등 15인) 심사보고서(2006. 11.3), 8면(정영수, "민사소송에서의 전문심리위원에 관한 연구", 민사소송, 제12권 제1호, 2008.5, 178-179면에서 재인용).
106 임채웅, 상계논문(2007), 187면.

다. 이에 법원 또는 수사기관 등으로부터 재판 또는 수사를 위하여 저작권 침해 등에 관한 감정을 요청받는 경우, 분쟁조정제도 이용 시 컴퓨터프로그램 및 컴퓨터프로그램과 관련된 전자적 정보 등에 관한 감정을 요청받는 경우에는 감정제도를 이용할 수 있다. 감정제도의 절차 및 방법은 대통령령으로 위임하고 있는데, 저작권법 시행령은 제64조에서 자료의 제출(감정대상 저작물의 원본 또는 사본, 침해에 관한 감정 요청의 경우에는 관련 저작물들의 유사성을 비교할 수 있는 자료, 그 밖에 위원회가 감정에 필요하다고 판단하여 요청하는 자료) 및 감정전문위원회의 구성 등에 관하여 규정하고 있다. 한편, 구체적인 감정제도의 절차에 관하여는 저작권법상 감정제도의 운영기관인 한국저작권위원회에 위임하고 있다. 아울러 감정수행에 따른 수수료를 의뢰자에게 청구할 수 있으며, 그 금액은 한국저작권위원회에서 정할 수 있도록 한다.

저작권법에 의한 감정제도는 본래 2009년 4월 22일 법률 제9625호로 저작권법이 개정되기 전까지는 컴퓨터프로그램을 기준으로 이원화되어 있었다. 컴퓨터프로그램 저작물에 대해서는 컴퓨터프로그램 보호법[107]에 규정되어 있었으며, 컴퓨터프로그램 저작물을 제외한 나머지 저작물에 대해서는 저작권법에서 규정을 두고 있었다. 이러한 이원화된 감정제도는 2009년 저작권법 개정으로 컴퓨터프로그램 보호법과 저작권법이 통합되면서 일원화된다. 따라서 현재와 같이 저작권법 제113조 제9호에서 '저작권 침해 등에 관한 감정'을 한국저작권위원회의 업무로 명시하고, 이에 관하여 동법 제119조에서 구체적으로 근거 규정을 두고 있다.[108]

---

107 컴퓨터프로그램 보호법은 2009년 4월 22일 법률 제9625호로 개정된 저작권법에 의하여 폐지되었다.

108 저작권법에 의한 감정제도의 변화에 관하여 자세한 사항은 김시열, 「저

라. 검 토

저작권 침해 여부를 판단하는 과정에서 이루어지는 실질적 유사성의 판단은 사실판단의 문제를 넘어서는 법적 가치 판단의 영역에 해당한다. 그런데 컴퓨터프로그램을 대상으로 실질적 유사성을 판단하는 경우에는 현실적으로 전문가에 의하여 비교 및 분석이 이루어지고, 그 결과를 바탕으로 법관에 의한 실질적 유사 여부의 판단 및 최종적으로 저작권 침해 여부를 가리게 된다. 즉, 실질적 유사성이라는 법적 가치 판단을 위해서 기술적 비교 및 분석 결과가 활용되는 구조이다. 그런데 컴퓨터프로그램은 일반적으로 법관이 직관으로 이해하기 어려운 저작물 유형이다. 어문저작물, 음악저작물 등은 깊은 관련 지식이 없더라도 일반적인 상식을 갖고도 어느 정도 그 내용을 이해할 수 있는 데 반하여, 컴퓨터프로그램 저작물은 전문적 식견을 충분히 갖고 있지 않다면 그 기본적인 내용조차 이해하기 어렵다는 특징이 있다. 그러다 보니 법관은 현실적으로 일단 대상 프로그램을 분석하는 전문가의 의견에 상당한 영향을 받을 수밖에 없게 된다. 다시 말하면 법적 가치 판단을 하는 데 기술적 분석결과가 상당한 영향을 미치게 되는 구조가 발생하게 된다. 앞서 살펴본 다양한 전문가제도 역시 그러한 문제를 인식하기는 하나 이러한 특징을 충분히 고려하는 데는 한계가 있을 수밖에 없다. 그러다 보니 컴퓨터프로그램의 유사성 분석이라는 기술 영역이 실질적 유사성이라는 법적 가치 영역에 최대한 근접하도록 하여 법관으로 하여금 지식의 공백으로 인한 판단의 왜곡이 나타나지 않도록 할 필요가 있다.

작물 감정제도의 효과 및 개선방안 연구」, 한국저작권위원회, 2013, 9-14면 참고.

우리나라는 저작권 침해 분쟁에서 컴퓨터프로그램을 대상으로 실질적 유사성을 판단하는 때에 전문가 영역에서는 정량적 유사도를 산정하여 이를 다양하게 활용하고 있다. 정량적 유사도라는 것은 일정한 기준을 설정하고 실제 비교대상 컴퓨터프로그램의 분석을 통해 비율로서 유사한 정도를 산출한 값을 의미한다. 그런데 정량적 유사도는 기술적 영역에서 가치를 이끌어 낸 것인데, 그러다 보니 그 자체로는 실질적 유사 여부를 나타내는 지표로 작용하기에 한계가 나타날 수밖에 없다. 그럼에도 불구하고 정량적 유사도의 활용은 컴퓨터프로그램의 저작권 침해 여부를 판단하는 데 있어서 현재로서는 이를 대체할 수 있는 방식이 없으므로 계속 이루어질 것으로 보인다. 이에 기술 분석과 법적 가치의 간극을 좁히기 위해서는 기술분야에서 법적 이해를 확대하는 방법과 반대로 법률분야에서 기술적 이해를 확대하는 방법이 각각 가능할 것이다. 어떠한 방향에서 대응이 이루어지든 가장 중요한 점은 양자를 교량하는 역할을 하는 정량적 유사도에 대한 이해일 것이다. 정량적 유사도의 산출을 단순히 기술영역만의 과업으로 보지 말고, 이의 이해를 바탕으로 실질적 유사성이라는 법적 가치와 최대한 근접한 분석값의 도출을 위한 노력이 필요할 것이다. 그래야 기술분석 결과를 법적 가치로 치환화는 과정, 즉 법관에 의한 분석결과 활용 과정에서의 오류를 최소화할 수 있다.

제4장

정량적 분석을 통한 실질적 유사성 도출

1. 정량적 유사도의 의의와 특징

가. 컴퓨터프로그램 정량적 유사도의 본질

컴퓨터프로그램 저작물을 허락 없이 복제하여 발생하는 컴퓨터프로그램 저작권 침해는 원저작물인 컴퓨터프로그램을 복제하여 다른 컴퓨터프로그램을 만드는 과정에서 기존의 것보다 편의·효율을 위한 기능이 추가되고, 일부 존재하던 미흡한 부분이 개선되는 등 기존의 원저작물인 컴퓨터프로그램보다 상품으로서의 가치가 높아진다는 특징이 있다.[1] 이러한 특징으로 인하여 컴퓨터프로그램에 대한 저작권 침해는 원저작권자의 시장적 지위를 위협하고 정당한 가치창출을 저해하는 원인이 된다. 한편, 이용자 입장에서는 기존의 컴퓨터프로그램을 활용하여 보다 높은 가치를 창출하고자 하더라도 적법한 범위에서의 이용 범위를 예상하기가 상당히 어렵다. 즉, 권리의 보호와 이용의 허용이 균형을 이루어 국가 산업의 발전을 도모하는 것이 요구되며, 이 균형을 위한 경계를 구분하는 것[2]이 실질적 유사성의 법적 성격이다.

하지만 실질적 유사성을 법규정에 명시하는 등과 같이 실제적으로 유형화하는 것은 상당히 어려운 문제이다.[3] 이에 저작권법 역

---

1 David Bainbridge, *Legal Protection of Computer Software*, fifth edition, Tottel Publishing, 2008, 77면.

2 이는 결국 저작권 제도의 핵심인 저작권에 의한 보호범위의 설정의 문제인데, 저작권 침해의 범위 설정 문제와 저작물의 공정이용 범위 설정 문제가 가장 크게 영향을 미친다고 한다. 권영준, 전게서(2007), 75면.

3 권영준, 전게서(2007), 75-76면; Melville B. Nimmer & David Nimmer, 전게서(2010), 13-37면.

시 저작권 침해여부를 판단하기 위한 요건 및 기준에 대해 일률적인 기준을 두고 있지는 않으며, 각 개별 사건에서 법원의 판단과 개별적인 이론의 전개를 통하여 정립되고 있는 실정이다. 이러한 정립방식의 한계로 인하여 저작권 침해를 입증하기 위한 요건에 대한 견해가 완전히 통일되고 있지는 않으며, 법관에 따라 혹은 학자들에 따라 상이한 방식이 제시되고 있는 것이 현실이다.[4]

우리나라의 경우 첫째, 원고가 유효한 저작권을 보유하고 있어야 한다는 점, 둘째, 피고가 원고의 저작물에 의거(依據)하여 자신의 작품을 작성하였을 것, 그리고 셋째로 원·피고의 작품 사이에 동일성 내지 실질적 유사성이 있을 것의 세 가지 요건을 적용하는 것이 최근의 판례 및 학계의 통설적 견해라 할 수 있다.[5] 여기서 실질적 유사성은 비교대상 저작물 전체의 유사성이 아니라 그중에서 창작적인 표현형식에 해당하는 것만을 대비한 결과가 유사한

---

4 Roger E. Schechter & John R. Thomas, 전게서(2010), 364면.

5 오승종, 전게서(2007), 960면; 정상조 편, 전게서(2007), 1069면; 허희성,
「2011 신저작권법 축조개설」, 명문프리컴, 2011, 629면. 이러한 견해를
따르는 판례로는, 대법원 1996.6.14. 선고 96다6264 판결, 서울고등법원
2005.7.27. 자 2005라194 결정, 서울중앙지방법원 2006.4.26. 선고 2005
가합58156, 79993 판결; 서울남부지방법원 2004.3.18. 선고 2002가합
4017 판결; 서울남부지방법원 2004.11.4. 선고 2002가합4871 판결 등 참
조. 그러나 의거여부를 명시적으로 판단하는 과정없이 실질적 유사성의
존부만을 다루는 경우도 많다. 이는 사실관계의 확정 등을 통하여 의거관
계의 존재는 당연히 전제되는 것으로 본 것이라 생각된다. 대법원 2000.
10.24. 선고 99다10813 판결; 대법원 1999.11.26. 선고 98다46259 판결;
서울고등법원 1998.7.7. 선고 97나15229 판결; 서울중앙지방법원 2010.
7.23. 선고 2008나40136(본소)2008나40143(반소) 판결; 부산지방법원
2004.7.15. 선고 2004노167 판결 등 다수가 있다. 다만 세 번째 요건으로
제시한 동일성 내지 실질적 유사성의 존재를 부당한 이용으로 제시하는
견해가 있기도 하다. 허대원, 「저작권침해의 민사적 구제에 관한 연구」,
건국대학교 박사학위논문, 2008, 54면.

경우를 의미하며, 저작권 침해 여부를 판단하는 작업에 있어서 가장 핵심적인 요건에 해당한다. 실질적 유사성이란 결국 유사성의 정도에 대한 문제이며, 어느 정도의 유사성이 있어야 실질적 유사성이 있다고 판단할 수 있고, 더 나아가 저작권 침해라 할 수 있는지에 대한 문제이다.[6] 여기에서 경미하거나 사소한 유사성의 정도를 넘는 유사성, 즉 실질적 유사성이 존재하는지 여부를 판단하기 위한 사실적 전제로 활용되는 것이 컴퓨터프로그램저작물에 대해서는 정량적 유사도인 것이다.

컴퓨터프로그램 저작물에 대하여는 그 기능적 특성으로 인하여 실질적 유사성 판단 시 기존과 다른 기준을 적용하기도 한다. 이는 컴퓨터프로그램의 경우 저작권 보호 대상을 어디까지로 보아야 하는지에 대한 문제로 인한 것이다.[7] 특히 많은 논란이 제기되고 있는 것과 같이 분석적 판단방식을 주로 활용할 수밖에 없는 컴퓨터프로그램 저작물 분야[8]에 있어서 비문언적 표현을 어떻게 그

---

6   오승종, 「저작권법」, 제2판, 박영사, 2012, 972-973면.

7   컴퓨터프로그램에서 소스코드 등만을 저작권으로 보호하는 것은 적절치 않으며 이에 더하여 컴퓨터프로그램을 디자인하는 단계에서 발생하는 산출물에도 저작권을 부여하여야 한다는 주장도 존재한다. Julian Velasco, 전게서(1994), 2-3면.

8   우리나라는 서울고등법원 2009.8.5. 자 2008라1199 결정("실질적 유사성에 관하여는 프로그램저작물 중 저작권으로 보호받지 못하는 요소들(예컨대, 알고리즘과 같이 추상적인 아이디어에 해당하는 요소, 프로그램의 조작방법에 해당하는 요소, 당업자 사이에서 사실상 확립된 표준인 요소 등)을 제외한 다음 남아 있는 핵심적 요소(core)인 창작적 표현만을 비교하여 실질적 유사 여부를 판단하여야 할 것"), 서울중앙지방법원 2005. 10.13. 자 2004카합3789 결정("신청인 측 프로그램과 피신청인 측 프로그램을 소스코드, 데이터베이스 구조, 환경설정 파일, 전송 프로토콜의 4가지 측면에서 상호 대비") 및 서울북부지방법원 2006.8.24. 선고 2005고단1749 판결("두 프로그램을 단순 비교하였을 때 두 프로그램은 소스코드, 데이터베이스 구조 및 논리적 요소에서 48.3%, 100% 및 95% 정도 유

리고 어디까지 보호범위로 인정하여야 하는지는 상당한 어려움을
가져다 주고 있다.

나. 정량적 유사도의 개념

정량적 유사도란, 두 컴퓨터프로그램의 소스코드 등을 분석하
여 일정한 기준을 적용하여 비교한 결과를 수치(비율)로 나타낸 것
을 의미한다. 정량적 유사도를 산정하기 위해서는 기본적으로 문
자의 형태로 표현된 부분을 기본 대상으로 하며, 컴퓨터프로그램
의 경우에는 소스코드와 목적코드가 주요 대상이 된다.[9] 이 방식은
두 컴퓨터프로그램 간 유사한 정도, 즉 침해자가 피침해자의 프로
그램을 어느 정도 복제하여 이용했는지를 객관화된 수치로 표현해
준다. 아울러 이러한 객관적인 근거의 제시는 법원이 저작권 침해
여부의 판단을 함에 있어서 불필요한 논쟁을 줄일 수 있고 어느 정
도 일반화된 양적 기준을 도출하여 법적 안정성을 도모할 수 있다
는 등의 장점이 있어서 실질적 유사 여부를 판단하는 근거로서 많
이 사용되고 있다. 다만, 소프트웨어 공학적 관점에서 보면, 정량
적 유사도를 산정하는 방식은 다양하게 존재할 수 있으나,[10] 실질

사하는 등 종합적으로 77.07% 정도가 유사하였다. 그리고 Advanced
FMEA와 FMEA worx 1.5 두 프로그램을 단순 비교하였을 때 두 프로그램
은 소스코드에서 86.58%, 데이터베이스구조에서 필드명은 99.2%, 테이
블명은 71.7%가 유사한 등 매우 유사하였다.") 등과 같이 컴퓨터프로그
램 저작물을 대상으로 저작권 침해 여부의 판단 시 분석적 판단방식을 주
로 활용하고 있음을 알 수 있다.

9 다만, 최근에는 문언적 표현 요소뿐만 아니라, 비문언적 표현 요소까지도
   정량적으로 분석하려는 시도가 있으며, 대법원 2011.6.9. 선고 2009다
   52304, 52311 판결에서도 호출관계그래프를 대상으로 한 비문언적 표현
   요소의 정량적 유사도를 인정하기도 하였다.

적 유사성을 판단하기 위해서는 그 속에 내포되어 있는 법적 개념과 요건들을 반영하여 기준 및 방법을 정립하고 정량적인 수치를 산출하는 것이 필요하다. 그런데 이를 적절히 반영하지 못한 상태에서 산출된 정량적 유사도는 실질적 유사성 판단에 대한 적절한 근거로 삼기 어렵게 된다.[11] 따라서 이러한 경우에는 저작권 침해 요건 중 의거여부를 입증하기 위한 요건인 유사성의 근거로는 활용할 수 있을지 모르나, 실질적 유사성의 근거로는 활용할 수 없게 된다.

이러한 특징을 갖는 정량적 유사도는 비전문가인 일반인에 의하여 산출되는 것이 현실적으로 불가능하므로, 컴퓨터프로그램 분야의 전문가에 의하여 수행되는 것이 적절하고,[12] 판례 역시 이러한 입장을 유지하고 있다.[13] 따라서 컴퓨터프로그램 분야의 전문

---

10 소프트웨어 공학 분야에서 컴퓨터프로그램의 비교를 통한 유사(동일)성 분석은 컴퓨터프로그램 개발 과정에서 버전관리 차원에서 논의되었다. 이러한 단계에서는 유사 여부보다는 단순히 기존 컴퓨터프로그램과 새로운 컴퓨터프로그램이 동일한지, 동일하지 않은 부분이 있다면 어느 부분인지를 구분하는 정도로 충분하였으나, 실질적 유사성을 판단하기 위한 정량적 비교에서는 두 컴퓨터프로그램이 동일하지 않다면 유사한 것에 해당하는지 여부가 고려되어야 한다는 점에 차이가 있다.

11 서울고등법원 2009.8.5. 자 2008라1199 결정 참조.

12 전문가에 의한 방식의 가장 큰 장점은 침해자의 침해은닉 행위를 찾아낼 수 있다는 점이다. 최근에는 컴퓨터프로그램 저작권 침해에 있어서 단순한 복제 형태를 벗어나 ① 특정함수, 모듈을 여러 개로 분할하여 소스코드를 생성, ② 여러 함수, 모듈을 통합하여 소스코드 생성, ③ 기본 알고리즘은 같으나 유사한 기능을 하는 함수 호출, ④ 작성언어의 변경, ⑤ 컴퓨터프로그램의 중요 알고리즘은 같으나 화면 인터페이스 처리 부분의 변경 및 ⑥ 객체지향(object-oriented), 시각적(visual) 언어를 사용한 경우에 클래스 이름만 변경하여 사용하는 등의 방식이 이용되고 있다. 소정, 「S/W 감정도구 비교 및 활용방안에 관한 연구」, 프로그램심의조정위원회, 2003, 16면.

가에 의해 수행되는 정량적 유사도의 산출은 일반적으로 소프트웨어 공학적 관점에서 이루어지게 되는 경향이 있다. 소프트웨어 감정[14]에서는 '두 프로그램 간의 상호 비교 및 분석을 통하여 두 프로그램이 어느 정도의 유사성을 가지는가를 판단하여 복제여부의 판단 근거를 제시'하는 것을 정량적 유사도를 판단할 수 있는 '복제(유사)도 감정'이라 정의하고 있다.[15] 복제(유사)도 감정을 통하여 컴퓨터프로그램의 소스코드 레벨에서의 유사도, 자료구조의 유사도, 데이터베이스 유사도, 디렉토리 및 주요 파일 이름의 유사도 등 다양하게 선정된 항목의 유사도가 각각 백분율로 산출되며, 이때는 일반적으로 원본기준 방식을 채택한다.[16] 그리고 산출된 각각의 유사도에 전체 컴퓨터프로그램에서 해당 부분이 차지하는 중요도를 가중치로 반영하여 종합 유사도를 산출하고, 그 결과를 컴퓨터프로그램의 복제여부 판단의 근거로 제시하게 된다.[17] 복제(유사)도 감정은 물리적인 면과 논리적인 면으로 구분하여 이루어져

---

13 서울고등법원 2009.5.27. 선고 2006나113835, 113842 판결; 서울고등법원 2010.10.13. 선고 2010나10261 판결; 서울고등법원 2009.8.5. 자 2008라1199 결정; 부산고등법원 2010.2.19. 자 2007라210 결정; 인천지방법원 2011.5.13. 선고 2011노20 판결; 서울중앙지방법원 2010.12.9. 선고 2009가합7224 판결; 서울남부지방법원 2007.10.5. 선고 2004노1493 판결; 서울중앙지방법원 2006.9.7. 선고 2004가합76119 판결; 서울남부지방법원 2005.11.18. 선고 2005가합3367 판결; 서울중앙지방법원 2005.10.13. 자 2004카합3789 결정 등 참조.

14 소프트웨어 감정은 컴퓨터프로그램의 저작권 침해 여부 등에 대한 분석과 판단을 통한 컴퓨터프로그램저작권 분쟁에서 효과적인 증거제출을 목적으로 하고 있으며, 현재 한국저작권위원회 및 한국SW감정평가학회 등이 중심이 되어 이루어지고 있다.

15 프로그램심의조정위원회, 「유형별 감정기법 표준지침」, 2005, 5면.

16 원본기준방식은 피침해 컴퓨터프로그램인 원본의 얼마나 많은 부분이 복제되었는지를 기준으로 하는 방식이다.

17 프로그램심의조정위원회, 전게서(2005), 5면.

야 한다고 한다. 물리적인 비교는 '구문(syntax)비교 방식'이라고도 하는데, 일반적으로 소스코드에서 토큰 및 라인(줄)을 추출하여 유사정도를 산출하는 방식이다.[18] 논리적인 비교는 단순한 구문의 비교가 아닌 컴퓨터프로그램의 논리적 측면, 즉 논리구현·자료구조 및 메모리 구조·파일 입출력 양식·메시지 전달 양식·데이터베이스 구조 등을 비교하는 방식으로 '주관비교 방식'이라고도 한다.[19]

다. 정량적 유사도의 특징

컴퓨터프로그램의 저작권 침해 분쟁에서 실질적 유사성 판단의 근거 등으로 활용되는 정량적 유사도의 산정 결과는 다음과 같은 특징을 갖는다.

첫째, 실질적 유사성이라는 질적 가치를 숫자를 표현 수단으로 이용하여 양적 가치로 나타낸 것이다. 유사성의 의미는 양적인 것에 한정된다고 볼 수는 없는데, 무엇이 유사한 것인지는 결국 이를 판단하는 사람의 주관적 의사에 의할 수밖에 없기 때문이다. 또한 실질적이라는 의미 자체는 질적 가치로서[20] 구체적인 양적 기준

---

18 컴퓨터프로그램보호위원회, 「2007 SW감정워킹그룹 연구결과보고서」, 2007, 165면; 토큰비교방식은 토큰을 단위로 유사도를 산출하는 것으로서 각 토큰을 구성하는 문자별 유사도를 기준으로 유사 및 동일한 토큰을 판단하나 토큰 간의 상관관계를 고려하기 어렵다는 단점이 있다. 반면 라인(줄)비교방식은 라인(줄)을 단위로 유사도를 산출하는 것으로서 각 라인(줄)에 포함된 토큰의 전체 유사도를 기준으로 유사 라인을 판정하며, 라인(줄) 간의 상관관계나 토큰간의 상관관계를 고려할 수 있다는 장점이 있다.
19 컴퓨터프로그램보호위원회, 상게서(2007), 170면.
20 David Bainbridge, 전게서(2008), 75면.

으로 도출되는 것이 아니라 저작자가 저작물을 창작하는 데 투여한 기술과 노력의 가치를 침탈한 것이 상당한 정도에 이름을 의미[21]하는 것이다. 이러한 질적인 가치에 대해 수치를 매개로 한 양적 가치로 표현하는 것이 정량적 유사도의 산출이 갖는 특징이라 할 수 있다.

둘째, 정량적 유사도의 산출 결과는 실질적 유사성 판단의 근거로 활용되어 종국적으로는 저작권 침해의 판단 근거로 작용하는 것뿐만 아니라 영업비밀 탈취의 근거 혹은 손해배상 산정의 근거요소로 확장되어 활용되기도 한다. 이러한 경우에는 저작권법상 실질적 유사성 판단의 근거로 활용되는 유사성과 그 이외의 목적으로 활용되는 유사성 사이에는 상당한 개념의 차이가 존재함을 인식하고 활용하여야 한다. 예를 들어 영업비밀 탈취의 근거로 유사도를 활용하는 경우에는 유사한 정도가 상당한 정도에 이를 필요까지는 없으며, 영업비밀로 특정되는 내용이 타인에 의해 이용된 것을 탐지하는 것만으로도 의미를 갖기 때문이다. 상당한 정도로 유사한 것이 존재하여야 하는 저작권법의 영역과 차이를 갖는다.

셋째, 정량적 유사도는 문언적 표현 및 비문언적 표현에 대한 유사성을 모두 나타낸다. 문언적 표현에 해당하는 것으로는 소스코드 라인에 나타난 문자 그 자체, 즉 축어적·문언적 표현에 대한 침해가 있다. 반면 비문언적 표현에 해당하는 것으로는 컴퓨터프로그램(소스코드)의 구조(structuer), 배열(sequence) 및 조직(organization) 등[22]이 있다.[23] 이들은 모두 기능성에 따라 정도의 차이는 있겠지

---

21   David Bainbridge, 전게서(2008), 76면.

22   이를 소위 SSO(structure, sequence, organization)라 한다.

23   Robert C. Osterberg & Eric C. Osterberg, *Substantial Similarity in Copyright Law*, Practising Law Institute, 2005, 8-3(§8:2).

만 어문저작물과 유사한 의미를 갖고 유사성의 표현 역시 문언적 혹은 비문언적 표현 모두를 포함한다고 할 수 있다.[24] 그런데 비문언적 표현의 경우 현재 어느 수준까지 저작권 보호범위로 인정할 것인지, 정량화한 유사도를 산출하는 방식에 대한 문제 등 많은 논란이 있다. 판례의 입장도 일관되지 않는 것으로 보인다.

넷째, 기술적으로 이루어지는 산정방식에 저작권법에 의한 가치가 반영된다. 이는 전문소송의 성격을 갖는 컴퓨터프로그램 저작권 분쟁에서 법관의 영역이 전문가의 영역과 교차되어 가는 현실에서 전문가의 분석과 판단이 판결에 적절한 영향을 줄 수 있도록 하기 위한 것이다. 실무적으로는 정량적 유사도를 산출할 때 보호받는 표현의 범위, 유사 개념의 한정 등을 물리적으로 고려하고 있는 것으로 보인다.

2. 실무상 정량적 유사도의 활용 원인

가. 실질적 유사성 판단의 내재적 어려움

실질적 유사성을 판단할 때 어문저작물의 경우 부분적·전체적 유사성 및 문언적·비문언적 유사성이 문제되는 것과 같이 컴퓨터프로그램 저작물에 대해서는 객관적 유사성과 구조적 유사성이 문제된다.[25] 객관적 유사성이란 비교 대상인 두 컴퓨터프로그

---

24 비문언적 표현을 정량적 유사도로 표현하여 활용한 사례로는 대법원 2011.6.9. 선고 2009다52304 판결이 대표적이다.

25 김우정, "프로그램 표절 감정기법에 관한 연구", 홍익대학교 정보대학원 석사학위논문, 2002, 15면; 권영준, 전게서(2007), 259면.

램의 소스코드를 문자적 관점에서 일대일로 대비하여 검출하는 유사성이고, 구조적 유사성이란 비교 대상인 두 컴퓨터프로그램의 시스템 구조층, 즉 컴퓨터프로그램의 파일 및 자료구조, 사용자 인터페이스 또는 설계구조 등의 비교를 통하여 검출하는 유사성을 의미한다.[26]

　우리나라는 판례에서 확인할 수 있듯이 컴퓨터프로그램 저작물을 대상으로 하는 저작권 침해 판단 시 비교 대상 컴퓨터프로그램 간의 객관적 유사성, 즉 정량적 유사도를 산출하여 실질적 유사성 판단의 근거로 삼는 방식을 주로 활용하고 있다. 정량적 유사도는 두 컴퓨터프로그램 그 자체를 비교하여 도출되는 결과를 의미하는 것이 아니라, 비교 대상 컴퓨터프로그램에서 저작권법으로 보호받는 표현만을 대상으로 비교하여 산출된 값을 유사도로 나타낸 것이다. 판례에서는 정량적 유사도와 같이 계량화된 수치는 실질적 유사성을 직접 뒷받침한다고 할 수 없음을 명시하고 있으나,[27] 현실적으로는 정량적 유사도와 실질적 유사성 사이에는 상당히 밀접한 관계가 인정되고 있음을 부정할 수 없다. 저작권법 제119조에 의하여 수행된 컴퓨터프로그램의 감정에서 활용된 정량적 유사도 산출 결과와 각 사건에서 최종적으로 저작권 침해로 인정된 결과를 비교·분석한 내용을 보면 이를 확인할 수 있다.[28] 분석 대상 사건 중 저작권 침해가 인정되지 않은 판결의 근거가 된

26　김우정, 상계논문(2002), 15면; 권영준, 전게서(2007), 259면.

27　부산지방법원 2007.7.6. 자 2006카합259 결정 등 다수.

28　저작권법 제119조에 의하여 한국저작권위원회에서 수행된 컴퓨터프로그램에 대한 감정사건(2001년부터 2013년 5월) 중 판결이 선고된 총 54건의 판결을 분석한 결과이다. 이후 정량적 유사도에 관한 판결 분석은 이 54건의 판결을 대상으로 이루어진 결과를 이용한다. 김시열, 전게보고서(2013), 93-95면 참조.

유사도는 0.24%,[29] 1.2%-18.2%,[30] 3.22%,[31] 3.72%,[32] 11.5%,[33] 12.11%,[34] 16.2%,[35] 32.2%,[36] 49.76%[37] 등으로 나타났다. 반면 저작권 침해가 인정된 판결의 경우에는 그 근거가 된 유사도가 100%,[38] 97.2%,[39] 81.41%,[40] 76.06%[41] 등으로 나타났다. 즉, 절대적인 기준으로 볼 수는 없겠지만 대략적으로 유사도가 76.06%~100%의 범주 안에 존재하는 경우에는 저작권 침해로 인정될 가능성이 높으며,[42] 0%~49.76%의 범주 안에 존재하는 경우에는 저작권 침해가 인정되지 않을 가능성이 높다고 할 수 있을 것이다. 다만, 이들 범주 사이에 형성되는 중간 정도의 유사도를 나타내는 경우에는 유사도만을 가지고 실질적 유사 여부를 예측하기는 불가능하다. 실무적으로도 이 중간영역에 관한 해석이 매우 난해한 면이 있다.

이와 달리 구조적 유사성은 최근 많은 논의가 이루어지고 있는 비문언적 표현요소에 대한 유사성 판단에 해당하는 것이다. 저

---

29 의정부지방법원 고양지원 2009.12.16. 선고 2008가합4377 판결.
30 서울중앙지방법원 2005.3.16. 자 2004카합2396 결정.
31 서울남부지방법원 2005.11.18. 선고 2005가합3367 판결.
32 서울중앙지방법원 2004.2.7. 자 2003카합1284 결정.
33 서울중앙지방법원 2006.9.7. 선고 2004가합76119 판결.
34 서울고등법원 2011.6.23. 자 2011라457 결정.
35 인천지방법원 2012.2.3. 선고 2010가합7276 판결.
36 서울중앙지방법원 2012.11.23. 선고 2011가합51828 판결.
37 부산지방법원 2007.7.6. 자 2006카합259 결정.
38 서울서부지방법원 2010.8.19. 선고 2008가합6564 판결.
39 서울중앙지방법원 2008.5.6. 선고 2006노2928 판결.
40 서울고등법원 2011.8.17. 선고 2009나71420 판결.
41 서울동부지방법원 2008.6.13. 선고 2006가합16480 판결.
42 미국의 경우에도 Midway Mfg 사건에서 목적코드 전체인 16,000 바이트의 89%를 복제하였다면 이는 저작권 침해에 해당한다는 판결을 내린 바 있다. Midway Mfg. Co. v. Strohon, 564 F. Supp.(N.D.Ill. 1983).

작권법에 의하여 보호받는 표현요소를 어디까지 인정할 것인지, 즉 비문언적 표현을 보호대상으로 볼 것인지에 대해서는 많은 논란이 있는 상황이다.[43] 판례 역시 다양한 견해를 나타내고 있으나, 기능적 저작물인 컴퓨터프로그램은 기능성과 논리성으로 인하여 실질적 유사성의 인정범위를 좁게 보아야 한다는 점은 대체로 동의하는 것으로 보인다.[44] 다만, 최근 미국에서 구글과 오라클의 저작권 분쟁에서와 같이 비문언적 표현을 저작권 보호범위에 포함시키려는 경향도 점차 존재한다는 점 역시 무시할 수는 없다고 생각된다.[45] 이 문제는 결국 원칙적으로 비문언적 표현이라는 점만으로 보호범위에서 제외할 것은 아니나, 구체적인 보호범위 해당 여부는 개별적으로 판단할 수밖에 없을 것이다. 구조적 유사성 도출

---

43 이는 컴퓨터프로그램 저작물을 보호하기 위해 어떠한 방법이 유용한 도구인지의 문제라고도 한다. Dennis S, Karjala, "Theoretical foundations for the protection of computer programs in developing countries", 13 UCLA Pac. Basin L.J. 179, 1994 at 180 참조(정진근, "SW지식재산권의 보호방법에 대한 새로운 시각", 2011년도 감정워킹그룹 최종보고서, 한국저작권위원회, 2011, 27면 재인용).

44 권영준, 전게서(2007), 259면; 정진근 교수는 컴퓨터프로그램의 비문언적 표현을 보호하는 것은 현재의 저작권법 개념 하에서는 다소 어렵기 때문에 저작권법 개정이 필요하다는 견해를 제시한 바 있다. 정진근, 전게논문(2011), 30면.

45 이 사안의 쟁점은 컴퓨터프로그램의 비문언적 표현인 소위 SSO(structure, sequence, organization)가 저작권 보호대상으로 인정될 수 있는지 여부에 대한 것이다. 이는 문언적 표현인 소스코드와 목적코드를 저작권 보호대상으로 인정하는 전통적 관점에 비하여 컴퓨터프로그램의 저작권 보호범위를 확장하는 효과가 있다. 한편, 우리나라의 경우에는 대법원 2011. 6.9. 선고 2009다52304 판결에서와 같이 컴퓨터프로그램의 비문언적 표현을 저작권 보호대상으로 인정하는 것 같은 판례가 존재하기는 하나, 아직 컴퓨터프로그램의 비문언적 표현을 저작권 보호대상으로 인정하는 것이 일반적이라고 하기는 어렵다.

의 어려움은 결국 실질적 유사성 판단 시 객관적 유사성에 더욱 의존하게 하는 요인으로 작용한다.

나. 전문분야 소송의 특성

다른 전문분야 소송의 경우와 같이 컴퓨터프로그램을 대상으로 한 저작권 소송 역시 문제해결에 있어서 해당 분야 전문가의 의견에 상당부분 기속되는 경향이 있다.[46] 이는 분쟁의 대상이 되는 저작물, 특히 컴퓨터프로그램 등과 같이 급격하게 기술적으로 고도화되고 그 내용이 난해하고 복잡하여 해당 부분의 전문적 지식이 부족한 법관의 사실관계 확정 자체가 쉽지 않은 경우에 더욱 크게 나타난다.[47] 왜냐하면 컴퓨터프로그램은 상당히 숙련된 기술적 능력이 투영된 어렵고 복잡한 작업을 통하여 이루어지는 것이기 때문이다.[48] 따라서 실질적 유사성 판단을 위해서 무언가 명확하게 눈에 보이는 것을 증거로 활용하고자 하는 경향이 나타나며, 이때 가장 영향력 있게 활용되는 것이 분쟁 대상 컴퓨터프로그램 간의 정량적 유사도인 것이다. 컴퓨터프로그램의 실질적 유사성을 판단함에 있어 정량적 유사도를 활용하는 것이 몇 가지 문제를 갖고 있음에도 불구하고[49] 이처럼 활발한 이용은 컴퓨터프로그램 분야의 비전문가인 법관의 시야에 불명확한 것을 눈에 보이도록 명확하게 해 준다는 점에서 기인한다고 생각된다.

---

46 윤재윤, 전게논문(2002), 238면.
47 이러한 현상은 결국 법관의 역할과 해당 분야 전문가의 역할이 교차화되는 결과를 초래하기도 한다.
48 David Bainbridge, 전게서(2008), 78면.
49 컴퓨터프로그램 저작권 분쟁에서 실질적 유사성 판단 시 정량적 유사도를 활용함에 있어 발생하는 문제에 관한 자세한 내용은 후술한다.

사실의 확정이 법관에 의하여 이루어지는 우리나라 사법체계에서 객관적인 수치로 제시되는 각종 유사도를 법관은 구체적으로 살펴 실질적 유사성 판단 및 최종적인 침해여부 판단에 고려하게 된다. 특히 소프트웨어 공학적 측면에서의 유사도란 그 목적에 따라 다양한 산출방식이 존재하고 동일 목적을 위한다 하더라도 여러 가지의 방법이 존재하며, 각 방식에 따른 결과의 차이도 상당하므로 선택된 산출방식에 대한 검토를 통한 적정성 확인이 법관에게는 필수적이라 할 수 있다. 하지만 현실적으로 법관이 전문가에 의해 산출되어 제시된 수치화된 유사 정도 의견의 적정성 등을 구체적으로 분석하여 살피기에는 어려움이 있다. 이러한 어려움을 해결하기 위해서 저작권 침해 분쟁의 해결을 위한 정량적 유사도 산정은 점차 전통적인 소프트웨어 공학의 관점에서 벗어나 저작권법상 실질적 유사성이라는 개념을 적절히 반영하고자 하는 노력이 이루어지고 있다.[50]

---

50 이철남, 「컴퓨터프로그램의 실질적 유사성에 관한 연구」, 한국저작권위원회, 2012; 이욱세, "소스코드 유사도 감정도구의 정확도 측정을 위한 시험집합에 대한 고찰", 한국소프트웨어감정평가학회 논문지, 제5권 2호, 2009, 31-38면; 김도완, "감정사례 분석을 통한 감정보고서 표준화를 위한 제언", 2011년 한국소프트웨어감정평가학회 추계학술발표대회 논문집, 2011, 37-43면; 전병태, "추상화-여과-비교에 기반한 감정서 작성 방법", 2011년 한국소프트웨어감정평가학회 추계학술발표대회 논문집, 2011, 55-60면; 도경구, "외형적 표현과 내재적 표현의 실질적 유사성 판단 기준", 2011년도 감정 워킹그룹 최종보고서, 한국저작권위원회, 2011, 9-27면; 윤영선, "공지 기술의 적용 여부를 고려한 유사성 판단 기준 및 SW감정", 2011년도 감정 워킹그룹 최종보고서, 한국저작권위원회, 2011, 31-51면 등 법학적 관점 및 소프트웨어 공학적 관점에서 활발히 이루어지고 있다.

3. 정량적 유사도 산출 방식

가. 원 칙

정량적 유사도를 기술의 관점에서 보면 특정의 비율을 계산하는 방식은 매우 다양하게 존재할 수 있다. 그런데 이를 앞서 언급한 것과 같이 기술 관점에 한정하는 것이 아니라 저작권법에 따른 실질적 유사성의 판단을 위해 이에 최대한 근접한 값으로 본다면 산출방식에 있어서 제한이 나타나게 된다.

기본적으로 유사성의 판단 방식에는 특별한 방식을 원칙으로 정하지는 않는다. 산출방식의 다양성을 인정하는 것인데, 다만 이때 산출방식은 유사도를 산정하는 목적에 비추어 볼 때 합리성을 확보할 수 있어야 한다. 실제로 판례를 살펴보면 매우 다양한 방식의 계산법이 존재함을 확인할 수 있다. 다만 저작권법 체계에서 실질적 유사성 판단을 목적으로 하며, 이러한 법적 가치에 근접한 분석값을 도출하여야 한다는 점에 기초할 때, 크게 두 가지 제한이 존재한다고 볼 수 있다. 이는 첫째, 저작권법에 의해 보호받는 표현만을 비교대상으로 하여 유사도 산정이 이루어져야 한다는 점이다. 분쟁 당사자의 컴퓨터프로그램 전체를 비교하는 것이 아니라 보호받지 못하는 요소를 제외시킨 후 남은 보호받는 표현 요소만을 비교하여 유사도를 산출하여야 한다. 그리고 둘째, 유사 판단의 기준을 설정하여야 한다. 완전히 동일하거나 상이한 것은 주관적 가치 개입의 여지가 없으나, 유사란 어떤 기준을 가지고 유사 여부를 결정할 것인지에 따라 상당히 다른 결과가 도출될 수 있다. 특히 저작권법에서 의미하는 유사의 개념이 일반적인 개념과는 상이하므로 이를 적절히 고려하여야 한다.

실무적으로 두 가지 제한 중, 전자의 경우는 물리적, 절차적으로 어느 정도 의미있는 반영이 가능하다. 판례에서도 이러한 점에 있어서는 상당한 정도의 고려가 이루어지지 않는 한 대체로 문제를 삼지 않는 것으로 보인다. 그런데 후자의 경우에는 상대적으로 어려움이 있다. 실무적으로 소스코드 등을 비교할 때 유사한 것으로 판단하기 위한 물리적 기준들을 두고 적용하는데, 이러한 기준들은 경험칙에 의한 것이 대부분이다. 유사 판단의 기준을 물리적 기준으로 어떻게 나타낼 수 있는지 구체적인 근거와 연구가 이루어지진 않았음이 그 원인으로 생각한다.

이하에서는 다양한 정량적 유사도 산출 방식 가운데, 판례에서 많은 활용이 이루어진 대표적인 방식을 소개한다.

나. 정량적 유사도의 산출

컴퓨터프로그램을 비교·분석하기 위한 방법은 매우 다양하므로, 소스코드를 비교하는 경우에도 프로그램 언어, 구현 기능, 바이너리 형태 등 여러 환경에 따라 정량적 유사도를 산정하는 방법이 상이할 수밖에 없다.[51] 소프트웨어 감정 분야에서는 소스코

---

51 C. K. Roy와 J. R. Cordy는 소스코드의 유사도를 산정하는 방식을 ① 텍스트·토큰 비교, ② 매트릭스 비교, ③ 문법트리 비교, ④ 의존도그래프 비교, ⑤ 융합비교방식 및 ⑥ 데이터마이닝을 이용한 비교방식 등 6가지로 구분하고 있다. C. K. Roy & J. R. Cordy, A Survey on Software Clone Detection Research, Technical Memorandum 2007-541, School of Computing, Queen's University, 2007(이욱세, 「SW소스코드 유사성 비교 프로그램 개선에 관한 연구」, 한국저작권위원회, 2010, 9-10면에서 재인용).

드에 대한 정량적 비교는 일반적으로 ① 감정항목의 설정, ② 각 항목별 중요도 및 가중치의 산출, ③ 외부적 요소 및 공유영역에 있는 소스코드 제거, ④ 소스코드 라인(줄)을 기준으로 계산이 이루어진다고 한다.

이를 구체적으로 살펴보면, 첫째, 감정항목의 설정은 두 비교대상 컴퓨터프로그램을 어떻게 놓을 것인지를 정하는 것이다. 이때 어느 쪽을 기준으로 둘 것이냐에 따라 정량적 유사도는 달라지게 된다. 피침해자의 컴퓨터프로그램을 기준으로 하는 것을 원본기준 방식이라 하는데, 이는 피침해자의 컴퓨터프로그램 중 어느 정도가 침해자에 의해 복제되었는지를 산출하는 방식이다. 반면 침해자의 컴퓨터프로그램을 기준으로 하는 비교본기준 방식에서는 침해자의 컴퓨터프로그램 중 어느 정도가 피침해자의 것을 복제한 것인지를 산출하는 방식이다. 따라서 피침해자의 컴퓨터프로그램이 침해자의 것에 비해 양적으로 크다면 원본기준 방식에서의 유사도는 낮을 것이고, 침해자의 컴퓨터프로그램이 피침해자의 것을 복제하고 별도로 추가한 부분을 상당히 포함시킨다면 비교본기준 방식에서의 유사도가 낮을 것이다. 따라서 정량적 유사도를 산출함에 있어서 각자 원하는 바에 따라 어느 방식의 기준을 사용할 것인지가 적절히 고려되어야 할 것이다. 실무적으로는 전문가 분석 시 원본기준 및 비교본기준 방식을 모두 도출하여 제시하는 경향도 많이 발견된다.

둘째, 항목별 중요도 및 가중치를 산출하여 반영한다. 이는 실질적 유사성을 단순히 양적인 문제만이 아니라 복제된 부분의 질적인 중요성을 고려하기 위함이다. 단순히 피침해자의 저작물에서 어느 정도를 복제하였는지를 판단하는 양적 측면의 유사한 정도뿐만 아니라 복제된 부분, 즉 유사성이 나타나는 부분이 질적으로 어느 정도의 비중을 차지하는 것인지를 함께 판단하고자 하는 것이 가중치 등의 활용 목적이다.[52] 다만 이러한 가중치 부여를 정형화된 기준에 의한다는 것은 현실적으로 불가능하다고 생각된다. 왜냐하면 동일한 것이 아닌 모든 컴퓨터프로그램, 특히 동일한 기능을 위한 컴퓨터프로그램조차도 각각의 컴퓨터프로그램 내에서 각부분의 중요성은 모두 다를 수밖에 없기 때문이다. 따라서 개별적으로 세세하게 다른 사항을 일괄적인 기준을 가지고 통일시키는 것은 상당히 어렵다. 한편, 질적 중요성을 가중치라는 수치의 적용으로 표현이 가능한지에 대해서도 논란이 있다. 이러한 논란에 대해서는 현재 명확한 결론이 도출되지는 않았으며, 판례를 살펴보면 최근에는 가중치에 대한 논란을 피하기 위해 가중치를 특별히 부여하지 않는 경우도 발견된다.

셋째, 비교대상이 되는 소스코드 등에서 외부적 요소 및 공유영역에 있는 표현을 제거한다. 이는 실질적 유사성의 판단 대상이 되는 보호받는 표현을 확정하는 과정으로서, 당해 컴퓨터프로그램이 목적으로 하는 기능을 구현하기 위해 누가 하더라도 동일하게 표현될 수밖에 없는 부분 및 하드웨어 등의 환경에 의하여 동일할 수밖에 없는 부분과 같이 외부적 요소에 의한 것과, 개발도구로 인하여 자동적으로 생성되는 부분, 오픈소스를 사용한 부분 및 프로그래밍 관행 혹은 언어적 특성으로 인하여 동일하게 표현될 수밖에 없는 부분 등 공유영역에 해당하는 것을 비교대상에서 제외시키는 것이다.

마지막으로는 위의 과정을 거친 후 남은 부분만을 대상으로

---

52 우리나라의 판례에서는 유사한 부분이 질적으로 어느 정도의 비중을 차지하는지를 명확하게 제시하는 예는 거의 없다고 한다. 권영준, 전게서 (2007), 117면.

하여 서로 비교하는 과정을 수행한다. 이 과정에서는 완전한 복제 (dead copy)로 보이는 경우에는 큰 어려움이 없으나, 침해물에 어느 정도의 수정이 가해진 경우 이를 유사한 것으로 판단하기 위한 기준을 정하는 것이 쉽지 않다. 따라서 유사한 정도에 대한 정량적 계산을 위하여 적절한 기준을 정할 필요가 있다.[53] 특히 컴퓨터프로그램의 소스코드는 어문저작물과 유사한 형태로 표현되어 있으나, 그 특성을 고려하여 비교 과정에서 줄(라인)을 단위로 비교할지 혹은 토큰을 단위로 비교할지 여부, 줄(라인)이 유사한 것으로 보기 위해서는 각 줄(라인)이 어느 정도 서로 유사해야 하는지 여부 등이 세부적으로 검토되어 구체적인 기준을 설정한 후, 정량적 유사도를 산출하여야 한다.

다. 정량적 유사도 산출 방식의 유형

우리나라 판례를 살펴보면 정량적 유사도라는 표현을 구분하여 사용하기보다는 유사도라는 용어를 포괄적으로 사용하여 분쟁의 대상이 되는 비교대상 컴퓨터프로그램의 수치화된 지표를 제시하고 이를 활용하여 실질적 유사성 등을 판단하는 방식을 주로 적용하고 있다. 다만 이때 적용되는 정량적 유사도 산정 방식은 단일하지 않고 다양한 방식이 이용되고 있는데, 이를 분류하여 보면 크게 유사도 표현방식에 따라 두 가지, 유사도 계산방식에 따라 두

---

53 대표적으로는 ALC(Adjacent Line Comparison) 알고리즘을 활용하고 있는데, 이는 인접라인의 유사율을 측정해서, 유사한 라인이 연속적으로 나타날 때, 가장 최대 블럭의 라인끼리 유사하다고 매핑해주는 알고리즘이다. 이에 대한 자세한 사항은 소정, 전게보고서(2003); 이광근, 「소프트웨어 감정도구 개발방안 연구」, 프로그램심의조정위원회, 2004; 이욱세, 전게보고서(2010) 참조.

가지, 그리고 비교대상을 어떻게 설정하는지에 따라 두 가지로 구분될 수 있다.[54]

(1) 유사도 표현방식에 따른 구분

유사도 표현방식에 관하여는 구성요소(비교요소) 각각의 유사도를 제시하는 방식(방식 1)과 구성요소(비교요소) 각각의 유사도를 종합하여 종합유사도를 제시하는 방식(방식 2)이 이용되고 있다.

방식 1은 소스코드 및 데이터베이스 등을 파일쌍 등으로 구분하여 각각의 유사도를 산출하고 그 결과를 그대로 제시하는 형태이다. 이는 객체지향 방식의 프로그래밍을 통하여 만들어진 컴퓨터프로그램에 대해 개별적 모듈 등 다양한 표현요소 각각에 대한 저작권 침해 여부를 확인할 필요가 있거나, 소스코드 및 데이터베이스와 같이 그 표현형태가 상이하여 하나의 기준을 적용한 유사도 도출이 어려운 경우 등에 활용될 수 있다. 이러한 방식을 활용한 판결로는 '서울고등법원 2011.6.23. 자 2011라457 결정'을 예로 들 수 있다. 이 결정에서는 양 당사자의 소스코드를 비교한 결과 채권자 프로그램 기준 12.11%, 채무자 프로그램 기준 19.52%의 유사도가 인정되었고, 양 당사자의 데이터베이스를 비교한 결과 데이터베이스 스키마에 대한 유사도는 채권자 프로그램을 기준으로 하였을 때 99.09%, 채무자 프로그램을 기준으로 하였을 때 89.76%를 인정하였다. 한편 사용자정의 프로시저에 대한 유사도는 채권자 프로그램 기준으로 하였을 때 99.84%, 채무자 프로그램을 기준으로 하였을 때 8.76%를 인정한 바 있다. 이러한 방식은 유사한 정도를 매우 세부적이고 정확히 나타낼 수 있으나, 각각의 정

---

54 방식의 유형에 대해서 자세한 내용은 김시열, 전게보고서(2013), 109-110면 참조.

보를 저작권법의 관점에서 어떻게 의미를 부여할지에 대한 판단이 어렵다는 단점이 있다.

방식 2는 각 구성요소(비교요소)별로 유사한 정도를 도출하고 이를 모두 더하여 단일의 종합유사도를 산출하여 제시하는 형태이다. 이 방식은 특정의 컴퓨터프로그램이 단일의 제품으로 이루어지므로, 제품 단위의 명확한 침해 정도를 확인하기 위하여 주로 활용된다. 유사도 산출에는 가중치가 적용되기도 하는데, 컴퓨터프로그램의 각기 구성요소가 갖는 중요성을 고려하여 일정한 가중치를 부여한 유사도 계산이 이루어진다.[55] 이에 대한 예로 '서울남부지방법원 2005.11.18. 선고 2005가합3367 판결'에서는 "이 사건 제1, 2 프로그램 사이의 비교항목별 유사도는 소스코드의 경우 0.55%, 사용자 인터페이스의 경우 14.99%, 데이터베이스의 경우 4.62%이고, 위 3가지 비교항목의 유사도에 가중치를 부여하여 이를 합산하여 산정된 이 사건 제1, 2 프로그램 사이의 종합유사도는 3.22%인 사실을 인정할 수 있는바"라고 판시한 바 있다. 이와 유사하게 '서울지방법원 남부지원 2004.9.1. 선고 2000고단4379 판결'에서도 소스코드는 0.5, 자료구조 0.25, 정황증거 0.15 및 인터페이스에 0.15의 가중치를 부여하여 92.5%의 종합유사도를 산출하여 이를 인정한 바 있다. 이러한 방식은 분쟁대상 컴퓨터프로그램에 대하여 단일의 유사도를 제시함으로써 명확한 결과를 도출할 수 있다는 장점이 있다. 반면 가중치의 문제나 무리하게 종합유사도를 계산함으로써 실제 유사한 정도에 최대한 근접하여 제시한 값이라기보다는 계산된 유사도에 불과하다고 보는 문제가 있기도 하다.

---

55 권영준, 전게서(2007), 260면.

(2) 유사도 계산방식에 따른 구분

유사도 계산방식에 관하여는 비교대상 컴퓨터프로그램을 구성하고 있는 모든 파일에 대한 소스코드 전체 줄(라인) 대비 유사한 줄(라인)이 몇 개인지를 계산하여 유사도를 산출하는 방식(방식 3)과 개별 파일의 유사여부를 판단하고 해당 컴퓨터프로그램을 구성하는 개별 파일 중 유사한 파일이 몇 개인지를 계산하여 유사도를 산출하는 방식(방식 4)이 이용되고 있다.

방식 3은 컴퓨터프로그램을 구성하고 있는 소스코드를 전체 줄(라인) 대비 유사 줄(라인)의 정도를 비교하여 산출하는 것인데, 기능적인 부분을 다소 적게 고려하더라도 컴퓨터프로그램의 문언적 표현에 충실하게 유사도를 산출하는 방식이다. 이러한 방식을 활용한 판결로는 '서울고등법원 2011.8.17. 선고 2009나71420 판결'을 예로 들 수 있다. 이 판결에서는 "Win98용 프로그램의 소스코드 45,842 라인 중 37,319 라인이 이 사건 프로그램의 소스코드와 동일하거나 유사하여 종합유사도는 81.41%를 나타냈다."라고 하여 전체 줄(라인) 수에 대비하여 유사한 줄(라인)이 어느 정도인지를 검토하여 유사도를 산출하고 이를 실질적 유사성 판단의 근거로 활용하였다.

방식 4는 컴퓨터프로그램을 구성요소(모듈, 파일 등)별로 구분하고 각각의 요소를 유사 혹은 비유사로 판단하여 이를 종합하여 전체의 유사도를 계산하여 산출하는 방식이다. 이러한 방식을 활용한 판결로는 '서울고등법원 2009.5.27. 선고 2006나113835, 2006나113842(병합) 판결'을 예로 들 수 있다. 본 판결에서는 "이들을 파일의 개수, 줄 수, 함수 수에 따라 정량적으로 비교한 결과, 파일의 수를 비교할 때 Bancs 파일들 중에서 호출관계가 50% 이상 유사한 ProBank 파일들이 포함된 파일 수는 전체 Bancs 파일 수의

71.84%(681개/948개)이고, 파일 안에 들어 있는 줄 수를 비교할 때 Bancs 파일들에 포함된 줄 중에서 함수 호출관계가 50% 이상 유사한 ProBank 파일들에 포함된 줄 수는 Bancs 전체 줄 수의 41.25%(635,809/1,541,174)이며, 함수 수를 비교할 때 Bancs 파일들에 포함된 함수 중에서 함수 호출관계가 50% 이상 유사한 ProBank 파일들에 포함된 함수 수는 Bancs 전체 함수 수의 15.12%(9,763/64,574)이다. 따라서 COBOL로 구성된 Bancs의 소스코드 중에서 ProBank와 유사성이 50% 이상인 소스코드에 관한 정량적 분석결과는 전체의 42.74%(다음에서 보는 평균값)를 차지한다."라고 판시하고 있다. 이러한 방식에는 앞서 설명한 가중치를 적용하는 것도 가능하다.

(3) 비교대상 설정 방식에 따른 구분

첫째, 어느 컴퓨터프로그램을 기준으로 유사도를 계산하느냐에 따라 원본기준방식과 비교본기준방식으로 구분할 수 있다(방식 5).

원본기준방식은 원본, 즉 피침해자의 컴퓨터프로그램에서 얼마나 많은 부분이 표절 또는 복제되었는지를 기준으로 하여 유사도를 산출하는 방식이다. 이 방식은 비교본, 즉 침해자의 컴퓨터프로그램에 독자적으로 추가한 부분이 있을 때 그러한 부분의 많고 적음에 영향을 받지는 않지만, 비교본이 원본의 일부 핵심 부분만을 복제한 경우에는 유사도가 낮아질 수 있는 특징이 있다. 이를 자세히 설명하면, 침해자가 원본 컴퓨터프로그램의 20%만을 복제하여 자신의 컴퓨터프로그램(비교본)의 100%를 구성한 경우, 원본기준방식으로 유사도를 계산하게 되면 유사도가 20%이므로, 앞서 본 기존 판례의 정량적 유사도와 저작권 침해 인정의 대략적 관계를 기준으로 정량적 유사도만을 고려할 때 저작권 침해로 인정되기 어려울 수 있다.

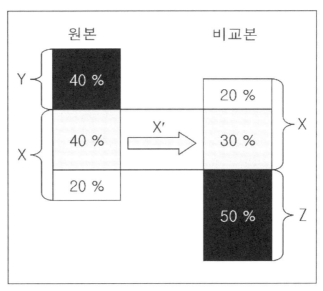

비교본이 원본을 복제했다고 가정한 경우의 예시

반면, 비교본기준방식은 비교본의 얼마나 많은 부분이 원본으로부터 복제된 것인지를 기준으로 한다. 이 방식은 비교본에 독자적으로 추가한 부분이 많아질수록 비교대상 간 유사도가 낮아지게 된다. 원본의 100%가 비교본으로 복제되었다고 하더라도, 침해자가 상당한 양의 소스코드 등을 추가하면 비교본에서 원본을 복제한 부분의 비중이 줄어들게 된다. 이와 관련된 한 연구에서는 컴퓨터프로그램에 대한 저작권 감정 사례를 분석하였는데 진행된 감정 사건에서 전체의 80%는 원본기준방식을 사용하고, 12%는 원본기준방식과 비교본기준방식을 병행 및 각각 제시, 8%는 원본기준방식과 비교본기준방식을 산정한 값을 합산하여 종합유사도를 산정

하며, 비교본기준방식만을 활용한 사례는 없다고 한다.[56]

둘째, 기준영역의 선정방식에 따라 전체영역기준방식과 공통영역기준방식으로 구분할 수 있다(방식 6).

전체영역기준방식은 원본과 비교본의 전체 컴퓨터프로그램 영역을 기준으로 유사도 산정 범위로 삼는 것으로서 원본과 비교본 사이에서 새롭게 추가된 부분이 많을수록 유사도가 낮아진다는 특징을 갖는다. 한편 공통영역기준방식은 원본과 비교본의 전체 컴퓨터프로그램 중 서로 유사하거나 공통된 특성(기능 등의 요소를 기준)의 영역을 유사도 산정을 위한 대상으로 삼는다. 이 방식은 원본과 비교본 사이에서 새롭게 추가된 부분이 유사도에 영향을 주지는 않으나, 비교대상인 공통영역이 너무 작은 경우에는 유사도가 상대적으로 너무 높아지게 되는 문제가 있다.

방식 5와 방식 6을 위 그림의 예시에 따라 대입하여 수치로 도출해보면 다음과 같은 결과를 얻을 수 있다.

산출방법에 따른 유사도 예시

구 분	원본기준방식		비교본기준방식	
	수식	유사도	수식	유사도
전체감정영역 기준 방식	$(X' / (X + Y)) \cdot 100$	40%	$(X' / (X + Z)) \cdot 100$	30%
공통감정영역 기준 방식	$(X' / X) \cdot 100$	67%	$(X' / X) \cdot 100$	60%

---

56 김도완, 전게논문(2011), 38면. 이 분석 수치가 데이터 전수조사를 통한 결과인지는 다소 의문이 있으나 결과의 상대적 비중을 확인할 수 있다는 점에서는 의의가 크다.

예시의 결과를 보면 각 방식별로 어떻게 조합되느냐에 따라 동일한 실체라 하더라도 도출되는 유사도의 값은 차이가 있음을 발견할 수 있다. 더군다나 그 차이의 폭이 낮게는 30%에서 높게는 67%까지 상당한 간격을 나타내고 있다. 이러한 점은 정량적 유사도의 산출 시 어떠한 방식을 이용하는 것이 당해 사건을 해결함에 있어서 가장 적절할지, 그리고 분쟁 당사자 자신에게 최적의 결과를 가져올 수 있을지 예측하여 선택할 수 있어야 한다는 점의 중요성을 시사한다.

4. 오브젝트코드를 대상으로 한 비교·분석의 특수성

가. 오브젝트코드를 통한 실질적 유사성 판단의 최근 문제

컴퓨터프로그램을 대상으로 하는 저작권 침해 분쟁에서 구체적인 침해사실을 증명하기 위하여 행하는 비교·분석에서는 통상 소스코드(source code)를 비교하는 것을 기본적인 원칙으로 하고 있다. 프로그램 작성자의 창작적 표현이 가장 높게 나타나는 요소가 소스코드이기 때문이다. 이러한 배경으로 인하여 컴퓨터프로그램의 유사도를 도출하기 위해서는 소스코드를 중심으로 하여 다양한 방안이 만들어지고 있는 것이 일반적이다. 그런데 최근에는 이러한 흐름에 변화가 나타나고 있다. 과거와 달리 최근의 환경에서는 소스코드가 구체적 거래의 대상이 되지 않을 뿐 아니라 분쟁이 발생하더라도 소스코드를 적절한 증거로 확보하는 것이 상당히 어려워지고 있다. 이러한 점은 점차 기술 및 시장 환경의 변화로 인하여 저작권 분쟁의 해결을 위한 비교·분석이 소스코드보다는 상대적으로 확보가 용이한 오브젝트코드를 대상으로 이루어지게 하는 현상을 초래한다.

컴퓨터프로그램을 저작권으로 보호할 수 있는지에 관한 논란이 이루어졌던 소위 1세대 논의(1970년대~1980년대)를 통하여 컴퓨터프로그램을 구성하는 요소 중 소스코드와 오브젝트코드(목적코드)의 저작권 보호 입장이 확립되었고, 컴퓨터프로그램의 유형 및 사용형태를 불문하고 저작물의 성립요건만 충족한다면 그것이 ROM에 저장된 것이든, 운영체제프로그램이든 저작권법상 보호대상으로 된다는 것이 명확하게 되었다.[57] 이후 진행된 2세대 논의는 문언적으로 표현되지 않은 비문언적 부분을 어디까지 저작권으로 보호할 것인지에 대한 논의로서 컴퓨터프로그램의 보호범위와 관련하여 아이디어·표현 이분법의 구체적 기준 및 실질적 유사성의 판단 기준에 관한 논의이다.[58] 최근에는 실무적으로 1세대 논의 및 2세대 논의를 통하여 보호되는 오브젝트코드에 대한 저작권 보호의 경계를 어떻게 구분할 수 있을 것인지, 또한 침해 회피 행위에 대하여 이를 어떻게 다루어야 할 것인지 등에 대한 논의가 이루어지고 있다. 즉, 권리 부여라는 면에서 이루어지던 기존의 논의에서 더 나아가 그 보호의 경계를 실무적으로 어떻게 명확히 할 수 있겠는지에 대한 점이 최근의 주요한 논제로 다루어지고 있다.

저작권 침해 여부를 판단하기 위한 비교·분석의 수행 시 오브젝트코드를 대상으로 할 때 문제가 되는 것은 일반적으로 유사도 산출을 위한 다양한 방식들이 소스코드를 대상으로 하는 것들이었는데 이들 방식을 오브젝트코드에 직접 적용하기에는 어려움

---

57 이해완, 전게서(2007), 904면.

58 김시열, "컴퓨터프로그램의 실질적 유사성 판단을 위한 정량적 분석에 관한 연구", 지식재산연구, 제6권 제4호, 2011, 67-68면.

이 있다는 점이다. 그럼에도 불구하고 오브젝트코드를 대상으로
한 비교의 수요는 점차 증가하고 있다. 아직 적절한 비교분석의 방
법이 정립되지 않았음에도 불구하고 오브젝트코드를 비교대상으
로 하는 유사도 산출 수요가 증가하고 있으므로 이에 대한 구체적
인 논의의 필요성이 높아지고 있다. 그런데 주의할 점은 오브젝트
코드는 소스코드와 달리 고유한 기술적 특성뿐 아니라 저작물로서
의 지위와 특성 등이 종합적으로 고려되어야 한다는 것이다.

나. 오브젝트코드의 저작권법상 지위

오브젝트코드의 저작권법상 지위와 관련하여 현재 이를 저작
물로 인정하는 태도가 일반적이다.[59] 저작권법은 제2조 16호에서
"특정한 결과를 얻기 위하여 컴퓨터 등 정보처리능력을 가진 장치

---

59 Date General Corp. v. Grumman Systems Support Corp., 834 F.Supp.477
(D.Mass. 1992), Fonar Corp. v. Domenick, 105 F.3d 99, 41 U.S.P.Q.2d
(BNA) 1496 (2d Cir. 1997) 판결에서는 컴퓨터프로그램 중 오브젝트코드
는 저작권 보호대상에 해당한다고 하였고, Williams Electronics, Inc. v.
Artic Intern., Inc., 685 F.2d 870, 215 U.S.P.Q.(BNA) 405, 66 A.L.Q.Fed.
476 (3d Cir. 1982), Midway Mfg. Co. v. Strohon, 564 F.Supp. 741, 219
U.S.P.Q.(BNA) 42 (N.D. Ill. 1983) 판결에서는 ROM에 내장되어 있는 비
디오 게임의 오브젝트코드도 저작권 보호대상이 될 수 있다고 판시하였다.
또한 Allen-Myland, Inc. v. International Business Machines Corp., 746
F.Supp. 520, 16 U.S.P.Q.2d (BNA) 1817 (E.D. Pa. 1990), NEC Corp.
v. Intel Corp., 10 U.S.P.Q. 2d (BNA) 1177, 1989 WL 67434 (N.D. Cal.
1989) 판결에서는 마이크로코드도 저작권 보호대상에 해당한다고 하였
다. 반면, Lexmark International, Inc. v. Static Control Component,
Inc., 387 F. 3d 522 (6th Cir. 2004) 판결에서는 토너카트리지에 내장된
토너로딩프로그램의 저작물성을 부정하였는데, 이는 오브젝트코드의 저
작물성을 부인한 것은 아니고 당해 프로그램이 합체의 원칙 등에 의하여
보호받는 표현에 해당하지 않는 것으로 보았기 때문이다.

내에서 직접 또는 간접으로 사용되는 일련의 지시·명령으로 표현된 창작물"을 컴퓨터프로그램 저작물로 정의하고 있다. 여기에서 '직접 사용되는 일련의 지시·명령'에 해당하는 것이 오브젝트코드이며, 이를 오브젝트코드가 컴퓨터프로그램 저작물로 인정될 수 있는 근거로 삼는다.[60] 한편, 오브젝트코드의 성격이 명확하게 제시된 판례를 찾아보기는 쉽지 않으나, 한 하급심 판례(대구지방법원 2000.6.15. 선고 99노750 판결)에서 오브젝트코드(목적코드)의 보호는 사람이 작성하여 직접 인식할 수 있는 소스코드와 동일성을 갖는 복제물(번역프로그램인 컴파일러에 의하여 번역된 것에 지나지 않음)이므로 소스코드와 동일하게 보호가 이루어지는 것으로 해석한 바 있다. 즉, 앞서 살펴본 1세대 논의의 이면에서 오브젝트코드가 저작권법에 의하여 보호되는 근거는 오브젝트코드 자체에 작성자의 창조적 개성이 투영된 표현을 찾아볼 수 있기 때문이라기보다는, 소스코드에 구현된 표현을 일정한 규칙에 의하여 번역한 복제물로 오브젝트코드를 이해하는 것으로 볼 수 있다. 즉, 창작물의 복제물(번역물)이므로 원래의 창작물과 동일한 저작권 보호가 미친다는 것이다. 따라서 오브젝트코드는 저작권법의 관점에서 볼 때 소스코드의 보조적 지위에 있는 표현으로 이해할 수 있을 것이다.

다. 오브젝트코드 비교를 활용한 주요 사례 분석

(1) 디지털 R/F 시스템 사례

신청인은 C-ARM에 부착된 디지털 엑스레이용 카메라를 피신청인에게 납품하고 있었다. 그런데 신청인의 종업원이었던 A가 피

---

60 이해완, 「저작권법」, 박영사, 2013, 117면.

신청인 회사로 이직을 하게 되었고 신청인은 이때 A가 신청인의 관련 자료를 유출하였음을 주장하며, 저작권 침해 및 영업비밀 유출 등에 관한 소가 진행된 사례이다.

이 사안에서는 신청인의 개발 제품(프로그램)과 피신청인의 제품(프로그램) 사이에 저작권 침해가 발생하였는지 여부에 관하여 전문가의 감정을 수행하였다. 그런데 본격적인 감정의 수행 전에 비교대상으로 제출된 피신청인의 컴퓨터프로그램이 진정성이 확보된 자료인지 여부에 대해 논란이 발생하였다. 이에 법원은 피신청인이 제3자에게 납품했던 프로그램을 채증하여 피신청인이 비교를 위해 제출하였던 프로그램과 비교하도록 하였다. 비교 결과 양자가 동일성의 범위 안에 있다면 피신청인이 제출한 컴퓨터프로그램을 비교대상으로서 진정성이 확보된다고 볼 수 있기 때문이다.

납품된 제3자에게서 채증한 컴퓨터프로그램은 오브젝트코드 상태였는데, 피신청인의 것과 비교를 위하여 피신청인의 컴퓨터프로그램을 컴파일하여 채증 프로그램과 비교쌍을 구성하고, 그 오브젝트코드로 이루어진 비교쌍을 비교하는 방식으로 감정이 진행되었다. 그런데 이때 비교대상은 서로 파일의 크기가 상이하여 해당 컴퓨터프로그램을 대표할 수 있는 유의미한 정보를 추출하여 분석하는 방식을 활용하였다.

역어셈블된 코드에서 명령어는 연산자와 피연산자로 나뉘는데, 해당 프로그램을 제3자에게 납품할 당시 환경 등이 상이할 수 있으므로 작은 변화에도 큰 변동이 생기는 피연산자 부분은 비교에서 제외하고 연산자만을 대상으로 양자를 비교하였다. 이에 구체적인 비교대상은 Import/Export 참조 함수명, 역어셈블된 함수명, 추출된 스트링, 추출된 이름정보, 역어셈블된 OpCode로 선정하였으며, 각 항목에 대해 5%, 10%, 15%, 20% 및 50%의 가중치를 부여하여 비교하였다. 역어셈블된 OpCode의 유사도 비교를 위해서는 SIM v2.19를 이용하였다. 이때 유사의 기준은 연속적으로 20라인[61] 이상이 일치하는 블록만을 인정(우연히 동일할 수 있는 경우를 제거하기 위해)하였다. 기타 관련 정보의 유사도 비교를 위해서는 Beyond Compare를 이용하였다. 이러한 방식으로 비교를 진행한 결과 실행파일1의 비교쌍은 97.63%, 실행파일2의 비교쌍은 96.6%의 유사도를 나타냈다. 이러한 결과를 근거로 피신청인이 제출한 컴퓨터프로그램은 기존 제3자에게 납품한 것과 사실상 동일한 것으로 볼 수 있다고 보고, 피신청인의 제출 자료의 진정성을 확인하였다.

이후 본격적인 양 당사자의 컴퓨터프로그램 간 유사도를 확인해본 결과 각 비교쌍의 유사도가 0.44%에서 1.60% 사이에 분포하고 있는 것을 확인하였다. 특히 유사하다고 확인된 부분도 그 중요성이 높지 않은 내용에 해당함이 제시되었다.

한편, 이 사안은 이와 같은 두 차례의 감정이 진행된 이후 소가 취하되었다.

(2) 환경오염계측프로그램 사례

신청인은 환경오염 계측장비를 제조 및 판매하고 있는 회사인데, 신청인의 장비와 동일한 것을 피신청인이 판매하고 있음을 발견하고, 피신청인의 해당 장비에 대한 판매금지처분을 구한 사례이다.

---

61 본 감정에서는 SIM의 'r' 옵션(유사하다고 인정하기 위해 연속적으로 일치해야 하는 최소 토큰(라인) 수)에 대하여 r=10의 경우 98%, r=20의 경우 96%, r=30의 경우 95%가 나타나는 등 큰 차이가 없으므로 r=20으로 기준을 정하였다.

이 사안에서는 신청인과 피신청인의 제품에 삽입되어 있는 프로그램에 대해 저작권 침해 및 영업비밀 유출 여부에 관하여 전문가의 감정을 수행하였다. 감정은 1심과 2심에서 각각 진행되었다. 1심에서는 신청인과 피신청인 양자의 컴퓨터프로그램의 비교결과가 쟁점이 되어, 신청인과 피신청인의 제품 롬(ROM)에서 추출한 오브젝트코드를 비교쌍으로 하여 비교·분석을 진행하였다. 그런데 2심에서는 피신청인이 자사의 프로그램은 제3자인 일본회사에서 전량 수입하여 활용한 것이라 주장함에 따라 3면(面)의 비교를 수행하였다. 이는 피신청인 입장에서는 신청인의 프로그램과 상당히 유사할 수는 있으나 이는 자신이 신청인의 것을 복제하여 이용하였기 때문이 아니라 제3자의 프로그램을 제공받았기 때문임을 주장함으로써 침해의 항변이 가능했기 때문이다. 이에 2심 감정은 신청인과 피신청인, 그리고 제3자인 일본회사의 프로그램을 각각 비교하는 방식으로 진행하였다.

감정은 각 제품에서 추출한 비교대상 바이너리 파일의 내용을 분리하여 프로그램 영역과 데이터 영역을 나누고, 프로그램 영역에 속한 바이너리 코드로부터 역어셈블된 어셈블리 프로그램을 얻는다. 이후 역어셈블된 프로그램을 분석하여 프로그램 영역에 속한 데이터 영역을 제거하고 순수한 프로그램 영역만을 분리한다. 이때 각 서브루틴의 블록도 추출하였다. 이렇게 획득한 두 어셈블리 프로그램을 줄(라인) 단위로 동일성 및 유사성을 비교·분석함으로써 감정이 이루어졌다. 이때 동일·유사 여부에 대한 비교는 Windiff를 이용하였다. 비교 결과 신청인의 컴퓨터프로그램과 피신청인의 컴퓨터프로그램은 서로 거의 동일한 정도로 유사한 것으로 확인되었고(1심 감정), 신청인과 피신청인의 컴퓨터프로그램은 제3자 일본회사의 컴퓨터프로그램과 전혀 무관한 것으로 확인되었다(2심 감정).

이러한 분석결과와 관련하여 법원의 판단을 살펴보면, 먼저 1심(서울남부지방법원 2006.1.4. 자 2004카합3090 결정)은 "신청인의 제품과 이 사건 제품의 각 구동 프로그램은 동일한 소스코드에 기반을 두었다고 볼 수 있을 정도의 유사성을 지닌 사실이 인정되지만,[62] 이와 관련하여 신청인은 제3자 일본회사에게서 소스 프로그램이 내장된 롬(ROM) 형태로 관련 기술을 직접 제공받고 있음을 내세우고 있으며, 위 제3자 일본회사의 자본 출자로 설립된 법인인 신청인 역시 기술적인 측면에서 그와 관련을 맺고 있었다고 여겨지고, 신청인이 개발하였다는 구동 프로그램의 독창성을 알 수 있는 자료가 제출되어 있지 않아 결국 신청인과 피신청인이 사용하고 있는 구동 프로그램은 모두 제3자 일본회사의 원천기술을 바탕으로 하였다고 볼 여지도 있는 점 이외에 씨피유 보드의 경우 위 감정촉탁결과에 의하더라도 신청인의 제품과 이 사건 제품 사이의 동일성을 찾기 어려운 점 등을 종합할 때, 이러한 구동 프로그램의 유사성을 피신청인의 영업비밀 또는 프로그램저작권 침해행위에 대한 근거자료로 삼기 어려우며, 그 밖에 기록상 나타난 사정만으로는 그와 같은 사실을 인정하기에 부족하다."라고 판시하여, 양자 간의 프로그램(오브젝트코드)이 거의 유사하더라도 침해를 인정하지 않았으며, 오브젝트코드의 비교 행위에 대해 다른 의미를 제기하지 않았다.

한편, 2심(서울고등법원 2008.4.11. 자 2006라124 결정)은 "① 채권자 회사의 임원이던 A는 2002.7.31. 채권자 회사에서 퇴직하고 그 무렵 동종 영업을 영위하는 채무자 회사를 설립한 사실, ② 채권자

---

62 양자 간의 바이너리 파일을 감정을 통하여 비교한 결과 약 97%의 유사도가 도출된 바 있다.

회사의 직원이던 B는 2004.5.31. 채권자 회사에서 퇴직하고 그 무렵 채무자 회사에 입사하였는데, 퇴직 당시 채권자 회사가 제조/판매하는 COD 수질오염측정기의 설계도와 이 사건 프로그램이 내장된 CPU 보드 등을 반출한 사실, ③ 채무자 제품의 롬(ROM)에 수록된 기계어를 분석한 바이너리(binary, 2진법) 파일과 채권자의 이 사건 프로그램의 바이너리 파일은 97.47%의 유사도를 보이고 있는 사실이 각 소명된다."라고 하며 그 결과 "채권자가 프로그램저작권을 갖고 있는 것으로 추정되는 이 사건 프로그램에 의거하여 그 표현형식을 복제한 구동 프로그램을 제작한 다음, 위 구동 프로그램을 채무자 제품에 장착하여 이를 제조/판매하고 있다고 봄이 상당하므로, 특별한 사정이 없는 한 채무자는 채권자의 프로그램저작권을 침해하고 있다."라고 함으로써 채무자의 복제행위에 관하여 1심의 판단과 크게 다르지 않게 판단하였다.

아울러 피신청인의 항변과 관련하여 "채무자가 제3자 일본회사와 사이에 COD 수질오염측정기에 관한 독점적 대리점계약을 체결하고, 이와 관련된 부품 등을 공급받아 온 사실은 소명되나, 위 각 소명자료만으로는 채무자 제품에 장착되어 있는 구동 프로그램까지 채무자가 제3자 일본회사로부터 공급받아 왔음을 소명하기에 부족하고, 달리 이를 소명할 만한 자료가 없으며, 오히려 위 가항 기재 소명사실과 채권자 회사의 전직 직원인 甲이 CPU 보드 등을 반출하여 간 경위 및 당초 채무자가 'VS-3951PLUS' 모델인 채무자 제품을 스스로 개발하였다고 주장하다가 제1심 감정인으로부터 소스코드의 제출을 요구받자 채무자 제품의 구동 프로그램도 제3자 일본회사로부터 수입하였는데, 제3자 일본회사의 비협조로 인하여 소스코드를 제출할 수 없다는 취지로 자신의 주장을 번복하고 있다는 점 등의 제반 사정에 비추어 보면, 채무자가 이 사건 프로그램을 복제하였다고 봄이 상당하다."라고 판시하였다.

한편, 신청인의 컴퓨터프로그램이 제3자 일본회사의 프로그램과 사실상 동일하므로 신청인은 진정한 저작권자가 될 수 없다는 항변 또한 있었는데, 이에 관하여 법원은 "채권자의 이 사건 프로그램이 위 각 모델의 구동 프로그램에 해당한다거나, 위 각 모델의 구동 프로그램과 표현형식에 있어서 동일, 유사하다는 점을 소명할 만한 아무런 자료가 없고, 오히려 소갑 14, 15, 21, 22호증의 각 기재와 당심 감정결과에 심문 전체의 취지를 종합하면, ① 채권자가 1999.4.12. 제3자 일본회사와 사이에 COD 수질오염측정기의 제고기술에 관한 기술이전계약을 체결하고 그 무렵 일본 회사로부터 구동 프로그램의 소스코드를 제공받았으나, 그 소스코드에는 전단부와 후단부가 결여되어 있어서 정상적인 구동 프로그램의 제작에 사용할 수 없었던 사실, ② 채권자는 1999년 10월경부터 A社와 공동으로 COD 수질오염측정기의 구동 프로그램인 이 사건 프로그램을 스스로 개발한 사실, ③ 채권자는 2001.5.12. 국립환경연구원에서 이 사건 프로그램에 기초하여 'VS-3951Cr' 형식인 COD 수질오염측정기를 승인받은 사실, ④ A社는 2004.11.30. 프로그램심의조정위원회에 이 사건 프로그램을 저작물로 등록하였고, 2006.1.4. 이에 관한 저작권을 채권자에게 이전한 사실, ⑤ 이 사건 프로그램의 기계어를 분석한 바이너리 파일과 제3자 일본 회사의 선행 프로그램의 바이너리 파일이 그 각 표현형식에 있어서 유사하지 아니한 사실이 각 소명될 뿐이므로, 결국 채무자의 위 주장도 이유 없다."고 판시하였다.

(3) 사례의 검토

앞의 사례를 살펴보면 저작권 침해 분쟁에서 오브젝트코드가 비교대상이 되는 경우는 첫째, 당사자 일방의 제출 프로그램의 진정성을 확인할 필요가 있을 때, 둘째, 소스코드를 확보하지 못한 상태에서 제품 자체에서 프로그램을 추출하여 저작권 침해 여부를 확인할 필요가 있을 때에 해당함을 알 수 있다. 결국 이는 저작권 침해 분쟁에 있어서 소스코드를 온전하게 확보하지 못한 상황에서 보조적이고 예비적인 방법으로 오브젝트코드를 비교의 대상으로 삼고 있다는 것으로 생각할 수 있다. 이러한 전제하에서 오브젝트코드를 비교 시에는 우선 비교대상 오브젝트코드를 분쟁대상인 컴퓨터프로그램 소스코드를 컴파일한 결과물로 인정할 수 있을지 확인이 필요하다. 이를 통하여 해당 오브젝트코드가 분쟁대상 컴퓨터프로그램과의 동일성(약간의 오차를 인정한 사실상의 동일성)이 인정되는 상태에서 오브젝트코드 간의 비교를 수행하여야 한다. 실무적으로 오브젝트코드의 비교 방법은 ① 역어셈블을 한 이후 그 결과물 간의 비교, 혹은 ② 바이너리 상태에서의 비교로 구분된다. 앞서 살펴본 사례들은 모두 전자의 방식, 즉 모두 역어셈블을 한 이후 그 결과물을 비교하는 방법으로 진행한 것이다.

이러한 점에서 실질적 유사성 판단을 위해 오브젝트코드를 비교 대상으로 하는 때에는 오브젝트코드가 소스코드와의 동일성을 확보하여야 하고, 소스코드 간 비교가 어려운 경우에 한하여 보조적으로 활용하여야 한다는 것을 기본 원칙으로 볼 수 있을 것이다.

라. 오브젝트코드의 유사성 비교 · 분석 방식

오브젝트코드의 유사성을 도출하는 방법은 오브젝트코드를 역컴파일[63][decompile, 혹은 역어셈블(disassemble)]하여 분석하는 방법, 소스코드를 컴파일한 오브젝트코드와 다른 오브젝트코드를 비교하는 방법, 호출관계그래프[64]를 이용하여 분석하는 방법, 그리고 기계어코드[65](HEX파일)에 대한 유사성을 분석하는 방법으로 구분될 수 있다.[66]

첫째, 오브젝트코드를 역컴파일(decompile)하여 분석하는 방법이다. C계열 언어와 같이 컴파일러를 사용하여 기계어로 변환한 후 실행시킬 수 있게 되는 프로그래밍 언어의 경우에는 이를 역으로 역컴파일하는 것이 불가능하거나 매우 어렵다. 특히 컴파일러의 버전 및 옵션이 상이한 경우에는 동일한 소스코드를 컴파일하는 경우에도 상이한 오브젝트코드가 작성되기도 한다. 그러나 컴파일 시 디버깅 옵션[67]을 준 경우에는 역컴파일이 일부 가능하기도 하다.[68] 결과적으로 일반적인 언어에 있어서는 역컴파일하는 방식을 적용하기가 용이하지 않으나, Java 또는 C#과 같이 중간코드 수준의 바이트코드[69]로 컴파일하여 바이트코드를 가상머신에서 실

63　목적 프로그램을 입력하여 이것과 등가인 본래의 원시 프로그램으로 번역하는 것을 말한다. (http://dic.daum.net/word/view.do?wordid=kkw000180101&q=%EC%97%AD%EC%BB%B4%ED%8C%8C%EC%9D%BC).

64　컴퓨터프로그램에서 서브루틴 간의 호출 관계를 나타내는 것을 말한다. (http://en.wikipedia.org/wiki/Call_graph).

65　컴퓨터 또는 주변기기에 의해 직접 판독되고 사용될 수 있는 코드로 작성된 정보 또는 데이터를 말한다. (http://100.daum.net/encyclopedia/view.do?docid=T489293).

66　전응준, "SW실행코드의 보호범위 및 감정방안", 2011년도 감정 워킹그룹 최종보고서, 한국저작권위원회, 2011, 60-67면. 다만, 네 번째 제시된 방법인 기계어에 대한 유사성에 관한 점은 앞서 살펴본 소스코드의 정량적 유사성 산정 방식과 유사한 점이 많으므로 일단 이는 논의에서 제외하고 나머지 방식에 대하여 살펴본다.

67　프로그램의 실행을 추적하기 위하여 코드 내에 프로그램에 대한 정보를 추가로 삽입하는 옵션을 말한다.

68　디컴파일된 코드를 비교하기 위하여 사용되는 도구로는 IDA Pro, SIM, Hex-Rays Decompiler, UltraEdit 등이 있다.

행시키는 프로그래밍언어의 경우에는 상대적으로 역컴파일이 용이하다.

그러나 아무리 역컴파일이 가능하더라도 그 결과가 컴파일하기 이전의 소스코드와 동일할 수는 없다. 즉, 역컴파일하여 복원한 소스코드를 비교하는 방식으로 이루어진 분석값은 실질적 유사성을 판단하기 위한 좋은 정보가 되기에 한계가 있다고 생각된다. Java나 C#과 같은 프로그래밍언어에 있어서도 클래스 이름, 메소드 이름 및 변수명 등이 거의 동일하게 복원된다는 점에서 역컴파일한 소스코드를 비교하는 것이 상대적으로 유리하나, 이러한 경우에도 역컴파일하여 추출한 소스코드는 전체적으로 상당한 정도의 변형이 이루어진 것이라는 점을 생각하여야 한다. 이에 복원된 소스코드와 비교대상 소스코드의 패턴검사를 시행하여야 하는 등 본래의 소스코드를 비교하는 방식과 그 결과를 비교하면 서로 상이하게 나타날 수 있다. 이는 역어셈블을 하는 경우에도 있어서도 유사하다.[70]

둘째, 소스코드를 컴파일한 오브젝트코드와 다른 오브젝트코

---

69 바이트코드(Bytecode)는 특정 하드웨어가 아닌 가상 컴퓨터에서 돌아가는 실행 프로그램을 위한 이진 표현법이다. 하드웨어가 아닌 소프트웨어에 의해 처리되기 때문에, 보통 기계어보다 더 추상적이다. 역사적으로 바이트코드는 대부분의 명령 집합이 0개 이상의 매개 변수를 갖는 1바이트 크기의 동작 코드(opcode)였기 때문에 바이트코드라 불리게 되었다. 바이트코드는 특정 하드웨어에 대한 의존성을 줄이고, 인터프리팅도 쉬운 결과물을 생성하고자 하는 프로그래밍 언어에 의해, 출력 코드의 한 형태로 사용된다. 컴파일되어 만들어진 바이트코드는 특정 하드웨어의 기계 코드를 만드는 컴파일러의 입력으로 사용되거나, 가상 컴퓨터에서 바로 실행된다. (http://ko.wikipedia.org/wiki/바이트코드).

70 역어셈블된 코드를 비교하기 위하여 사용되는 도구로는 IDA Pro, SIM, PEBrowser, UltraEdit 등이 있다.

드를 비교하는 방법이다. 비교대상 컴퓨터프로그램의 형태가 하나는 오브젝트코드 형식이고 다른 하나가 소스코드 형태인 경우가 있다. 이러한 경우는 컴퓨터프로그램에 대한 저작권 침해 소송에서 상당히 많이 나타나는 구조이다. 왜냐하면 피침해자는 자신의 소스코드를 가지고 있는 반면, 침해자인 상대방의 소스코드를 피침해자가 확보하여 증거로 활용하는 것이 현실적으로 어렵기 때문이다. 이러한 상황에서는 앞서 살펴본 사례에서와 같이 침해자가 분쟁대상 컴퓨터프로그램을 수정·변경하는 것을 회피하기 위해 침해자의 기판매된 제품에서 오브젝트코드를 추출하여 활용하는 경우도 많이 나타난다.

이러한 방식은 두 컴퓨터프로그램의 동일성 여부를 확인하기 위해서는 충분히 활용이 용이하다고 본다. 그러나 실질적 유사성의 판단을 전제로 유사 여부를 비교하기 위해서는 다소 한계가 있다고 생각하는데, 그 이유는 오브젝트코드 자체의 내재된 한계 때문이다. 오브젝트코드 자체가 인간의 표현을 기계를 통하여 변환한 결과인데, 이때 변환 전의 소스코드가 조금만 달라도 변환된 오브젝트코드는 상당한 차이를 보이게 된다. 특히 오브젝트코드의 문자적 표현만 가지고는 그 유사한 정도를 확인하기가 쉽지 않으므로, 앞에서와 같이 두 오브젝트코드의 패턴을 비교하는 방식을 보완적으로 활용하기도 한다. 결국 오브젝트코드를 직접 상호 비교하여 유사한 정도를 판단하는 것은 어떻게 보면 산출이라는 개념보다는 추정이라는 개념이 더욱 적합할 수도 있다고 생각한다.

셋째, 호출관계그래프 등 간접적인 요소들을 이용하여 분석하는 방법이다. 오브젝트코드를 직접 혹은 역컴파일 등을 통하여 비교하기 어려운 경우에는 비교대상 오브젝트코드들의 호출관계그래프(call graph)를 생성하여 이를 비교하는 방식으로 비교가 이루어질 수 있다. 호출관계그래프란 컴퓨터프로그램에서 각각의 정의된 함수들이 서로 어느 함수를 호출하도록 되어 있는지 그 구조를 나타내는 것이다. 따라서 문자적인 표현 자체가 비교하기 어렵더라도 해당 컴퓨터프로그램의 함수 사이에 나타나는 호출관계 구조는 파악이 가능하다.

그러나 호출관계그래프의 활용은 작은 크기의 실행파일이나 세부 모듈로 구분이 용이한 경우에는 적합하나, 세부 모듈 구분이 어려우면서 큰 규모의 단일 실행파일인 경우에는 정확한 비교가 어렵다고 한다.[71] 또한 동일한 기능을 수행하는 컴퓨터프로그램의 경우 호출관계 구조가 어느 정도 유사할 수밖에 없기 때문에 적용에 한계가 있다.

최근에는 실무적으로 오브젝트코드에 대한 실질적 유사성을 입증하는 문제가 점차 중요하게 부각되고 있다. 이것은 크게 두 가지 이유에 기인한다. 첫째는 저작권 침해 소송을 진행하는 과정에서 원고가 피고의 소스코드를 확보하지 못하는 경우 때문이다. 형사소송에서는 소스코드를 강제적으로 확보하는 법적 방안이 존재하므로 크게 문제가 되지 않지만, 민사소송의 경우에는 원고가 피고의 귀책을 입증하여야 하는데 이때 피고가 소스코드를 제공하지 않으면 이를 강제할 수 있는 실효적 방법이 거의 없다. 따라서 일반적으로 원고가 확보할 수 있는 것은 당해 컴퓨터프로그램이 판매되는 상품의 형태인 오브젝트코드이다. 따라서 오브젝트코드를 이용하여 실질적 유사성을 어떻게 입증할 수 있는지에 관한 방법을 마련해야 한다는 요구가 점차 높아지고 있다. 둘째는 롬(ROM)과 같은 임베디드 기기의 활용이 급격히 증가하면서 기기에 내장

---

71   전응준, 전게논문(2011), 64면.

되어 있는 오브젝트코드의 실질적 유사성을 입증하여야 하는 경우가 증가하고 있기 때문이다. 그런데 오브젝트코드만을 가지고 직접 실질적 유사성을 판단하는 것은 오브젝트코드 자체의 특성으로 인하여 매우 위험하며 제한적일 수밖에 없다고 생각된다. 따라서 기술적으로도 어느 정도의 유의미한 비교가 특정한 조건에서 일부에 한해서만 가능하며, 호출관계그래프의 활용과 같은 방식은 비문언적 표현에 해당하므로 저작권 보호범위에 대한 논란이 여전히 존재하는 등 실질적 유사성을 나타내는 데 어느 정도 한계를 보인다. 결국 저작권법은 오브젝트코드에 대한 저작권 보호를 명시하고는 있으나, 실제로는 오브젝트코드에 대한 실질적 유사성 판단은 매우 제한적인 경우에만 이루어질 수 있는 것으로 다루어야 할 것으로 생각한다. 한편, 원·피고의 오브젝트코드가 상당한(거의 동일한 것으로 볼 수 있는 정도) 수준의 유사성을 보인다면 이는 오브젝트코드의 특성에 비추어 볼 때, 해당 비교쌍의 실제 소스코드 역시 거의 동일한 정도로 유사한 것으로 볼 수 있다고 해석이 가능할 것이다.

마. 오브젝트코드의 유사성 비교·분석 시 고려사항

첫째, 가장 중요한 점으로서 오브젝트코드와 소스코드의 동일성을 확보하여야 한다. 즉, 비교·분석하려는 오브젝트코드가 원래 비교하여야 할 대상인 소스코드의 정확한 복제(번역)본인지 여부를 확인하여야 한다는 것이다. 이를 위해서는 어떤 기준을 갖고 특정 오브젝트코드와 소스코드가 동일한 범주에 있는 것으로 볼 것인지 검토가 필요하다. 왜냐하면 소스코드를 컴파일하여 오브젝트코드를 생성하더라도 컴파일 환경 등 개별적이고 구체적인 상황이 상이한 경우에는 오브젝트코드가 상이하게 생성되기 때문이다. 따라서 이러한 특성을 고려하여 일정한 기준을 설정해 놓아야 동일범위의 오브젝트코드인지 확인이 가능할 것이다. 만약 그러한 기준이 없다면 개별 사안마다 경험적이고 주관적인 판단에 의존할 수밖에 없게 된다. 실제 관련 사례를 보면 오브젝트코드를 대상으로 하여 비교·분석을 수행하는 경우는 대체로 침해자의 소스코드를 확보하지 못한 것 등을 이유로 시판되는 제품에 설치된 것을 추출하여 비교하는 것인데, 이러한 전제에서 비교대상인 오브젝트코드를 추출한다면 해당 제품에 의존하여 생성된 코드 부분, 즉 소스코드를 컴파일하는 과정에서 해당 제품 장비에 따라 수정 반영된 코드 부분을 구분할 수 있는 기준도 고려하여야 한다.

둘째, 오브젝트코드의 비교·분석은 보조적으로 활용하는 것을 원칙으로 하여야 한다. 즉, 비교를 위한 소스코드를 적절히 확보하지 못하였을 때에 오브젝트코드의 비교·분석을 활용하는 것이 적절하다. 오브젝트코드는 창작적 표현의 결과물인 소스코드의 복제(번역)본에 불과하므로 본질적 특성상 그 자체에서 작성자의 창작적 표현이 드러난다고 볼 수는 없다. 그렇기 때문에 실질적 유사성을 판단하기 위해 오브젝트코드를 비교하는 것은 창작적 표현의 유사 정도를 추정하는 것에 불과할 수 있다. 이에 오브젝트코드를 비교하는 것은 소스코드 간 비교가 어려운 경우에 한하여 보조적이고 예외적으로 수행할 필요가 있다. 실무적으로도 오브젝트코드의 비교는 앞서 살펴본 사례에서와 같이 비교하여야 할 소스코드를 적절히 확보하지 못한 경우 등에 한하여 보조적으로 수행하는 것이 일반적이다.

기존의 관련 연구에서도 실질적 유사성 판단을 위한 비교대상 컴퓨터프로그램 설정 시 소스코드를 비교대상으로 삼도록 하는 것을 원칙으로 제시한다. 그리고 소스코드의 비교·분석 결과를 제시하는 단계에서 소스코드 이외의 자료, 자료구조, UI, 정황자료 등을 제시할 것을 권장하고 있다.[72] 한편, 임베디드 시스템으로 구현된 프로그램의 경우 현실적으로 kernel과 ramdisk로 저장되는 FlashROM의 이진코드 확보만으로는 유사성을 탐지하는 데 한계가 존재하므로 유사도를 산출하기 위해서는 반드시 소스코드의 확보가 필요하다는 의견도 있다.[73] 전체적인 관련 논의를 검토해 보면, 유사도 비교·분석에 있어서 오브젝트코드를 소스코드와 동일한 지위로 다루는 것에 대해서는 비판적인 태도가 다수의 견해라 볼 수 있다. 즉, 소스코드의 비교를 기본으로 하되, 예외적인 경우에 한하여 오브젝트코드의 비교를 수행하는 것이 적절하다는 것이다.

셋째, 앞에서 일부 언급하였지만, 오브젝트코드의 특성을 고려한 적합한 유사도 산출 기준을 마련해야 하는 것도 중요하다. 계속 살펴본 바와 같이 오브젝트코드는 소스코드와 비교할 때 상당히 다른 특성을 갖는다. 기존 오랫동안 발전하여 온 유사성의 탐지 방법은 주로 소스코드를 기반으로 이루어진 것이다. 그런데 소스코드 기반의 유사도 산출 방식을 오브젝트코드를 대상으로 하는 경우에도 개념적으로 동일하게 적용한다면, 오브젝트코드의 상이한 특성으로 인하여 그 결과가 왜곡될 수밖에 없을 것이다. 또한 오브젝트코드를 이용하여 비교의 수행은 제출된 컴퓨터프로그램의 진정성 확보 등과 같이 그 목적이 실질적 유사성 탐지와 직접적으로 연결되지 않는 경우도 있다. 이처럼 특성이 다르고 목적이 다른 상황은

---

72 프로그램심의조정위원회, 전게서(2005), 10면.
73 이규대, "임베디드 시스템의 증거물 획득을 위한 이진코드 추출방법 및 분석방법", 2009 저작물 감정연구를 위한 워킹그룹 연구 결과보고서, 한국저작권위원회, 2009, 29면.

일반적으로 다루는 개념, 특히 유사라는 개념에도 차이를 가져온다. 소스코드를 비교할 때 유사도는 실질적 유사성을 나타내기 위한 최적의 수치적 표현, 그리고 유사라는 개념은 원저작물의 본질을 벗어나지 않는 상태를 의미하는 반면, 진정성 확보를 위한 오브젝트코드 비교에서는 저작권법의 틀을 벗어나 컴퓨터프로그램 자체에 대해 동일한 제품으로 볼 수 있는지의 의미를 갖는다. 이와 같이 실질적 유사성의 판단이라는 큰 구조 안에서 이루어지는 세부적 차이를 적절히 고려할 수 있어야 한다. 현재 실무적으로도 이러한 차이에 대하여 충분한 고려가 이루어진 상태는 아니다.

다만, 오브젝트코드 비교에 대해 한 연구결과를 살펴보면, 대체로 동일함수에 대한 소스코드 목록작성 및 이를 역어셈블한 결과를 대상으로 비교하는 방식을 일반적인 방법이라 제시한 바 있다.[74] 여기서는 오브젝트코드를 역어셈블을 거쳐 명령어와 오퍼랜드들로 구성된 어셈블리어 코드로 변환하고, 이로부터 물리적 비교가 가능한 어셈블리어 코드의 동일 언어 간 비교가 가능하게 된다고 제시한다. 함수 단위의 비교를 수행하기 위해서는 먼저 명령어와 오퍼랜드들을 토큰으로 분류하여 함수마다 명령어와 오퍼랜드 테이블을 생성하고 비교를 수행하여야 한다고 한다. 이를 통하여 함수 간의 명령어 유사도, 오퍼랜드의 유사도, Order의 유사도, 유효 라인 수 등 함수 간의 다양한 정보들에 대한 유사도를 정량화할 수 있다. 이 연구에서 제시한 주요 비교·분석 항목 및 중요도 (가중치)는 다음과 같다.

---

74 컴퓨터프로그램보호위원회, 「2007 SW 감정 워킹그룹 연구 결과보고서」, 2007, 216면. 이하 본 보고서에서 발췌하였다.

구분	감정항목	중요도
물리적 복제도	DLL 및 실행 파일들의 크기 유사성	5%
	호출된 함수 및 이름들의 개수 유사성	10%
	각 어셈블리어 코드에서 동일 함수 비율	70%
논리적 복제도	함수 연관도 분석에 의한 유사성	10%
	각 어셈블리어 코드 분석에 의한 유사성	5%

　그런데 어떠한 요소를 비교대상으로 정할 것인지는 사실 두 비교대상이 유사한지 여부를 결론짓는 데 매우 중요한 문제이다. 컴퓨터프로그램이 기본적으로 어문저작물과 유사한 형태의 저작물로 다루어지고 있다 보니, 실질적 유사성을 판단하는 과정에서도 양자는 어느 정도 공통된 방식이 존재한다. 이에 어문저작물의 주요한 특징인 비문언적 표현 등 역시 컴퓨터프로그램의 저작권 보호범위에 포함된다. 그러나 어문저작물과 컴퓨터프로그램은 근본적으로 상당한 차이가 있다. 양자는 문자의 형태로 구성된다는 점 등이 같을 뿐, 그 목적과 구현의 형태 등은 전혀 다른 대상이다. 따라서 컴퓨터프로그램의 실질적 유사성을 판단하기 위해 어문저작물에 대한 판단 기법을 쉽게 적용하는 것은 경계하여야 한다. 미국의 Whelan 판결[75]에서와 같이 비문언적 표현을 주요 비교대상

75　Whelan Associates, Inc. v. Jaslow Dental Laboratory, Inc., 797 F.2d 1222, 230 U.S.P.Q. 481(3d Cir. 1986), 본 판결에서는 컴퓨터프로그램의 저작권 보호 범위를 문자적 범위를 넘어서서 프로그램의 구조, 처리흐름

으로 삼아 분석한 유사성 판단은 컴퓨터프로그램에 대하여 가장 강력한 보호의 정도를 보여 주는 이론이다. 여기에는 효율성 및 외부조건에 의하여 표현이 제한되는 컴퓨터프로그램을 창작자의 개성이 중시되고 광범위한 표현이 가능한 소설 등 어문저작물과 혼동하고 있다는 비판도 제기된다.[76] 따라서 오브젝트코드를 비교 시 활용되는 비교방식 유형 중 호출구조그래프 등과 같이 비문언적 표현을 대상으로 유사도를 산출하는 방식은 그 접근에 상당한 주의가 요구된다.

특히 역어셈블을 통하여 생성된 어셈블리어코드는 그 양이 방대하고, 일반적으로 양 당사자의 코드에 나타나는 유사함수들의 위치가 순차적이지 않는 등의 문제로 인하여 유사성을 탐지하기 위한 비교·분석에는 상당한 노력과 시간이 소요될 수밖에 없다. 이에 분쟁해결의 효율성을 높이기 위해서는 정립된 비교·분석 기준을 적용하여 오브젝트코드에 활용할 수 있는 비교·분석 도구의 개발도 의미있다고 생각한다.

아울러 기준 마련 시에 지나치게 정량화라는 목적에 치우치는 점은 한번 생각해 볼 필요가 있을 것으로 생각한다. 기존까지 논의되는 오브젝트코드의 유사도 산출 방식 역시 비교 결과를 정량화하는 데 주안점을 둔 것으로 보인다. 이에 다양한 요소 중 정량화가 가능한 부분만을 비교·분석 요소로 채택하여 활용하였다는 한계를 부정할 수 없다. 이러한 방식은 실제의 컴퓨터프로그램 자체를 왜곡할 수 있는 위험이 있다. 따라서 정량화라는 목적에 의하여 간과된 비교요소들에 대해서도 좀 더 살펴보고, 비(非)정량화 요소를 어떻게 활용할 수 있을지 고민이 필요할 것으로 생각된다. 다

및 구성까지 확대하였다.

76 이해완, 전게서(2007), 906-907면.

만, 앞서 지적한 바와 같이 비교요소의 선정과 비교방식의 논의에는 다양한 저작권법상의 조건들을 입체적으로 고려하여야 하는 점을 주의할 필요가 있다.

5. 비문언적 표현 요소의 예외적 활용

가. 판례상 비문언적 표현의 비교·분석 활용 유형

현재 우리나라 판례의 태도를 보면 컴퓨터프로그램이 대상이 되는 저작권 침해 사안에서 비문언적 표현을 중심으로 실질적 유사성을 판단하는 것이 일반적으로 쉽게 나타나는 현상은 아니며, 보조적이고 예외적으로 이루어지는 것으로 보인다. 판례에서 나타나는 비문언적 표현을 비교대상으로 삼는 이유를 살펴보면 크게 두 가지 원인이 나타난다.

첫째, 이종언어로 이루어진 컴퓨터프로그램 간 실질적 유사성을 판단하기 위해 필요한 경우이다. 서로 다른 언어로 이루어진 컴퓨터프로그램의 저작권 침해는 다양한 이유에 의하여 발생한다. 가장 먼저 피침해자의 컴퓨터프로그램을 침해자가 복제하여 자신의 컴퓨터프로그램을 만들고 복제사실을 은폐하기 위하여 언어를 바꾸는 경우(사람에 의한 번역 및 기계에 의한 자동번역 등)를 들 수 있다. 컴퓨터프로그램의 소스코드는 문법과 그 의미가 명확히 정의된 언어로 구성되어 있으므로, 그러한 언어적 특성을 고려한 자동적 방식에 의하여 다른 언어의 컴퓨터프로그램 소스코드로 번역될 수 있다. 구체적으로 고급언어에서 저급언어로 번역된 경우도 가능한데, 이것은 컴파일러(compiler)에 의하여 이루어지는 것으로서

C언어에 대한 컴파일러는 C언어로 이루어진 소스코드를 오브젝트코드 형태인 기계어로 변환하여 주고, java언어에 대한 컴파일러는 java언어로 이루어진 소스코드를 역시 기계어로 변환시켜 준다. 아울러 고급언어에서 고급언어로 번역된 경우가 가능하며, 이는 컴파일러를 활용한 경우와 크게 다르지 않는데, 컴파일러를 활용한 경우보다 쉽게 이루어질 수 있다.

다음 이유로는 기존의 오래된 시스템을 변경하면서 달라진 환경에 맞도록 언어를 변경하는 과정에서 피침해자가 저작권을 갖고 있는 컴퓨터프로그램이 포함되어 제작되는 경우를 들 수 있다. 이와 관련한 대표적 예로는 코어뱅킹프로그램 사건[77]을 들 수 있다. 이 사건은 코볼언어로 이루어진 컴퓨터프로그램을 C언어로 번역하여 활용하였다고 주장된 사건이었다. 이종언어로 이루어진 컴퓨터프로그램 간 실질적 유사성을 판단하는 것은 쉽지 않은 문제이므로 이를 해결하기 위해 호출관계그래프를 정량적으로 비교하여 정량적 유사도를 산출한 것을 활용한 사례이다.

둘째, 소스코드 등이 적절히 확보되지 못하였다는 점도 비문언적 표현을 비교대상으로 삼는 원인으로 나타난다. 직접적인 압수 등이 가능한 형사사건을 제외하고 대부분의 민사사건에서 침해가 의심되더라도 그 상대방이 소스코드를 제공하지 않는다면 사실상 피침해자가 침해자의 소스코드를 확보하기란 상당한 어려움이 있다. 이처럼 소스코드를 확보하지 못하게 되면, 저작권 침해의 의심은 있으나 직접적으로 의심되는 소스코드를 비교할 수 없으므로 저작권자에 대한 권리보호가 적절히 이루어지기 어렵다는 문제가 있다. 이러한 상황에서 상대적으로 명확성은 낮더라도 비문언적

---

77 대법원 2011.6.9. 선고 2009다52304, 52311 판결.

표현 등을 비교함으로써 침해자가 피침해자의 컴퓨터프로그램을 가져다 활용하였는지 살펴볼 수 있다. 다만, 비문언적 표현은 저작권법에 의한 보호범위 논란이 여전히 있으므로, 그 비교 결과가 실질적 유사성 판단의 직접적인 근거로 작용할 수 있는지는 개별적 사안에 따라 판단하여야 한다.

나. 비문언적 표현 활용 기술에 관한 논의

현재 우리나라 판례에서 컴퓨터프로그램의 비문언적 요소를 대상으로 실질적 유사성을 판단하기 위해서는 주로 실행에 대한 내용을 유추하는 기술(semantic-based program analysis)의 사용이 발견되고 있다.

이에 대한 구체적인 방법으로는 첫째, 실행순서그래프(control-flow graph)[78]를 활용하는 방법을 들 수 있다. 컴퓨터프로그램의 구체적인 실행과정은 실행순서그래프에 의하여 표현된다. 실행순서그래프는 당해 컴퓨터프로그램의 실행과정 중 소스코드에 기술되어 있는 명령문들이 어느 순서로 실행이 이루어지는지 그 관계를 그래프로 나타낸 것이다. 실행순서그래프는 상이한 언어로 이루어진 소스코드에 대해서도 각각의 분석을 통하여 도출할 수 있다. 이때는 정적 프로그램분석(static program analysis)[79] 기술을 이용하여

---

78 컴퓨터프로그램을 실행하여 최종 목적으로 하는 값을 도출하기 위한 과정을 나타낸 것을 말한다.

79 컴퓨터프로그램을 분석하는 방법 중 하나로 특정 컴퓨터프로그램을 실제로 실행해 보지 않고 분석하는 방법이다. 반면, 컴퓨터프로그램을 실행해 보고 분석하는 방법은 동적 프로그램분석이라 한다. (http://ko.wikipedia. org/wiki/%EC%A0%95%EC%A0%81_%ED%94%84%EB%A1% 9C%EA%B7%B8%EB%9E%A8_%EB%B6%84%EC%84%9D).

정확성을 보장할 수 있다.

둘째, 호출관계그래프(call graph)를 활용하는 방법이 있다. 이는 명령문 단위의 실행 순서를 나타내는 것이 아니라, 함수(프로시저) 단위의 실행순서를 구체적으로 나타내는 방법이다. 함수는 명령문의 단위보다 크기가 커서 컴퓨터프로그램 내의 흐름관계에 대하여 넓은 시각으로 확인이 가능하다는 특징이 있다. 따라서 명령문 단위로 분석하는 것에 비하여 보다 충분한 정보를 제공한다는 장점이 있다.[80] 이때도 정적 프로그램분석 기술을 이용하여 정확성을 보장할 수 있다.

이하에서는 앞에서 잠시 언급한 코어뱅킹프로그램 판결(대법원 2011.6.9. 선고 2009다52304, 52311 판결)을 예시로 하여 호출관계그래프를 활용한 유사성 판단 방식에 관하여 자세히 살펴보도록 한다. 호출관계그래프는 특정 컴퓨터프로그램이 실행될 때 소스코드에서 정의한 함수들이 서로 어느 함수를 언제 호출하는지를 표현하는 것이다. 따라서 소스코드의 구성이 동일하다면 정의된 함수 사이의 호출관계는 유사하게 나타난다. 호출관계그래프의 노드(node)가 가지는 특성 중 중요한 세 가지는 '노드의 깊이', '노드로 들어오는 간선(edge)의 개수', '노드로부터 나가는 간선의 개수'라 할 수 있다. 노드의 깊이는 해당 함수가 컴퓨터프로그램의 실행 중에 '몇 번째'로 호출되는지를 나타내고, 들어오는 간선의 개수는 그 함수를 호출하는 다른 함수의 개수를 나타내며, 나가는 간선의 개수는 그 함수가 몇 개의 다른 함수를 호출하는지를 나타낸다. 호출관계그래프의 유사성을 측정하기 위해서는 '노드의 깊이', '노드로 들어오는 간선의 개수', '노드로부터 나가는 간선의 개수'라는 호출

---

80 명령문 단위의 세세한 실행흐름 순서는 오히려 지나치게 미시적이라는 지적이 있다. 컴퓨터프로그램보호위원회, 전게보고서(2007), 42면.

관계그래프의 특성을 활용하여 이 세 가지 특성이 일치하는 노드(즉, 함수)들이 얼마나 많이 존재하는지를 통하여 유사성을 측정하게 된다. 이를 수식으로 나타내면 다음과 같다.

$$\text{유사성(\%)} = \frac{\text{그래프A와 그래프B의 노드 중 세 가지 특성이 같은 노드의 수}}{\text{그래프A의 노드 개수 + 그래프B의 노드 개수}} \times 100$$

예를 들어 다음과 같은 호출구조그래프가 있다고 하면,

호출관계그래프 예

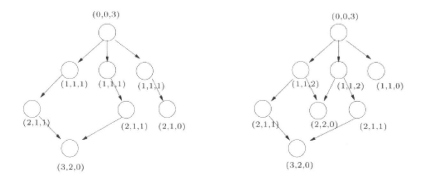

양쪽 그래프의 각 노드에 대해, 세 가지의 특성을 나타내는 순서쌍(노드의 깊이, 노드로 들어오는 간선의 수, 노드에서 나가는 간선의 수)을 비교해보면, (0, 0, 3)에 해당하는 노드가 각각 하나씩 존재하고, (2, 1, 1)에 해당하는 노드는 각각 둘씩 존재하며, (3, 2, 0)에 해당하는 노드는 각각 하나씩 존재한다. 따라서 위 호출구조그래프

의 유사성은 다음과 같이 산출된다.[81]

$$유사성(\%) = \frac{1 \times 2 + 2 \times 2 + 1 \times 2}{8 + 8} \times 100 = 50.0\%$$

그런데 이러한 방식은 몇 가지 고민해 볼 사항이 있다고 생각된다.

첫째, 비교대상이 되었던 호출관계그래프의 저작물성 여부이다. 호출관계그래프는 함수들이 서로 어느 함수를 언제 호출하는지를 표현한 것이라는 점에서 지시·명령의 조합인 해법, 즉 컴퓨터프로그램이 작동하는 순서 또는 일정한 결과를 얻기 위한 문제처리의 논리적 순서인 알고리즘(algorithm)[82]의 일종으로 볼 수 있다. 그러나 저작권법은 알고리즘을 원칙적으로 저작권법상의 보호범위에서 제외시키고 있다.[83] 특히 컴퓨터프로그램이란 알고리즘을 컴퓨터프로그램의 언어적 방식으로 표현한 것이므로 알고리즘은 컴퓨터프로그램의 표면적 표현 뒤에 있는 내면적(비문언적) 요

---

81 서울고등법원 2009.5.27. 선고 2006나113835, 113842 판결에서의 감정 결과 참고.

82 알고리즘(algorithm)은 "어떤 문제를 유한개의 절차로 풀기 위해 주어진 입력으로부터 원하는 출력을 유도해 내는 정해진 일련의 과정이나 규칙들의 집합"이라 정의된다. 이해완, 전게서(2007), 903면.

83 저작권법 제101조의1 (보호의 대상) 프로그램을 작성하기 위하여 사용하는 다음 각 호의 사항에는 이 법을 적용하지 아니한다.
1. 프로그램 언어: 프로그램을 표현하는 수단으로서 문자·기호 및 그 체계
2. 규약: 특정한 프로그램에서 프로그램 언어의 용법에 관한 특별한 약속
3. 해법: 프로그램에서 지시·명령의 조합방법

소라 할 수 있다. 다만 단순한 정도가 아닌 매우 구체화된 수준의 알고리즘이 존재한다면 실제의 컴퓨터프로그램의 작성은 어렵지 않게 이루어진다는 점을 생각해 보면, 단순히 해법이기 때문에 알고리즘을 저작권법의 보호범위에서 당연하게 제외시키는 것이 과연 적절한지 의문이 든다. 이 문제에 대해 만약 알고리즘의 일부를 보호범위에 포함시킬 수 있다면 이를 어떻게 가려낼 것인지와 관련하여 견해가 나누어진다. 알고리즘에 대해서는 그것이 외면으로 나타나 문언적으로 표현된 것에 한정하여 보호하여야 한다는 주장과 알고리즘을 내면적 요소, 즉 비문언적 표현으로 보고 여기까지도 보호하여야 한다는 주장이 대립된다.[84]

둘째, 실질적 유사성 입증을 위한 근거로서 적절성 여부이다. 알고리즘의 한 표현 형태로 볼 수 있는 호출관계그래프가 유사하면, 실질적 유사성이 인정된다고 하여야 할 것인가? 예시로 들고 있는 이 판결은 이종언어로 작성된 컴퓨터프로그램 간의 실질적 유사성을 판단하기 위하여 호출관계그래프의 정량적 분석결과[85]

---

84 오승종, "저작재산권침해의 판단 기준에 관한 연구", 서강대학교 박사학위논문, 2004, 211-212면; 이해완, 전게서(2007), 904면; 컴퓨터프로그램보호위원회, 전게논문(2007), 52면.

85 "Bancs의 COBOL 소스코드를 구성하는 948개 파일에 대한 호출관계그래프(call graph)와 ProBank의 C 소스코드를 구성하는 3,203개 파일에 대한 호출관계그래프를 도출한 다음, 이들을 파일의 개수, 줄 수, 함수 수에 따라 정량적으로 비교한 결과, 파일의 수를 비교할 때 Bancs 파일들 중에서 호출관계가 50% 이상 유사한 ProBank 파일들이 포함된 파일 수는 전체 Bancs 파일 수의 71.84%(681/948개)이고, 파일 안에 들어있는 줄 수를 비교할 때 Bancs 파일들에 포함된 줄 중에서 함수 호출관계가 50% 이상 유사한 ProBank 파일들에 포함된 줄 수는 Bancs 전체 줄 수의 41.25%(635,809/1,541,174)이며, 함수 수를 비교할 때 Bancs 파일들에 포함된 함수 중에서 함수 호출관계가 50% 이상 유사한 ProBank 파일들에 포함된 함수 수는 Bancs 전체 함수 수의 15.12%(9,763/64,574)이다.

를 근거로 한 대표적인 판결이다. 원·피고 컴퓨터프로그램의 구체적인 비교는 감정을 활용하였는데, 판결에서 감정은 "파일 사이에 호출관계를 기초로 논리적인 연관성을 추론하는 정량적 방법과 이를 보충하여 양측이 제출한 소스코드를 직접 눈으로 살피면서 전문가적 직관에 기해 전체적인 유사도를 파악하는 정성적 방법으로" 이루어졌다고 판시하고 있다. 결국 이 판결에서는 호출관계그래프의 정량적 유사성과 복제의 정황적 증거들을 근거로 실질적 유사성 및 저작권 침해의 판단으로 이르고 있다.[86] 이 판결에서 문제가 되는 점은 실질적 유사성 판단에 대한 개념적 정확성보다는 침해 행위가 존재하였다는 사실에 주목하고 있는 점이 아닐까 하는 생각도 든다. 저작권 침해판단 구조에서 실질적 유사성의 요건을 두고 있는 이유는 단순히 침해행위가 있다는 것만으로 저작권 침해를 인정할 수는 없으며, 보호받는 표현에 해당하는 부분이 실질적일 정도로 유사성이 있어야 침해로 볼 수 있다는 것을 구현하기 위해서이다. 그러나 이 판결에서는 호출관계그래프의 정량적 유사성(특히, 유사한 기능을 수행하는 것을 목적으로 하는 컴퓨터프로그램의 경우에는 호출관계그래프도 어느 정도 유사할 수밖에 없다는 특징을 고려하면 결코 높지 않다고 생각되는)을 중심적인 증거로 다루었다는 점에 특징을 갖는다.

또한 호출관계그래프의 유사한 정도를 수치화시켜 정량적으로 도출시킨 점에 대하여도 생각해 봐야 한다. 어느 정도 방식이

따라서, COBOL로 구성된 Bancs의 소스코드 중에서 ProBank와 유사성이 50% 이상인 소스코드에 관한 정량적 분석결과는 전체의 42.74%를 차지한다." 서울고등법원 2009.5.27. 선고 2006나113835, 113842 판결.

86 이러한 방식에 관하여 찬성하는 견해로는 김관식, 「신기술과 지적재산권법」, 도서출판 글누리, 2011, 161면 등 참조.

정형화되고 있는 소스코드의 정량적 유사도를 산출하는 것과는 달리 호출관계그래프의 유사도 산출은 더욱 다양한 방법으로 가능하게 된다. 그중 특정의 방식을 선택하여 활용하는 형태가 되는 것인데, 그렇게 선택된 방식이 과연 실제적 의미에서 실질적 유사성을 나타낼 수 있는 정확한 지표가 될 수 있을지에 대해서도 검토가 필요하다. 이 부분에 대한 연구가 거의 없기 때문이다. 특히 호출구조를 나타낸 것이라는 점에서 특정의 모듈이 소스코드상에서 반복적으로 호출될 때 호출관계그래프상으로는 이러한 반복의 수는 고려되지 않게 된다. 그렇다면 이 경우의 호출구조를 비교·분석한 결과는 소스코드를 비교·분석한 결과와는 상당한 차이를 나타내게 된다. 즉, 침해자가 피침해자의 컴퓨터프로그램을 얼마나 복제하여 이용하였는지를 나타내는 것이 어렵고, 실제와는 상이한 결과를 나타낼 수도 있다. 그 외에도 동일한 기능을 수행하는 컴퓨터프로그램의 경우에는 서로 어느 정도 호출관계가 유사할 수밖에 없으므로 정량적 유사도를 산출 시 그 수치의 해석이 매우 중요하게 된다.

다. 검 토

컴퓨터프로그램 사이의 실질적 유사성을 판단하기 위한 비교·분석 시 호출관계그래프와 같은 비문언 요소를 활용하는 방식은 문언적 요소에 대한 비교가 어려운 상황에서 보조적인 대안으로는 어느 정도 합리성을 인정할 수 있다. 다만 이를 통한 비교 시 실질적 유사성을 인정할 수 있는 수준으로 유사한 기준을 어느 지점에서 설정할 것인지 그 기준을 쉽게 정할 수 없다는 문제가 존재한다. 특히 호출관계그래프와 같은 요소를 비교할 때 도출될 수 있는 유사도는 창작자의 보호받는 표현에 대한 직접적인 유사 정도를 나타내는 것이 아니라, 그 표현의 유사한 정도를 추측한 결과로 이해할 수 있다. 따라서 이를 직접적인 근거로 하여 실질적 유사성을 판단하는 것은 상당한 주의가 필요할 것으로 생각한다.

　　Raymond T. Nimmer 교수는 고도의 기능적 저작물은 아이디어와 표현이 합체된 정도가 상당할 수밖에 없으므로, 포괄적인 복제(comprehensive literal copying)는 허용되어서는 안 되며, 저작권 침해는 문자적 복제를 중심으로 하여 판단하여야 한다고 주장한 바 있다. 기능적 저작물은 저작권 보호와 더불어 혁신이라는 가치 역시 중요하게 적용된다. 이러한 기능적 저작물에 지나치게 넓은 보호범위를 부여하면 그 보호영역을 피하기 위해서 창작자는 해당 기능의 수행을 위한 가장 효율적인 방법을 활용할 수 없게 된다. 이는 결국 상업적 제품인 컴퓨터프로그램의 효율성을 저해하는 요소로 작용하게 될 수밖에 없다. 또한 기능적 저작물은 문예적 저작물에 비하여 표현의 범위가 제한적일 수밖에 없으며, 실질적 유사성의 기준이 저작물의 특성에 따라 그 정도의 가변성이 인정된다. 이러한 점을 고려할 때 비문언적 표현을 중심으로 한 비교를 통하여 실질적 유사성 판단을 직접 이끌어내는 방식은 많은 주의가 필요할 것으로 생각된다.

　　한편, 컴퓨터프로그램의 경우 비문언적 표현 요소는 문언적 표현에 비하여 저작권법이 요구하는 '창작적 표현'의 요건을 충족하기 어렵다는 문제도 있다. 왜냐하면 컴퓨터프로그램은 저작권법에 의하여 보호받을 수 없는 아이디어에 해당하는 기능적 요소가 문언적 표현 요소보다 비문언적 표현 요소에 더욱 많은 결합을 이루고 있기 때문이다. 전술한 바와 같이 이론적으로는 비문언적 표현 역시 저작권법의 보호 대상이 될 수 있으나, 현실적으로는 의미한 비교대상 표현의 불충분함으로 인하여 이를 실질적 유사 여부의 판단 근거로 직접 활용하는 데는 정밀한 적용이 필요할 것이다.

6. 실질적 유사성의 판단 근거로서 한계

가. 법적 가치에 근접한 기술적 분석값

저작권법은 침해 여부를 가리기 위한 판단 요소 중 실질적 유사성의 기준을 법적 기준으로 보기보다는 정책적 기준으로 보는 태도를 갖고 있다. 저작권법의 존재 이유를 인센티브 관점에서 보는 입장에 따르면 창작자의 창작의욕이 저해될 수 있는 지점, 즉 특정하게 나타난 유사성에 대해 이를 유사하지 않는 것으로 본다면 창작자는 창작의 의욕을 상실하고 이로 인하여 해당 저작물과 관련한 산업의 발전을 저해시킬 수 있는 경우, 그 특정한 유사성은 실질적으로 유사한 것으로 보게 된다는 것이다. 따라서 실질적 유사성은 그 실제의 유사함 자체가 가치를 갖는다기보다는 저작권법에 의하여 부여된 가치라 볼 수 있다.

그런데 정량적 유사도는 기술적 측면에서 고려된 값으로 나타난다. 저작권법의 의도나 해당 저작물에 대한 다양한 고려 등이 개입되지 않고, 비교대상 컴퓨터프로그램을 일정한 비교 및 분석 기준에 의하여 살펴본 결과 도출된 값이다. 이때 값은 절대적 결과는 아니다. 매우 다양하게 존재하는 컴퓨터프로그램의 비교 방식 중 하나를 택하여 수많은 계산 공식 중 하나를 택한 결과에 불과하다. 물론 활용한 방식 및 공식을 택하는 과정 자체가 합리성이 보장되어야 한다. 아울러 비교·분석 과정에 저작권법에 따른 제한을 고려하여 도출하게 된다. 그렇다고 하더라도 정량적 유사도는 법적 가치가 깊이 반영된 것이라기보다는 기술적 비교·분석의 결과로 보는 것이 적절하다.

이처럼 실질적 유사성이라는 개념과 정량적 유사도는 법과 기술이라는 양 극단에 존재하는 대상이다. 이를 이끌어 내는 주체를 보더라도 실질적 유사성의 판단은 법률전문가인 법관에 의하며, 정량적 유사도의 산출은 기술전문가에 의하여 이루어지는 것이 보통이다. 그런데 정량적 유사도가 실질적 유사성 판단을 위한 중요한 혹은 직접적인 근거로 활용되기 위해서는 개념적으로 양 극단에 있는 두 가치가 일치되어야 한다. 적어도 일치하는 것으로 볼 수 있어야 한다. 이를 위해서는 법률전문가에 의한 기술 영역의 이해가 이루어지거나 혹은 기술전문가에 의한 반대의 이해가 이루어져야 함이 당연하다. 결국 정량적 유사도의 산출이 완전히 순수하게 기술의 영역에서만 이루어지면 안 된다는 점을 의미한다. 관련 판례를 살펴보면 정량적 유사도의 산출을 위하여 저작권법의 기본 개념을 물리적으로 반영하고 이에 기초한 비교·분석을 통하여 양자를 절충하는 모습을 많이 발견할 수 있다. 그럼에도 불구하고 정량적 유사도가 아무리 정밀하게 저작권법의 가치를 고려하여 산출되더라도 본질상 그 자체로는 실질적 유사성을 직접 나타낼 수는 없다는 한계가 있다. 여기서 본질이란 정량적 유사도는 기술적 분석값이므로 이를 법적 가치의 측면에서 해석하는 과정이 반드시 뒤따라야 한다는 특성이다.

나. 정량적 유사도의 실질적 의미 감소

최근 컴퓨터프로그램 개발환경이 급속히 변화되어 컴퓨터프로그램의 작성 시 개발자가 예전과 같이 소스코드 등을 모두 직접 작성하지 않는 현상이 증가하고 있다. 이는 프로그래밍의 자동화와 오픈소스(open source)의 사용 증가 등으로 인한 결과이다. Visual Basic 등과 같이 사람이 직접 소스코드를 작성하지 않고도 프로그래밍이 가능한 프로그래밍 언어가 개발되고, 그 이외의 언어 역시 상당 부분 자동화된 작성체계를 발전시켜 옴에 따라, 저작권 침해의 대상이 된 컴퓨터프로그램에도 실제 사람에 의하여 창작되지 않고 해당 도구에 의해 자동으로 생성된 소스코드가 많은 비중을 차지하고 있다. 또한 오픈소스[87]는 개발자가 직접 창작한 것이 아니라 타인이 창작한 소스코드를 일정한 라이선스 정책에 따라 이용할 수 있도록 한 것으로, 최근에는 그 활용폭이 넓어지고 있다. 그 영역은 OS분야나 클라우딩 컴퓨팅 분야에 까지 포함한다. 자동생성된 소스코드나 오픈소스 등은 이를 사용하여 특정의 컴퓨터프로그램을 만들더라도 해당 이용 부분은 최종 컴퓨터프로그램의 작성자에 부여되는 저작권의 범위에서 제외된다. 따라서 이러한 컴퓨터프로그램을 대상으로 한 정량적 유사도를 산출하는 과정에도 이러한 자동생성 소스코드 및 오픈소스 부분은 비교대상에서 제외하는 것이 저작권법의 기본 원칙에 적합하고, 실무적으로도 중요하게 반영하는 사안이다.

그런데 점차 컴퓨터프로그램 개발환경 변화가 저작권 비보호 대상의 활용을 증가시키고 있는 상황에서, 이를 저작권법의 기본 원칙에 따라 비교대상에서 제외하고 나머지 소스코드 등만으로 비교·분석을 실시하게 되면, 그 결과 산출된 정량적 유사도의 실제

---

87 오픈 소스(open source)는 소프트웨어 혹은 하드웨어의 제작자의 권리를 지키면서 원시 코드를 누구나 열람할 수 있도록 한 소프트웨어 혹은 오픈 소스 라이선스에 준하는 모든 통칭을 일컫는다.

의미가 왜곡될 수 있는 위험이 발생하게 된다. 예를 들어 100줄(라인)의 소스코드가 있다고 할 때, 이것이 모두 직접 창작된 것이라면 60%의 정량적 유사도는 100줄(라인) 중 60줄(라인)을 복제한 것으로서 볼 수 있다. 그러나 자동생성코드 및 오픈소스 등 비교대상에서 제거될 부분이 50줄(라인)에 달한다면, 동일하게 60%의 유사도가 있을 경우 실제 복제된 소스코드는 30줄(라인)에 해당하게 된다. 즉 동일한 정량적 유사도를 갖는 경우에도 실제 복제된 소스코드의 양은 상이하게 달라질 수 있다는 것이다. 따라서 같은 100줄(라인)의 규모를 갖는 컴퓨터프로그램에서 정량적 유사도가 모두 60%로 같다고 하더라도 이 두 가지 경우를 동일하게 판단할 수는 없을 것이다.

다. 소스코드의 양적 규모에 따른 왜곡 현상

실무적으로 가장 범하기 쉬운 잘못이 정량적으로 몇 퍼센트 유사한 것이 실질적으로 유사한 것인가라는 정량적 기준을 세우려는 행동이다. 이는 앞에서 언급한 한계로 인한 점뿐만 아니라, 정량적 유사도는 컴퓨터프로그램에서 유사한 것으로 판단되는 소스코드의 양을 나타낸 것이 아니라 단순히 그 비율을 제시하는 것에 불과하다. 결국 정량적으로 나타낸 유사도만을 가지고는 침해자가 복제한 소스코드의 실제 양을 알 수 없으며, 별도의 검토를 통하여 살펴봐야 하는 문제이다.

그런데 실질적 유사성의 판단을 위해서는 실제 복제된 양의 규모도 고려될 필요가 있다. 왜냐하면 같은 10%의 정량적 유사도가 산출되었다고 하더라도 총 100줄(라인)의 소스코드에서 10%의 유사도와 총 10,000줄(라인)의 소스코드에서 10%의 유사도는 동일한 비율이라 하더라도 복제된 소스코드의 규모는 상당한 차이가 있기 때문이다. 이처럼 아무리 많은 양의 소스코드를 복제하여 저작권 침해의 소지가 있다고 하더라도 당해 컴퓨터프로그램의 양적 규모가 크다면 상대적으로 유사도가 낮게 산출될 수밖에 없어 실제 복제행위의 정도를 왜곡할 수 있게 된다.

이런 문제를 방지하기 위한 방안으로 비교대상을 공통영역으로 한정하는 등의 방법이 활용되기는 하지만, 모든 사안에 적절히 적용되기는 어렵다는 한계가 있다.

라. 가중치 적용에 관한 문제

실질적 유사성은 비교대상을 비교했을 때 나타나는 유사한 부분의 양(量)과 질(質)이 실질적인지 여부를 판단한 것이다.[88] 유사성의 질이 고려되어야 하므로 복제된 것으로 보이는 부분이 당해 컴퓨터프로그램 전체에서 어느 정도의 중요성을 갖는지가 함께 고려되어야 한다. 이러한 전제는 컴퓨터프로그램을 대상으로 정량적 유사도를 산출하는 때에도 동일하게 적용되어야 한다. 관련 판례 및 실무에서는 이와 같은 질적 중요성을 가중치로 나타내어 이를 유사도 산출 과정에 반영하도록 하는 경우도 있다. 그러나 컴퓨터프로그램의 비교 시 가중치를 적용하는 것은 논란의 여지가 존재한다. 이것은 컴퓨터프로그램의 실질적 유사성을 판단할 때 고려하여야 하는 질의 개념에 대한 논란에서 시작한다.

컴퓨터프로그램은 기능성을 주요한 목적으로 하는 저작물인데, 그러다 보니 일반적으로 적용되는 질적 중요성이라 함은 기능

---

88 이해완, 전게서(2007), 666면.

적 혹은 기술적 측면에서의 중요성을 지칭하는 것으로 보인다. 표현으로서의 중요성이라 보기에는 실제적으로 기준이 모호하여 판단 자체가 쉽지 않다는 점이 이유라고 생각된다. 판례 및 실무의 경향을 보더라도 비교대상 컴퓨터프로그램의 기능상 중요성을 질적 중요성으로 인식하고 있는 것으로 보인다. 그런데 생각해 볼 점은 저작권 침해 시 실질적 유사성을 판단하는 데 양적인 유사 정도뿐만 아니라 유사한 부분의 질적 중요성을 함께 살펴보는 것은 표현의 핵심적인 부분을 침해하였는지를 확인하는 것이다. 소설이라면 핵심적인 구문이 될 것이고, 음악이라면 핵심 멜로디, 그리고 디자인이라면 요부(要部)에 해당하는 것을 질적 중요성이 있는 것으로 다룰 수 있을 것이다. 이와 같은 맥락에서 컴퓨터프로그램의 경우에 질적 중요성은 어떤 것을 의미하는 것으로 볼 수 있을까? 당연히 표현상의 중요한 부분으로 이해할 수 있을 것으로 생각한다. 그런데 앞선 예시에서의 질적 중요성이란 개념은 결국 외부적으로 나타나는 표현뿐만 아니라 해당 표현의 의미론적 중요성까지도 내포하는 것으로 생각된다. 따라서 컴퓨터프로그램의 경우에는 표현상의 중요성과 기능적 중요성이 완전히 분리될 수 없다는 특징이 있는데, 의미론적 중요성까지 고려한다면 표현의 중요성 혹은 기능상 중요성 양자는 명확하게 구분되지 않고 사실상 동일하게 다룰 수도 있을 것이다.

　　그런데 이 점에 대해 컴퓨터프로그램을 대상으로 할 때는 조금 추가적인 고민을 해 볼 필요가 있다고 생각한다. 이 문제에 대해 Nimmer 교수는 실질적 유사성을 판단함에 있어 양과 질을 고려하여야 하고, 해당 저작물의 핵심부분을 복제하여 사용하면 그 복제된 양이 적더라도 이는 상당한 복제에 해당한다고 주장한다.[89] 반면에 Goldstein 교수는 저작권 침해의 책임이 비중에 따라 영향을 받을 수는 없다고 하며, 단지 원고의 저작물이 갖는 중요성이 덜하다고 하여 많은 부분을 복제한 피고를 용서하는 것은 잘못된 것이라 주장한다.[90] 다른 저작물 유형과 달리 컴퓨터프로그램은 표현의 의미론적 고려가 사실상 완전히 기능적인 차원의 문제로 포섭될 수밖에 없다. 즉, 의미론적 고려가 이루어지더라도 어느 정도 표현으로서의 의미가 고려되는 다른 유형의 저작물과 달리 컴퓨터프로그램의 경우에는 그것이 구체적인 표현보다는 전적으로 기능에 대한 중요성 판단으로 흐를 가능성이 짙을 수밖에 없다. 이러한 점으로 인하여 컴퓨터프로그램 간 유사 부분의 질적 중요성 개념을 다른 유형의 저작물과 실무적으로는 동일하게 다루기는 어렵다고 생각한다. 더군다나 가중치를 적용하는 것은 특정한 비교쌍 등에 일정한 수치를 곱하는 방식으로 구현되는데, 과연 가중치로 부여되는 값이 얼마나 적절성을 확보할 수 있는지도 문제가 될 수 있다. 실제로 계산을 하여 보면 가중치의 적용에 따라 최종적인 정량적 유사도의 결과값이 상당한 차이를 갖게 된다. 그런데 사소한 수치의 변화가 가져올 결과의 차이에 비례하여 가중치의 적용이 그만큼 정밀하게 이루어질 수 있는지 다소 의문이 있다. 결국 실질적 유사성의 판단 시 질적인 면을 고려하기 위하여 가중치를 적용하는 것은 신중하게 접근해야 할 문제라 생각한다.

마. 법적 예측가능성 담보의 어려움

판례에서 확인되는 컴퓨터프로그램의 정량적 유사도 산출 방식은 다양하게 존재한다. 그런데 동일한 조건에서 비교하더라도

---

89 Roger E. Schechter & John R. Thomas, 전게서(2010), 377면.

90 Paul Goldstein, *Copyright*, 3d ed, 2005, §7.3.1 7:28-29면.

이와 같이 다양한 유사도 산출방식은 각각을 적용 시 결과값이 모두 상이하게 나타날 수밖에 없다. 구체적인 예시를 위하여 다음과 같은 비교 결과를 가정한다.

분쟁대상 컴퓨터프로그램의 비교 예시

※ 분쟁대상 컴퓨터프로그램 : 비교쌍1 ~ 비교쌍5의 합

　　위의 예시를 앞에서 설명한 산출 방식 유형 중 방식3(비교대상 컴퓨터프로그램을 구성하고 있는 모든 파일에 대한 소스코드 전체 라인(줄) 대비 유사한 라인(줄)이 몇 개인지를 계산하여 유사도를 산출하는 방식)을 활용하여 유사도를 계산[91]하여 보았다. 비교대상 소스코드 중에서 유사한 부분은 비교쌍 1은 10줄(라인), 비교쌍 2는 15줄(라인), 비교쌍 3은 55줄(라인), 비교쌍 4는 51줄(라인), 비교쌍 5는 52줄(라인)으로 총 183줄(라인)의 양을 갖는다. 반면 유사하지 않은 부분은 비교쌍 1은 90줄(라인), 비교쌍 2는 85줄(라인), 비교쌍 3은 45줄(라인), 비교쌍 4는 49줄(라인), 비교쌍 5는 48줄(라인)으로 총 317줄(라인)의 양을 갖는다. 변수를 줄이기 위해 가중치를 1로 하고 이를 종합

─────────────────

91　본 예시에서는 원본기준방식인지 혹은 비교본기준방식인지, 전체영역기준방식인지 혹은 공통영역기준방식인지 여부를 구분하지 않는다.

하여 유사도를 산출하면 36.6%의 유사도가 도출됨을 알 수 있다. 한편 방식4(개별 파일의 유사여부를 판단하고 해당 컴퓨터프로그램을 구성하는 개별 파일 중 유사한 파일이 몇 개인지를 계산하여 유사도를 산출하는 방식)를 활용하여 유사도를 계산[92]하여 보았다. 비교쌍 1은 비유사, 비교쌍 2는 비유사, 비교쌍 3은 유사, 비교쌍 4는 유사, 비교쌍 5는 유사로서 이를 역시 가중치를 1로 하여 전체 컴퓨터프로그램에 대한 비율로 나타내면 60%의 유사도가 산출된다.

즉, 동일한 컴퓨터프로그램을 비교 대상으로 하여 정량적 유사도를 산출하였으나, 산정방식에 따라 최종적으로 산출된 유사도가 상당한 수준의 차이를 보임을 확인할 수 있다. 앞서 살펴본 저작권 침해에 대한 정량적 유사도의 대략의 범주를 기준으로 보면, 위 예시에서 방식 3을 활용한 경우 실질적 유사성을 인정하기 어려울 것으로 보이나, 방식 4를 활용한 경우에는 양자가 실질적으로 유사한 관계에 있는 것으로 볼 수 있는 여지가 크다고 예상해 볼 수 있다.

이러한 차이는 예시에서 가중치를 1로 부여하였는데, 이와 달리 각 비교쌍별로 가중치를 어떻게 인정하는지에 따라 더 광범위하게 유사도가 달리 산출될 수 있을 것이다.[93] 또한 원본기준방식

---

92 각 비교쌍의 유사여부를 판단하는 방식은 대법원 2011.6.9. 선고 2009다 52304, 52311 판결(계산방식의 구체적인 내용은 전심인 서울고등법원 2009.5.27. 선고 2006나113835, 113842 판결에서 참조)에서 적용한 방식을 따랐으며, 이에 따라 각 비교쌍이 50% 이상의 유사성을 갖는 경우 해당 비교쌍을 유사한 비교쌍으로 판단하였다.

93 앞서 언급한 것과 같이 컴퓨터프로그램저작물의 실질적 유사성 판단을 위한 정량적 유사도 산정 시 가중치를 부여하는 것이 적절할 것인지에 대하여는 견해의 차이가 크다. 찬성하는 견해는 권영준, 전게서(2007), 260면, 반대하는 견해는 가중치 부여에 대한 객관성의 의문 등을 원인으로 한다. 김도완, 전게논문(2011), 41-42면 참조.

으로 할 것인지 아니면 비교본기준방식으로 할 것인지 등 다양한 방식에 따라 산출되는 유사도 역시 매우 다양하게 나타나게 된다. 이러한 점은 컴퓨터프로그램에 대한 저작권 분쟁이 발생한 경우 각 사안에 대한 예측가능성을 상당히 낮추게 하는 원인으로 작용하게 될 것이다. 결국 이로 인하여 분쟁해결의 비효율성이 높아질 수밖에 없다는 한계가 나타난다.

바. 유사 개념의 비정형화

정량적 유사도를 실질적 유사성에 근접시키는 데 가장 어려운 문제는 물리적으로 어느 범위까지 유사한 기준을 설정할 것인지에 대한 점이다. 앞서 살펴본 바와 같이 컴퓨터프로그램의 정량적 유사도의 산출은 기본적으로 텍스트를 대상으로 이루어진다. 텍스트를 비교할 때 유사 여부의 기준을 어떻게 설정할 것인지는 최종적인 유사도를 좌우하는 만큼 매우 중요하다. 특히 유사 기준 설정은 일반적인 소프트웨어 공학에서 이루어지는 동일성을 기반으로 한 코드 비교와 저작권법에 따른 실질적 유사성 판단을 연결하는 핵심이다. 유사라는 개념이 갖는 저작권법에서의 특징 때문이다.

그럼에도 불구하고 구체적 소스코드 등의 비교 시 유사함의 판단 기준에 대한 논의는 거의 이루어지지 않는 것으로 보인다. 실무적으로도 정량적 유사도를 산출하여 이를 재판에 활용할 때 논쟁의 대상이 되는 부분은 저작권법에 의하여 보호받지 못하는 부분을 비교 시 적절히 제외하였는지, 혹은 애초에 비교대상이 잘못 설정되었는지 등이지 구체적인 유사 판단을 위한 물리적 기준 설정에 대한 부분이 논란되는 경우는 극히 드물다.

구체적인 점은 앞서 설명한 유사도 산출방식 유형 중 방식 3

(비교대상 컴퓨터프로그램을 구성하고 있는 모든 파일에 대한 소스코드 전체 줄(라인) 대비 유사한 줄(라인)이 몇 개인지를 계산하여 유사도를 산출하는 방식)과 방식 4(개별 파일의 유사여부를 판단하고 해당 컴퓨터프로그램을 구성하는 개별 파일 중 유사한 파일이 몇 개인지를 계산하여 유사도를 산출하는 방식)를 구분 및 적용하여 살펴본다.[94]

방식 3에서 문제되는 것은 소스코드 등을 비교할 때 각각의 소스코드 줄(라인)이 유사하다는 것을 어떠한 기준을 적용하여 판단할 것인지의 문제이다. 질적 개념인 유사성을 양적 개념인 숫자로 나타내기 위하여 반드시 거쳐야 하는 문제이다. 이에 관하여 실무적으로는 유사라인 및 인접블럭에 대한 임계치를 설정하여 활용하기도 한다. '유사라인설정 임계치'를 설정하는 것은 하나의 라인에서 동일한 정도가 어느 수준이면 이를 유사하다고 인정할 것인지를 정하는 것을 의미한다. 예를 들어 유사라인설정 임계치를 70%로 설정한다면, 한 라인의 토큰 수가 10개일 때 7개 이상의 토큰이 일치하는 경우 해당 라인을 유사한 라인으로 인정하겠다는 것이다. 한편 '인접블럭 임계치'는 동일 또는 유사한 소스코드 라인이 연속적으로 몇 라인 이상이 되어야 동일 혹은 유사한 것으로 판단할 것인지를 정하는 것을 의미한다. 예를 들어 인접블럭 임계치가 3인 경우 동일 또는 유사한 라인이 연속적으로 3라인 이상이 되어야 이를 유사성이 있다고 인정하겠다는 것이다.[95] 이는 컴퓨터프로그램이 갖는 특수한 성질 때문인데, 프로그래밍언어의 구현에

---

94 각 방식에서 나타나는 문제가 특징적으로 중요한 것일 뿐이지 배타적인 것은 아니며 서로의 문제가 모두 나타날 수도 있다.

95 이에 대한 자세한 사항은, 김시열, "문자적 표현의 정량적 유사성 판단 방식에 관한 비교적 검토", 2015년 한국소프트웨어감정평가학회 춘계학술발표대회 논문집, 2015.4.24, 70면 참조.

따른 문법적 동일성으로 인하여 유사한 라인, 자동적으로 생성되는 코드로 인하여 유사한 라인 등으로 인하여 한 두 개 혹은 그 이상 개수의 라인이 동일하더라도 양 컴퓨터프로그램에 대한 저작권법적 관점에서의 유사성에는 관련이 없는 경우가 있기 때문이다. 이와 같이 임계치를 설정하는 것은 소스코드 등의 정량적 유사도를 산출하는 경우 유사함의 기준을 제공한다는 점에 매우 유용하며 필수적인 작업이다. 서울중앙지방법원 2009.4.3. 선고 2006가합92887 판결에서도 '유사라인설정 임계치'를 80%, '인접블럭 임계치'를 3으로 하여 비교대상 컴퓨터프로그램을 비교하여 유사도를 산출한 바 있다. 그럼에도 이들 임계치의 일반적 적용 기준이 마련된 상태는 아니며, 현실적으로는 구체적 사안에서 컴퓨터프로그램을 비교·분석하는 전문가의 주관적 판단에 따라 상이할 수밖에 없는 실정이다.

한편, 방식 4에서 문제되는 것은 각 비교쌍이 유사 혹은 비유사한지 여부를 판단할 기준을 어떻게 정할 것인지의 문제이다. 각 비교쌍 단위로 유사여부를 판단 후 이를 종합하여 최종적인 유사도를 계산하는 방식이므로, 개별 비교쌍의 유사여부를 판단하는 기준을 어떻게 설정하느냐가 결국 최종적인 양 컴퓨터프로그램의 실질적 유사성에 상당한 영향을 미치게 된다. 현재 주로 활용되는 방식으로는 서울고등법원 2009.5.27. 선고 2006나113835, 113842 판결에서 활용된 방식을 대표적이라 할 수 있다. 이 판결에서는 각 비교쌍의 유사도가 50% 이상이면 유사한 비교쌍으로 보고, 반대로 유사도가 50% 미만인 경우에는 유사하지 않는 것으로 보았다. 유사성을 판단하기 위한 객관적 기준을 정하는 것은 특정의 컴퓨터프로그램 전체의 비교뿐만 아니라 그의 세부적인 구성요소 단위에 있어서도 동일하게 쉽지 않은 문제이다. 그럼에도 불구하고 실질적 유사성을 판단하는 데 상당한 영향을 미치는 정량적 유사성을 도출하는 과정에서 그 계산을 위한 요소가 되는 비교쌍의 유사성을 단순히 기계적으로 50%를 기준으로 한다는 점은, 물론 어쩔 수 없는 경우도 있겠지만, 저작권법상의 유사성 관점에서는 다소 위험한 접근일 수 있다고 생각된다.

제5장

정량적 유사도를 활용한 주요 사례

이 장에서는 컴퓨터프로그램 저작권 침해 소송에서 전문가에 의하여 산출된 정량적 유사도를 활용하여 결론을 도출한 사례를 살펴보고자 한다. 이들 사례를 통하여 정량적 유사도가 구체적인 사안에서 어떻게 활용되고 있는지 실제적인 모습을 조금이나마 이해할 수 있을 것으로 생각한다. 다만, 살펴볼 사례는 확정판결이 아닌 하급심 판결이라 하더라도 문제 해결과 정량적 유사도 활용 간의 관계가 적절히 나타난다면 이를 사례로 제시하였다. 특정 사안의 결과를 살펴보고자 함이 아니라 실제 사례에서 정량적 유사도를 어떻게 적용하고 있는지 그 관계를 살펴보고자 함이 목적이기 때문이다.

1. 업무용통합프로그램 사건[1]

이 사건은 시스템 개발업을 수행하는 원고와 감정평가업을 수행하는 피고 사이에 발생한 분쟁이다. 사실관계를 살펴보면, 원고는 2006년 업무용통합프로그램을 개발하는 것을 내용으로 하는 계약을 피고와 체결하고, 이에 따른 개발 및 납품을 완료하였는데, 이때 공급계약 시 결과물의 소유권을 원고와 피고가 공동으로 갖는 것으로 정하였다. 이러한 상황에서 피고는 납품된 결과물을 원고의 동의 없이 소외 다수의 관련 업체에 배포하였고, 원고는 피고의 이러한 행위는 자신이 일정한 지분을 갖는 저작물을 무단으로 사용한 것이어서 저작권 침해를 구성한다고 주장하는 사례이다. 원고의 주장에 대해 피고는 소외 다수 관련 업체에 배포한 컴퓨터

---

1 서울중앙지방법원 2010.12.9. 선고 2009가합7224 판결.

프로그램은 원고가 개발한 것 자체가 아니고, 원고가 개발한 결과물에서 상당부분을 수정하여 사실상 상이한 컴퓨터프로그램이라 반박하였다.

법원은 이러한 주장에 대해 원피고의 각 컴퓨터프로그램이 동일한 것인지 아니면 피고의 항변과 같이 상이한 것인지를 확인하기 위하여 전문가 감정을 통해 정량적 유사도를 활용하였다. 그 결과 "감정인인 한국저작권위원회는 원고가 이 사건 계약에 따라 피고 협회에 최종납품한 이 사건 프로그램을 제1프로그램으로, 피고 협회가 회원사인 피고 법인들에게 배포한 업무용통합 프로그램을 제2프로그램으로, 피고 주식회사 ○○평가법인에서 사용하고 있는 업무용통합 프로그램을 제3프로그램으로 각 정하여 각 프로그램에 관한 유사도 등을 관한 감정을 실시하였고, 제2프로그램과 제3프로그램의 상당부분이 제1프로그램과 동일하거나 유사하다고 판단하였다."라고 판시하면서, 구체적인 감정결과를 다음과 같이 제시하였다.

감정 사항	감정결과
1	1. 제1프로그램에 대해 가지 항목 가운데 다음 4가지 항목이 존재함을 확인 ① 감정평가 통합관리 프로그램 ② 회계관리 프로그램 ③ 미들웨어 서버 및 서버관리 프로그램 ④ 인트라넷 그룹웨어 1-1. 제2, 제3프로그램에 대해서는 다음 3개 항목이 존재함을 확인 ① 감정평가 통합관리 프로그램 ② 회계관리 프로그램 ③ 미들웨어 서버 및 서버관리 프로그램

	1-2. 제2, 제3프로그램에 대해서 ④ GIS프로그램과 ⑤ 인트라넷 그룹 웨어는 존재하는지 확인할 수 없고, 로그 기록도 확인불가
2	아래 감정사항 4-1과 동일
3	제1프로그램 기준으로 ① 감정평가 통합관리 프로그램 ② 회계관리 프로그램 ③ 미들웨어 서버 및 서버관리 프로그램의 3개 항목에 대한 유사도를 산정함 ④ GIS프로그램과 ⑤ 인트라넷 그룹웨어는 목적물 제출되지 않아 감정불가 ① 감정평가 통합관리 프로그램의 제1프로그램기준 유사도 · 비교본 제2프로그램에 대해 70.5%가 유사(536개 프로시저 중 378개가 같거나 코드의 50% 이상 유사) · 비교본 제3프로그램에 대해 72.6%가 유사(536개 프로시저 중 389개가 같거나 코드의 50% 이상 유사) ② 회계관리 프로그램의 제1프로그램기준 유사도 · 비교본 제2프로그램에 대해 29.3%가 유사(75개 프로시저 중 22개가 같거나 코드의 50% 이상 유사) · 비교본 제3프로그램에 대해 29.3%가 유사(75개 프로시저 중 22개가 같거나 코드의 50% 이상 유사) ③ 미들웨어 서버 및 서버관리 프로그램의 제1프로그램기준 유사도 아래 감정사항 4-3과 동일
4-1	접수 · 발송프로그램에 대한 저장프로시저와 DB테이블에 대한 유사도 감정 1) 제2, 제3프로그램 기준 저장프로시저의 달라진 부분 · 제2프로그램과 제1프로그램의 유사도는 52.5%, 따라서 47.5%가 수정 또는 추가된 부분 · 제3프로그램과 제1프로그램의 유사도는 71.5%, 따라서 28.5%가 수정 또는 추가된 부분

2) 제2, 제3프로그램 기준 DB테이블 및 필드의 변경 정도
- 제2프로그램 기준 제1프로그램과 비교
  - DB테이블 57.4%가 추가(테이블 129개 중 74개가 추가)
  - 테이블 비교쌍 55개(129-74)에 대하여 필드명 유사도 84.6%, 따라서 15.4%가 수정 또는 추가
  - 테이블 비교쌍 55개(129-74)에 대하여 테이블 키(primary key) 구성 유사도 85.5%
- 제3프로그램 기준 제1프로그램과 비교
  - DB테이블 57.3%가 추가(테이블 131개 중 75개가 추가)
  - 테이블 비교쌍 56개(131-75)에 대하여 필드명 유사도 85.5%, 따라서 14.5%는 수정 또는 추가
  - 테이블 비교쌍 56개(131-75)에 대하여 테이블 키(primary key) 구성 유사도 85.7%
3) 제1프로그램 기준 DB테이블 유사도
- 비교본 제2프로그램의 필드명 유사도 98.2%, 테이블 키 구성 유사도 85.5%
- 비교본 제3프로그램의 필드명 유사도 98.2%, 테이블 키 구성 유사도 85.7%

	회계프로그램에 대한 저장프로시저와 DB테이블에 대한 유사도 감정

회계프로그램에 대한 저장프로시저와 DB테이블에 대한 유사도 감정

1) 제2, 제3프로그램 기준 저장프로시저의 변경 정도
- 제2프로그램과 제1프로그램의 유사도는 32.9%, 따라서 67.1%가 수정 또는 추가된 부분
- 제3프로그램과 제1프로그램의 유사도는 33.9%, 따라서 66.1%가 수정 또는 추가된 부분

4-2

2) 제2, 제3프로그램 기준 저장프로시저가 달라진 부분
- 위의 감정사항 4-2의 1)항과 동일

3) 제2, 제3프로그램 기준 DB테이블 및 필드의 변경 정도
- 제2프로그램 기준 제1프로그램과 비교
  - DB테이블 52%가 추가(테이블 25개 중 13개가 추가)

	- 테이블 비교쌍 12개(25-13)에 대하여 필드명 유사도 88.7% (283개 필드 중 251개가 유사), 따라서 11.3%가 수정 또는 추가 · 제3프로그램 기준 제1프로그램과 비교 - DB테이블 55.2%가 추가(테이블 29개 중 16개가 추가) - 테이블 비교쌍 13개(29-16)에 대하여 필드명 유사도 88.2% (297개 필드 중 262개가 유사), 따라서 11.8%는 수정 또는 추가 4) 회계에 관련된 출력물은 확인할 수 없음 5) 제1프로그램 기준 DB테이블 유사도 · 비교본 제2프로그램의 DB테이블 유사도 100% · 비교본 제3프로그램의 DB테이블 유사도 100%
4-3	미들웨어 서버 소스코드의 수정사항은 무엇인지에 대한 감정은 제2, 제3프로그램 기준으로 전체 소스코드 비교하여 유사도 산정 · 제2프로그램과 제1프로그램 71.4%가 유사(21개 파일 중 15개가 같거나 코드의 50% 이상 유사), 따라서 28.6%가 수정 또는 추가된 부분 · 제3프로그램과 제1프로그램 80%가 유사(15개 파일 중 12개가 같거나 코드의 50% 이상 유사), 따라서 20%가 수정 또는 추가된 부분
4-4	제2, 제3프로그램 기준으로 서버프로그램 변동된 내용을 파악하기 위해 소스코드 전체 비교하여 유사도 산정 1) 사용자권한관리 프로그램의 제2, 제3프로그램 기준 달라진 부분 · 제2프로그램과 제1프로그램 10.1%가 유사, 따라서 89.9%가 수정 또는 추가된 부분 · 제3프로그램과 제1프로그램 10.1%가 유사, 따라서 89.9%가 수정 또는 추가된 부분

	2) 버전관리 프로그램은 서로 다른 언어로 작성되어 물리적인 비교가 불가능 3) 메뉴관리프로그램의 제2, 제3프로그램 기준 달라진 부분 · 제2프로그램과 제1프로그램 100%가 유사, 변경된 부분 거의 없음 · 제3프로그램과 제1프로그램 100%가 유사, 변경된 부분 거의 없음
4-5	1) GIS프로그램이 제2, 제3프로그램에 설치되어 있는지는 확인할 수 없음 2) 로그기록도 확인할 수 없음
4-6	1) 인트라넷 그룹웨어(이노피션)이 제2, 제3프로그램에 설치되어 있는지는 확인할 수 없음 2) 로그기록도 확인할 수 없음

이를 전제로 법원은 "피고 협회가 피고 법인들에게 배포한 업무용통합 프로그램은 이 사건 프로그램을 기초로 하여 일부 내용을 변경한 것으로 이 사건 프로그램과 실질적으로 유사한 것이다. (중략) 이 사건 프로그램에 포함되어 있는 원고 고유의 프로그램 및 이 사건 계약을 통해 산출된 프로그램을 별도로 구매하지도 않고, 피고 법인들의 개별 사이트에 관한 사이트 라이센스도 받지 않은 상태에서 원고의 동의 없이, 피고 협회가 피고 법인들에게 이 사건 프로그램과 실질적으로 유사한 업무용통합 프로그램을 배포하여 사용하도록 한 행위, 피고 법인들이 각자의 서버에 위 업무용통합 프로그램을 설치하여 사용하는 행위는 모두 이 사건 계약에서 정한 이 사건 프로그램의 사용방식에 위배되는 것으로 이 사건 프로그램에 관한 원고의 저작권을 침해하는 것이다."라고 판시하였다.

이 판결에서 법원은 실질적 유사성을 판단하기 위한 구체적인 기준 등을 제시하고 있지는 않는다. 다만 판결이 직접적인 판단 근거로 제시하는 전문가 감정결과를 살펴보면, 감정결과는 '접수·발송 프로그램의 소스코드 유사도', '감정평가서 작성 프로그램의 소스코드 유사도', '회계프로그램에 대한 소스코드 유사도' 및 '회계프로그램에 대한 MSSQL DB 프로시저 유사도'에 대한 정량적 유사도를 도출한 것으로 이해할 수 있다. 실질적 유사성의 판단 근거라는 점과 연관지어 생각해 보면 정량적 유사도가 유의미한 소스코드 전체를 대상으로 산정한 것이 아니라 프로시저를 대상으로 한 유사도를 산정하였다는 점은 생각해 볼 여지가 있다. 왜냐하면 컴퓨터프로그램의 경우 저작권 침해 여부를 가리기 위해 살펴보는 실질적 유사성은 비교 대상을 저작권으로 보호받는 표현으로 한정하는데, 본 사례에서 실질적 유사성 판단의 직접적인 근거로 활용된 정량적 유사도의 비교·분석을 위해 대비된 대상은 그것을 보호받는 표현으로 볼 수 있는지에 대한 논란이 존재할 수 있는 것들이기 때문이다. 특히 유사한 프로시저를 구분하는 기준으로 일부 구성코드의 50% 이상이 유사한 것으로 설정한 점을 확인할 수 있는데, 앞에서 언급한 바와 같이 이러한 기준이 갖는 문제점도 고려되어야 한다.

2. 코어뱅킹프로그램 사건[2]

원고 1은 은행업무에 대한 전산프로그램인 Bancs의 개발자이며, 원고 2는 소외 호주의 FNS로부터 Bancs에 대한 우리나라에서

---

2 대법원 2011.6.9. 선고 2009다52304, 52311 판결.

의 배타적 사용권을 부여받은 회사이다. 그런데 소프트웨어 개발업을 영위하는 피고는 2003년 원고들의 컴퓨터프로그램이 도입된 A은행의 전산시스템 개선작업에 참여한 바가 있다. 피고가 참여한 개선작업은 A은행의 합병으로 사업이 완료 전에 중단되었다. 이후 소외 FNS는 추후 진행된 B은행의 차세대 뱅킹프로젝트에 자신이 원고에 제공한 컴퓨터프로그램과 비슷한 프로그램으로 이루어진 제품을 가지고 피고가 당해 프로젝트 입찰에 참여한 것을 발견하였다. 이에 원고들은 피고가 2003년 A은행의 전산시스템 개선작업에 참여하면서 원고들의 허락없이 Bancs의 소스코드를 무단으로 유출·이용하여 동종의 컴퓨터프로그램인 ProBank와 ProFrame을 제작하고, 이를 배포함으로써 원고들의 복제권 등을 침해하였다고 주장하였다. 이러한 원고의 주장에 대해 피고는 ProBank와 ProFrame은 피고의 독자적인 기술로 제작한 것이라고 항변하였다. 아울러 설사 자신의 컴퓨터프로그램이 A은행의 전산시스템과 비슷한 것이라 하더라도 애초에 A은행이 Bancs를 도입하였더라도 이는 A은행의 실정에 맞게 완전히 변형된 것이므로 A은행의 전산시스템과 Bancs는 완전히 다른 컴퓨터프로그램에 해당한다고 하였다.

　　법원은 이러한 주장에 대해 "C언어로 작성된 위 ProBank와 코볼 언어로 작성된 위 Bancs의 소스코드를 구성하는 파일에 대한 호출관계그래프(call graph)를 도출한 다음 이들을 파일의 개수, 줄수, 함수 수에 따라 정량적으로 비교한 결과 소스코드 중 50% 이상에서 유사성을 지니는 파일의 비율이 42.74% 정도이고, 정성적 방법에 따른 감정결과에서도 위 ProBank 소스코드에 사용된 함수들의 이름과 명령문, 주석 내용으로 보아 이미 존재하는 Bancs 소스코드를 일정하게 정해진 규칙에 따라 사람 혹은 기계를 사용하여 번역한 것으로 판단되었는데, 원심판결 별지 제2항 기재 프로그램은 위와 같이 감정대상이 되었던 ProBank에 모두 포함되어 있던 프로그램이거나 그 동일성을 해하지 않는 범위에서 이를 변형한 프로그램이고, 별지 제3항 기재 프로그램은 그 상당부분이 감정대상이 되었던 ProBank 구동에 필요한 프로그램이므로, 이와 같은 제반 정황들에 비추어 Bancs와 ProBank 중 상당부분 사이에는 실질적 유사성이 있다고 볼 수 있다."고 판단하였다.

한편, 직접적인 전문가의 정량적 유사도의 산출이 이루어진 전심(前審)의 판결(서울고등법원 2009.5.27. 선고 2006나113835 판결)을 살펴보면 좀 더 자세한 기술이 있다. 여기서 법원은 먼저 피고가 원고들의 컴퓨터프로그램 저작권을 침해하였는지 여부를 판단하기 위하여 "컴퓨터프로그램저작권 등의 침해 여부가 문제될 경우 컴퓨터프로그램에 사용된 프로그래밍 언어가 같거나 유사하여 그 소스코드 등의 언어적 표현을 직접 비교하는 것이 가능하다면 표현을 한줄한줄씩 비교하여 복제 등에 따른 침해 여부를 가릴 수 있을 것이다. 그러나 이 사건과 같이 프로그래밍 언어가 서로 달라 그 언어적 표현을 직접 비교하기 어려운 때에는 침해자가 저작자의 프로그램에 접근했거나 접근할 가능성이 있었는지 여부, 그리고 침해자가 원프로그램의 일련의 지시·명령의 상당부분을 이용하여 컴퓨터프로그램을 제작한 것인지 여부를 면밀히 살펴보아야 할 것이다."라고 판시하였다. 다음으로 원·피고 컴퓨터프로그램이 실질적으로 유사한 관계에 있는지 여부를 확인하기 위하여 "컴퓨터프로그램을 포함한 저작권의 보호대상은 사람의 사상 또는 감정을 말, 문자, 음, 색 등의 표현도구로 외부에 표현한 창작물이고, 표현되어 있는 내용 즉, 아이디어나 이론 등의 사상이나 감정 그 자체와 그 표현을 위해 사용된 표현도구는 저작권의 보호대상이 되는 표현에 해당하지 않으므로, 이러한 점을 고려하여 사상과 표현도구에 해당하는 부분을 제외한 나머지 표현형식을 추출하여 비교대상으로 삼아야 할 것"이라 하였다. 특히 컴퓨터프로그램에 대해서는 "추상화와 여과 과정을 거친 후에 남는 구체적 표현을 개별적으로 비교하는 외에도, 명령과 입력에 따라 개별파일을 호출하는 방식의 유사도, 모듈 사이의 기능적 분배의 유사도, 분석 결과를 수행하기 위한 논리적 구조 계통 역시 면밀하게 검토해 보아야 할 것이고, 그와 같은 구조와 개별 파일들의 상관관계에 따른 전체적인 저작물 제작에 어느 정도 노력과 시간, 그리고 비용이 투입되는지 여부도 함께 고려해 보아야 한다."는 점을 명시함으로써 구체적 판단의 기준을 제시하였다. 이러한 전제하에서 원·피고의 컴퓨터프로그램을 전문가에 의한 비교·분석을 수행하여 확인된 정보, 즉 COBOL 언어의 흔적 및 COBOL 언어로 작성된 주석이 상당한 점, 해당 프로그램이 COBOL 언어에서 번역된 것임이 명백한 주석이 있는 점, 함수 호출관계그래프를 비교한 결과 Bancs와 ProBank/ProFrame는 50% 이상의 유사성을 지니는 파일의 비율이 42.74%인 점, 함수관계 구조가 상당히 유사한 점 및 은행업무 전산화 프로그램 개발의 경력이 없던 피고의 ProBank와 ProFrame의 개발기간이 상당히 단기간인 점 등을 종합적으로 볼 때, 피고가 원고들의 컴퓨터프로그램을 이용하여 ProBank와 ProFrame를 제작하였음을 인정할 수 있다고 판단하였다. 다만, 피고가 복제한 2003년 당시의 A은행의 전산시스템은 Bancs 프로그램을 상당히 수정하여 만든 것이어서, 피고가 A은행의 전산시스템을 이용하였음에도 이는 원고들의 복제권을 침해한 것은 아니며, 원고들의 2차적저작물작성권을 침해한 것에 해당한다고 판단하였다.

이 판결은 원·피고의 컴퓨터프로그램을 비교하는 과정에서 양자가 서로 다른 언어로 작성되어 있으므로 이의 소스코드를 직접 문언적으로 비교하지 못하였다는 한계가 있다. 이에 보완적으로 각 컴퓨터프로그램의 호출관계그래프(call graph)에 대한 정량적 유사도(각 소스코드 파일 중 호출관계그래프가 50% 이상의 유사성을 보이는 파일의 비율이 전체의 42.74%로 산출됨)과 피고의 컴퓨터프로그램의 소스코드에 사용된 함수들의 이름과 명령문, 그리고 주석 내용으로 보아 이미 존재하는 COBOL 소스코드를 일정하게 정해진 규칙에 따라 사람 혹은 기계를 사용하여 번역한 것으로 판단되었던 점 등의 정성적 결과를 종합한 방식으로 실질적 유사성을 판단하였다. 이러한 방식을 택한 본 판결 역시 앞에서 살펴본 업무용통합프로그램 사건(서울중앙지방법원 2010.12.9. 선고 2009가합7224 판결)에서와 비슷한 논의, 즉 호출구조그래프 등의 저작권 보호대상 적합성 논의, 유사한 파일의 비교쌍을 가리기 위한 계산 방식 등이 논의의 대상이 될 수 있을 것이다.

3. 유통관리프로그램 사건[3]

원고는 소프트웨어 개발업에 종사하는 회사로서 소외 A사로부터 소프트웨어 개발에 관한 업무를 승계받아 수행하고 있었다. 이 과정에서 소외 A사로부터 승계받은 컴퓨터프로그램 제품을 수정한 버전을 판매 제품으로 하였다. 피고 역시 동일한 업종에 종사하는 회사로서 원고가 판매하는 컴퓨터프로그램의 분야와 동일한 분야의 컴퓨터프로그램을 판매하고 있었다. 이러한 상황에서 원고는 피고가 판매하는 컴퓨터프로그램이 자신의 것과 유사한 것이라

---

3 서울고등법원 2010.6.9. 선고 2009나47052 판결.

판단하고, 피고를 상대로 저작권 침해를 주장하였다. 이러한 원고의 주장에 대해 피고는 자신의 컴퓨터프로그램은 원고의 것을 복제하여 만든 것이 아니라 소외 A사와 체결한 라이선스 계약에 따라 A사의 컴퓨터프로그램에 기초하여 만든 것이라 항변하였다.

이 판결에서는 여러 쌍의 컴퓨터프로그램의 저작권 침해가 다루어졌는데 그중 대표적인 한 쌍에 대해서만 발췌하여 살펴본다.

이에 관하여 법원은 원고의 주장과 관련하여 "피고 신○○ 등은 원고 회사에서 퇴사할 당시 반환하지 아니하고 보유하던 노트북을 피고 회사에서 근무하면서 사용한 사실, 피고 권○○, 이○○, 이○○이 원고에게 반납한 각 노트북에 원고의 ○○마을 프로그램의 소스코드가 저장되어 있는 사실, 피고 이○○이 반환한 노트북에서 삭제된 파일들을 복원한 결과 ○○유통관리프로그램의 파일(이하 '복원된 ○○프로그램'이라 한다)이 복원된 사실, 복원된 ○○프로그램과 원고의 ○○마을 프로그램의 유사도를 정량방식에 따라 감정한 결과 ○○마을 프로그램 기준으로 99.78%, 복원된 ○○프로그램 기준으로 88.24%가 동일유사하고, 복원된 ○○프로그램의 워크스페이스 내 라이브러리 파일에서 '○○마을'이라는 단어를 포함한 부분이 상당수 존재하는 사실, 피고 신○○, 권○○, 이○○이 복원된 ○○프로그램 개발에 관여한 사실이 인정되고, 이러한 인정사실에 의하면 피고 회사는 피용자인 피고 이○○ 등으로 하여금 ○○마을 프로그램에 의거하여 복원된 ○○마을 프로그램을 개발하게 하였고, 이와 같이 개발된 복원된 ○○프로그램이 원고의 ○○마을 프로그램과 실질적으로 유사하다는 점이 인정된다."라고 판시한다.

한편, 피고의 항변에 대해서도 살펴보며, 이에 대하여 "위 피고들은 원고의 ○○마을 프로그램이 A사의 KINDS-NT의 최신 버전인 ○○통상의 ○○마트 영업관리 프로그램을 개작한 것이고, 피고들도 ○○통상의 ○○마트 영업관리 프로그램을 개작하여 ○○프로그램을 작성하였기 때문에 상호 유사한 것이라고 주장한다. 제1심의 컴퓨터프로그램보호위원회 및 한국데이터베이스진흥센터에 대한 각 감정촉탁결과, 당심의 한국저작권위원회에 대한 사실조회결과 및 변론 전체의 취지를 종합하면, A사의 KINDS-NT와 원고의 ○○마을 프로그램의 유사도를 정량방식에 따라 감정한 결과 KINDS-NT 기준으로 9.89%, ○○마을 프로그램 기준으로 6.50%가 동일·유사하고, A사의 KINDS-NT와 원고의 OO프로그램의 유사도를 정량방식에 따라 감정한 결과 KINDS-NT 기준으로 36.97%, ○○프로그램 기준으로 15.88%가 동일·유사한 사실, ○○통상 ○○마트에서 현재 사용하고 있는 유통관리 프로그램(이하 '○○통상 프로그램'이라 한다)과 원고의 ○○마을 프로그램의 각 데이터베이스에 공통된 테이블 59개만을 대상으로 한 데이터베이스 스키마(데이터베이스의 구조로서 테이블, 컬럼, 식별키 등으로 구성된다) 유사도 감정결과 영문테이블명 유사도가 100%, 칼럼명 유사도가 72%, 식별키 유사도가 58%인 사실, 이에 관하여 동일하지 아니한 테이블명에 대해서는 기능상 서로 대응하는 테이블이 없다는 전제하에 전체영역을 기준으로 유사도를 다시 산출하면 ○○통상 프로그램 기준으로 영문테이블명 유사도가 38%, 컬럼명 유사도가 28%, 식별키 유사도가 22%인 사실, A사의 KINDS-NT와 ○○통상 프로그램의 각 데이터베이스가 상이한 사실이 인정되는데, 이러한 사정에 데이터베이스 스키마는 처리하여야 할 데이터의 종류 및 내용에 따라 좌우되는 것인데, ○○통상과 ○○마을은 모두 유통업체이므로 기본적으로 처리하여야 할 데이터는 같을 수밖에 없고, 더욱이 ○○통상 프로그램이나 ○○마을 프로그램의 개발자가 대부분 같으므로 동종의 데이터에 관한 데이터베이스 스키마는 유사할 가능성이 큰 점을 고려하면 비록 ○○마을 프로그램이 ○○통상 프로그램이나 KINDS-NT에 의거하여 개발되었다고 하더라도 앞서 본 프로그램 유사도 및 데이터베이스 스키마 유사도 수준만으로는 ○○통상 프로그램이나 KINDS-NT와 ○○마을 프로그램이 실질적으로 유사하다고 볼 수 없다. 더욱이 앞서 본 바와 같이 복원된 ○○프로그램의 워크스페이스 내 라이브러리 파일들에 '○○마을'이라는 단어를 포함한 부분이 상당수 존재하는 점에 비추어 복원된 ○○프로그램은 ○○마을 프로그램에 의거하여 작성된 것임이 분명하다. 따라서 이와 다른 전제에 선 위 피고들의 주장은 이유 없다."라고 판단한다.

　이 판결에서 정량적 유사도의 활용은 세 가지 면에서 특징을 갖는다. 첫째, 정량적 유사도의 산출 방식의 오류를 최소화하기 위하여 비교대상의 기준을 두 가지 방식 모두 산출하여 제시하였다는 점이다. 다만, 이와 같은 방식은 모든 방식의 적용 결과를 제시하여 준다는 점에는 이익이 있으나, 구체적인 판단을 위해 양자를 어떻게 해석하여야 할지, 또한 어떠한 것을 기준으로 삼아 최종적인 판단으로 나아가야 할지 등에 대해 명확한 기준을 제공하지 못한다는 문제점도 존재한다. 둘째, 소스코드의 정량적 유사도의 산출뿐만 아니라 데이터베이스 스키마(데이터베이스의 구조로서 테이블, 칼럼, 식별키 등으로 구성)의 유사성까지 고려하였다. 그런데 데이터베이스 스키마 역시 저작권법의 보호대상으로 삼을 수 있는지 논란이 발생할 수 있는 대상이다. 판결에서는 실질적 유사성의 판단 시 데이터베이스 스키마 유사성의 역할 및 성질에 대해 특별히 제시하고 있지는 않는다. 데이터베이스 스키마를 실질적 유사성 판단의 근거를 위한 대상으로 활용함에 있어서 실질적 유사성을 나

타내는 대상적 특성, 즉 데이터베이스 스키마가 저작권의 보호를
받는 표현인지, 그리고 설사 보호받지 못하는 표현이라 하더라도
실질적 유사성 판단을 위한 근거로 활용될 수 있는 대상인지 등이
면밀히 검토될 필요가 있다. 셋째, 복수의 전문가로부터 감정을 받
았다는 점이다. 판결만으로는 어떠한 이유로 복수의 전문가로부터
각각의 감정을 받았는지 확인할 수는 없으나, 생각건대 전문가 감
정이 필요한 사항에 대한 세부 전문성을 고려한 결과가 아닐까 추
측한다. 하나의 사건, 그리고 하나의 비교대상을 내용으로 하더라
도 세부적인 전문성을 고려하여 각각의 전문가를 활용하였다는 점
은 앞으로 보다 전문화되는 컴퓨터프로그램이 분쟁의 대상이 될
수밖에 없다는 점에 의미하는 바가 크다.

4. ERP프로그램 사건[4]

　원고는 버스운수회사의 ERP프로그램을 개발 및 유지보수를
업으로 하는 회사인데, 원고회사에서 퇴직한 일부 직원에 의하여
설립된 피고회사 역시 원고와 동종의 제품을 만들어 시장에서 판
매하였다. 이에 원고는 피고가 원고회사에서 퇴직할 당시 원고회
사의 제품인 ERP프로그램의 소스코드 및 설계서 등을 무단으로
가져가 이를 이용하여 피고의 제품을 제작하였고 이로 인하여 저
작권 침해가 발생하였음을 주장하는 사례이다.
　이에 대하여 법원은 실질적 유사성 판단과 관련하여 "컴퓨터
프로그램 저작권이 침해되었는지 여부를 판단함에 있어서도 어문

4　서울고등법원 2010.10.13. 선고 2010나10261 판결.

저작물 등의 경우와 마찬가지로 먼저 저작권이 침해되었다고 주장되는 컴퓨터프로그램 소스코드 중 창작성이 인정되는 부분을 특정한 다음, 그 부분과 저작권을 침해하였다고 주장되는 컴퓨터프로그램의 소스코드를 대비하여 양자 사이에 실질적 유사성이 인정되는지 여부를 살펴보아야 한다."라고 기준을 제시한다. 이러한 전제하에 실질적 유사성을 판단하기 위하여 두 가지 대상의 유사성, 즉 소스코드와 데이터베이스의 유사성을 전문가 감정을 통하여 사실로 확정한다.

법원은 구체적인 유사여부에 관하여 다음과 같이 감정결과를 제시한다.

"1) 감정대상 프로그램

감정대상 중 원고 프로그램은 원고가 감정의뢰 당시 제출한 소스코드 및 데이터베이스 스키마이고, 피고 프로그램은 피고가 주식회사 ○○운수에 공급한 프로그램의 소스코드 및 데이터베이스 스키마이다.

2) 유사도 산출기준

원고 프로그램을 기준으로 원고 프로그램 중 얼마나 많은 부분이 동일 또는 유사한지를 판단하였다(즉, 원본기준방식에 의한 것이다).

3) 각 프로그램의 개요

	원고 프로그램	피고 프로그램
운영체제	Windows	Windows
데이터베이스	Microsoft SQL 2000	Microsoft SQL 2005
개발도구	Visual Studio. Net 2002	Visual Studio. Net 2005

4) 데이터베이스의 유사도

○ 유사 여부 판단 방법

원고와 피고가 제공한 테이블 명세서를 이용하여 피고 프로그램 데이터베이스의 테이블(이하 '피고 테이블'이라 한다) 중 원고 프로그램 데이터베이스의 테이블(이하 '원고 테이블'이라 한다)과 유사한 기능을 수행하는 것이 존재하는지 여부 및 유사기능을 수행하는 테이블들이 유사한 기능의 파일쌍에 사용되고 있는지 여부를 파악하여 테이블 비교쌍을 작성한 다음, 이와 같이 작성된 테이블 비교쌍의 칼럼을 비교하여 원고 테이블 칼럼의 기능에 대응되는 칼럼이 비교대상인 피고 테이블에 존재하는지를 살펴 유사칼럼의 개수를 파악하되, 대응되는 칼럼명이 매우 유사한 것이 존재하면 그 칼럼은 유사한 것으로 판단하였다.

그러나 유사칼럼 여부는 테이블 및 칼럼의 기능상 유사 여부만을 기준으로 판단하였고, 테이블 및 칼럼의 속성(크기, 타입, 키 여부, Null 여부)이 일치하는지 여부까지는 고려하지 아니하였다.

○ 테이블의 전체 유사도(원고 프로그램을 기준으로 한 비율임)

원고 프로그램 데이터베이스(이하 '원고 데이터베이스'라 한다)의 사고관리 관련 테이블 10개, 배차/근태관리 관련 테이블 23개, 수입금관리 관련 테이블 16개, 자재관리 관련 테이블 35개, 인사/급여 관련 테이블 46개 및 연말정산 관련 테이블 16개 등 합계 164개의 테이블을 피고 프로그램 데이터베이스의 총 3,775개 칼럼 중 2,188개 칼럼이 피고 데이터베이스의 칼럼에 대응하여, 전체 유사도는 57.99%로 산정되었다.

구분		원고 데이터베이스 칼럼 수	피고 데이터베이스와 유사한 칼럼 수	유사도
ACDT	사고관리	203	121	59.61%
ASMT	배차/근태관리	532	203	38.16%
CASH	수입금관리	292	82	28.08%
MATL	자재관리	578	330	57.09%
PAY	인사/급여 및 연말정산	2,170	1,453	66.96%
합계		3,775	2,189	57.99%

또한, 원고 데이터베이스의 164개 테이블 중 유사도가 70% 이상인 테이블은 53개이고, 유사도가 70% 이상인 테이블의 비율은 37.67%이다.

구분		테이블 수	유사도 70% 이상인 테이블 수	유사도 70% 이상인 테이블 비율
ACDT	사고관리	10	5	50.00%
ASMT	배차/근태관리	23	4	13.04%
CASH	수입금관리	16	2	12.50%
MATL	자재관리	35	16	45.71%
PAY	인사/급여 및 연말정산	62	28	45.16%
합계		146	55	37.67%

○ 데이터베이스 뷰(View)

원고 데이터베이스에는 17개 뷰가 있는 반면에, 피고 데이터베이스에는 6개의 뷰가 있는데, 원고 데이터베이스의 PAY_EMP_VIEW 뷰가 피고 데이터베이스의 VEMP10010 뷰에 대응한다.

○ 테이블명과 칼럼명

원·피고 데이터베이스의 테이블명과 칼럼명은 대부분 상이하다.

5) 소스코드 유사도

○ 유사 여부 판단 방법

원·피고 각 프로그램의 파일명세서 및 피고 데이터베이스의 프로그램 정보 관련 테이블(TSYS1002) 등을 참조하고, 관련 화면을 일일이 실행시키면서 확인하여 원고 프로그램 소스코드의 파일에 대응되는 피고 프로그램 소스코드의 파일을 찾아 소스코드의 파일쌍을 작성한 다음, 그 각 파일쌍의 소스코드에서 의미 없는 공백을 제거하고 이를 라인 단위로 병합 또는 분리한 후 토큰(token: 입력 문자열을 최소한의 의미가 있는 단위로 나눌 때의 분류기준)으로 파싱(parsing: 특정 문자열의 내용을 특정한 조건에 따라 분해하여 저장하는 작업)한 다음 토큰 정보를 이용하여 각 파일쌍의 소스코드가 동일·유사한지 여부를 비교하였는데, 이때 '유사라인설정 임계치'(한 개의 라인에 있어서 어느 정도 동일하여야 그 라인이 유사하다고 인정할지를 정하는 옵션)를 70%, '인접블록 임계치'(동일 또는 유사 라인이 몇 라인 이상 연속하여야 그 부분이 동일·유사하다고 판단할 것인지 선택하는 옵션)를 3으로 각각 지정하여 동일·유사 여부를 판단하였다.

또한, 이와 더불어 중요한 기능을 수행하는 함수에 대한 호출 그래프를 비교하고, 원고가 감정촉탁 당시 원고 프로그램의 핵심 부분이라고 주장한 모듈과 클래스의 함수 및 변수 구성도 비교하는 한편, 화면디자인 관련 소스코드와 같이 자동생성되는 부분은 제거하고 소스코드를 비교하였다.

　○ 소스코드 전체 유사도(원고 프로그램을 기준으로 한 비율임)

　① 공통관리, 수입금관리, 자제관리 부분에는 상호 유사한 부분이 없고, ② 배차/근태관리에 있어서는 원고 프로그램의 mod-Basic_Asmt 모듈(프로그램 전반에서 자주 사용되는 공통함수들을 정의한 부분) 중 166라인과 재직기간산정함수 중 51라인이 유사할 뿐 나머지 부분은 함수 및 변수의 구성, 함수의 호출관계 등이 모두 상이하며, ③ 사고관리 부분에서는 사고등록 시 사진을 저장하는 파일 중 함수 하나가 유사하나 이는 핵심함수는 아니고, 사고관리에 있어서 중요한 기능을 담당하는 사고등록에 관한 함수의 함수명 및 호출관계가 다르며, ④ 인사/급여 및 연말정산 부분에 있어서는 노드조회함수 및 재직기간체크함수가 각각 일부 유사하고, 산출세액계산, 인적공제계산, 근로소득공제계산, 세액공재·세액감면계산에 관한 함수가 유사하다.

순번	프로그램 구분	원고 프로그램 라인 수	피고 프로그램과 유사한 라인 수	유사도
1	공통관리	4,887	0	0.00%
2	배차/근태관리	40,589	217	0.53%
3	사고관리	21,148	17	0.08%
4	수입금관리	17,277	0	0.00%
5	자재관리	113,343	0	0.00%
6	인사/급여 및 연말정산	83,739	425	0.51%
	합계	280,983	659	0.23%

6) 기타(원고가 원고 프로그램에만 존재하는 데이터베이스 설계구조와 프로그램소스 중 특정함수 및 처리방식이라고 주장하는 부분에 관한 추가감정사항)

○ 사원 고유 키 관리(PAY_KEY_MST) 테이블

피고 데이터베이스에는 원고 데이터베이스의 사원 고유 키 관리 테이블에 대응하는 테이블은 없다. 그러나 원고 프로그램에서 사원정보를 Key_Code와 Key-Seq의 조합으로 구성하여 인식하는 것과 마찬가지로 피고 프로그램에서도 사원정보를 Emp_Code와 Emp_Seq의 조합으로 구성하여 인식하고 있다.

○ 수당/공제/근태 출력용 명칭 관리(PAY_NAME_PRT) 테이블과 운행상태 코드관리(ASMT_S TAT_MST) 테이블

피고 데이터베이스에도 원고 데이터베이스의 수당/공제/근태 출력용 명칭 관리 테이블과 운행상태 코드관리 테이블과 같은 기능을 수행하는 출력 및 조회항목 설정(TRAY90140) 테이블 및 기본근태(TWRK90020) 테이블이 존재하나, 그 세부칼럼의 종류 및 개수, 타입, 길이 등은 상이하다.

○ 차량관리(MATL_CAR) 테이블 중 대·폐차 관리를 위한 차량일련번호(CAR_SEQ) 칼럼의 적용 여부

피고 데이터베이스 중 차량관리(TMNG30051) 테이블에도 원고 데이터베이스와 같이 차량일련번호(CAR_SEQ) 칼럼이 포함되어 있다.

○ 입고 및 출고 테이블의 유사 여부

원고 데이터베이스는 입고 관련 테이블을 입고상세테이블(MATL_IN_PARTS_DTL)과 입고마스터테이블(MATL_IN_PARTS_MST)로 나누어 입고상세테이블에서 입고상세테이블 킷값 및 입고마스터테이블 킷값을 모두 관리하도록 하고, 출고 관련 테이블로는 부

품출고전표관리테이블(MATL_OUT_PARTS)만 두어 여기서 출고시 입고마스터테이블 킷값을 관리하도록 되어 있는 반면에, 피고 데이터베이스에는 입고 관련 테이블은 입고등록테이블(TMAT10120)만 존재하고, 출고 관련 테이블을 출고상세테이블(TMAT10135)과 출고마스터테이블(TMAT10130)로 나누어 그중 출고상세테이블에서 원고 데이터베이스의 입고테이블 키에 해당하는 입고정보를 관리하도록 하고 있다. 다만, 원고의 입고상세테이블에는 입고 마스터키에 해당하는 칼럼이 존재하는 반면에, 피고의 출고상세테이블에는 출고 마스터키에 해당하는 칼럼이 존재하지 아니한다.

　○ 업무별 Lock 관리 테이블

피고 데이터베이스에는 원고 데이터베이스의 업무별 Lock 관리(COMM _LOCK) 테이블과 같은 기능을 하는 테이블이 없고, 그 대신 피고 프로그램에서는 TABLOCK 옵션을 사용하여 자료의 중복입력으로 인한 오류를 방지하고 있다.

　○ 한글 2byte 처리를 위한 함수

피고 프로그램에도 한글 2byte 처리를 위한 함수가 존재하는데, 이는 원고 프로그램의 해당 함수와 전체적으로 상당히 유사하지만 동일하지는 않으며, 이름도 다르다.

　○ 날짜 입력 시 자동 완성을 위한 함수

피고 프로그램에도 날짜 입력 시 자동 완성을 위한 함수가 존재하는데, 원고 프로그램에서는 연월일 자동생성을 위한 gDateFormat 함수와 연월 자동생성을 위한 gYearMonFormat 함수 등 두 가지 함수를 사용하는 반면에, 피고 프로그램에서는 gFun_DateFormat 함수로 연월일 및 연월을 자동생성하도록 하고 있다.

　○ 근태 집계 후 대치내역 비교화면

피고 프로그램에도 근태 집계 후 대치내역을 비교조회할 수 있는 기능이 있는데, 원고 프로그램은 '계산 전', '계산 후' 등 두 가지로 구분되어 조회되는 반면에, 피고 프로그램은 '계산 전', '계산 후', '대치 후' 등 세 가지로 구분되어 조회된다.

○ 피고 프로그램의 리포트 파일 중 2007.11.13. 이전에 생성 또는 수정된 파일은 존재하지 아니한다."

이러한 감정결과 인정사실로 하여 유사여부에 대해 다음과 같이 판단하였다.

"프로그램 소스코드의 경우 그 유사도가 0.23%에 불과하고 그나마 유사한 부분도 대부분 프로그램 전반에서 자주 사용되는 공통함수들을 정의한 부분이거나 국세청에서 제시한 연말정산계산방법에 다른 연말정산계산함수 부분이므로 원·피고 프로그램의 소스코드가 유사하다고 보기 어렵다.

데이터베이스의 경우 테이블의 유사도가 57.99% 정도이기는 하나 그 유사도는 각 테이블에 유사한 기능을 수행하는 칼럼이 존재하는지에 따른 유사도일 뿐 각 칼럼의 속성(크기, 타입, 키 여부, Null 여부)이나 뷰 등은 고려하지 않은 것이어서 그것만으로는 데이터베이스 스키마가 유사하다고 보기 어려운 점, 타인의 데이터베이스를 모방하는 경우에는 그 네이밍 룰도 모방하여 테이블명이나 칼럼명이 유사한 경우가 많으나 원·피고 데이터베이스의 경우에는 테이블명과 칼럼명이 대부분 상이한 점, 데이터베이스의 구조 및 기능은 대상 업무에서 발생하는 데이터의 형태·종류와 그 데이터를 기초로 수행하여야 하는 작업의 형태·종류에 따라 결정되는 것인데 원·피고 각 프로그램은 모두 버스운수회사의 기업자원관리 프로그램이어서 데이터의 형태·종류와 그 데이터를 기초로 수행하여야 하는 작업의 형태·종류가 매우 유사할 것으로 보이는 점 등에 비추어 보면 앞서 본 데이터베이스 테이블의 유사도만으로는 원·피고 데이터베이스가 유사하다고 보기 어렵다.

따라서 원·피고 프로그램이 서로 유사하지 아니하다."

본 판결은 이와 같은 유사여부에 대한 판단을 기초로 하여 원·피고 컴퓨터프로그램이 서로 실질적으로 유사한지 여부에 대한 판단을 다음과 같이 한다.

"앞서 의거 요건과 관련된 유사성 판단에서 본 바와 같이 프로그램 소스코드의 경우 원고 프로그램과 피고 프로그램 사이의 유사도가 0.23%에 불과하고 그나마 유사한 부분도 프로그램 전반에서 공통적으로 자주 사용되는 함수들을 모아서 정의한 부분이거나 연말정산계산 관련 함수 부분인데, 프로그램 전반에서 자주 사용되는 공통함수들을 한 번에 모아서 정의하는 것은 널리 받아들여지는 프로그래밍의 관행에 해당할 뿐만 아니라 그러한 공통함수는 일반적으로 자주 사용되는 것들이어서 여기에 창작성이 있다고 보기 어렵고, 연말정산계산 관련 함수 역시 국세청에서 제시한 연말정산계산방법에 따라 연말정산세액을 계산하는 것으로서 누가 작성하더라도 유사할 수밖에 없으므로 여기에도 창작성이 있다고 보기 어렵다.

한편, 데이터베이스의 경우 유사도가 57.99% 정도이기는 하나, 그 유사도는 각 테이블에 유사한 기능을 수행하는 칼럼이 존재하는지에 따른 유사도일 뿐인데, 데이터베이스의 구조 및 기능은 대상 업무에서 발생하는 데이터의 형태·종류와 그 데이터를 기초로 수행하여야 하는 작업의 형태·종류에 따라 결정되는 것이고 이와 같이 결정된 데이터베이스의 구조 및 기능에 따라 테이블 및 각 테이블에 속하는 칼럼의 개수, 속성, 기능 등이 결정되는 것이므로, 개별 칼럼은 데이터베이스의 기능적 요소에 불과하여 여기에 고유한 창작성이 있다고 보기도 어렵다. 또한 원·피고 프로그램은 모두 버스운수회사의 기업자원관리 프로그램이어서 데이터의 형태·종류와 그 데이터를 기초로 수행하여야 하는 작업의 형태·종류가 매우 유사하므로 원·피고 데이터베이스 역시 유사할 가능성이 큰 점에 비추어 앞에서 본 데이터베이스 테이블의 유사도만으로는 원·피고 각 프로그램 데이터베이스가 유사하다고 보기도 어렵다.

원고가 원고 프로그램에만 있는 것이라고 주장하는 데이터베이스의 테이블이나 소스코드의 함수들 중 사원정보를 Key_Code와 Key_Seq의 조합 구성으로 인식한다는 부분은 개별 사원에 관한 일반적인 인적 정보와 그 사람의 퇴사 후 재입사에 관한 정보를 구분하여 저장하였다가 작업의 필요에 따라 일반적인 인적 정보만 사용하여 사원을 특정하거나 퇴사 후 재입사에 관한 정보도 같이 고려하여 사원을 특정하는 것으로서 창작성 있는 표현이라기보다는 업무의 효율적 처리를 위한 아이디어에 속하는 것으로 보이는데다가, 설령 표현에 해당한다고 보더라도 원고 프로그램에는 키 관리를 위한 별도의 키 테이블(PAY_KEY_MAST)이 존재하는 반면에 피고 프로그램에는 그러한 테이블이 존재하지 아니하는 점에 비추어 양자는 그 표현에 있어서 실질적으로 유사하다고 보기도 어렵다.

원고 데이터베이스의 수당/공제/근태 출력용 명칭관리(PAY_NAME_PRT) 테이블 및 운행상태 코드관리(ASMT_STAT_MAT) 테이블은 버스운수회사 업무 특성상 당연히 관리되어야 하는 자료들을 데이터베이스에 반영한 것인데다가 개별 테이블은 데이터베이스의 기능적 요소에 불과하므로 여기에 고유한 창작성이 있다고 보기도 어렵고, 설령 창작성이 있는 표현에 해당한다고 하더라도 피고 데이터베이스에 같은 기능을 수행하는 출력 및 조회 항목 설정(TRAY90140) 테이블 및 기본근태(TWRK90020) 테이블은 그 하위 칼럼의 종류 및 개수, 타입, 길이 등이 그에 대응하는 원고의 것과 상이하므로 양자가 실질적 유사하다고 보기도 어렵다.

차량관리 테이블 중 대·폐차 관리를 위한 차량일련번호 칼럼(CAR_SEQ)은 버스운수회사에서 차량번호를 받으면 차량번호를 반납할 때까지 이를 계속 사용하여야 하므로 동일한 차량번호를 사용한 차량들에게 일련번호를 부여하여 폐차된 차량과 신차를 구별하는 버스운수회사 업무 특성을 반영한 기능적 요소에 불과하여 여기에 고유한 창작성이 있다고 보기도 어렵다.

입·출고 테이블도 이 역시 데이터베이스의 기능적 요소에 불과하므로 여기에 고유한 창작성이 있다고 보기도 어렵고, 설령 창작성이 있는 표현에 해당한다고 하더라도 원·피고 프로그램 데이터베이스에서의 관련 테이블 및 칼럼의 구성 및 속성 등이 상이하므로 실질적으로 유사하다고 볼 수도 없다.

자료의 중복입력으로 인한 오류를 방지하기 위한 Lock 기능은 데이터베이스에는 대부분 존재하는 것이어서 이를 두고 창작성 있는 표현이라고 보기도 어렵고, 더욱이 원고 프로그램과 피고 프로그램에서 그러한 오류를 방지하기 위하여 채용한 방법이 다르므로 양자가 실질적으로 유사하지도 아니하다.

한글 2byte 처리를 위한 함수는 간단한 함수로서 누가 작성하더라도 비슷할 수밖에 없는 것이므로 창작성 있는 표현에 해당한다고 보기 어렵다.

날짜 자동완성 함수 역시 매우 간단한 함수로서 누가 작성하더라도 비슷할 수밖에 없는 것이므로 창작성 있는 표현에 해당한다고 보기 어려운데다가 이에 관한 원·피고 프로그램의 함수가 상이하므로 실질적으로 유사하지도 아니하다.

근태집계 후 대치내역을 비교조회하는 것 역시 버스운수회사

업무 특성을 반영한 것이어서 그러한 비교조회기능 자체가 창작성 있는 표현이라고 보기 어렵고, 원고 프로그램은 계산 전·후 두 가지로 구분되어 조회되나 피고 프로그램은 계산 전·후 및 대치 후 세 가지로 구분되어 조회되는 등 표현방식이 상이하므로 실질적으로 유사하지도 아니하다.

따라서 원·피고 프로그램은 실질적으로도 유사하지 아니하므로, 이와 다른 전제에선 원고의 주장은 이유 없다."

5. 콘텐츠보안프로그램 사건[5]

원고는 2001년부터 디지털콘텐츠 보안프로그램인 미디어쉘 이라는 프로그램을 개발 및 생산하고 있으며, 피고는 2003년부터 동종의 미디어로즈라는 프로그램을 개발 및 생산하고 있었다. 그런데 피고의 프로그램은 원고의 직원이 원고회사를 퇴사하여 설립한 A사가 피고로부터 수주하여 개발한 것이며, A사는 2003년 피고와 합병되었다. 이에 원고는 피고의 미디어로즈 프로그램은 원고의 미디어쉘 프로그램을 복제하여 만든 것으로 원고의 저작권을 침해한 것이라 주장하였다. 이러한 원고의 주장에 대해 피고는 원고의 프로그램과 피고의 프로그램은 전혀 다른 것이라고 항변하는 사례이다.

법원은 이러한 주장에 대해 "피고가 원고의 미디어쉘 프로그램에 대한 복제권 내지는 개작권을 침해하였다고 하기 위해서는 원고의 미디어쉘 프로그램과 피고의 미디어로즈 프로그램의 창작

---

5 서울중앙지방법원 2006.9.7. 선고 2004가합76119 판결.

적 표현형식 사이에 실질적 유사성이 인정되어야 할 것이나, 이 법원의 프로그램심의조정위원회에 대한 감정촉탁결과만으로는 이를 인정하기에 부족하고, 달리 이를 인정할 증거가 없으며, 오히려 위 감정촉탁결과, 이 법원의 프로그램심의조정위원회 위원장에 대한 사실조회결과에 변론 전체의 취지를 종합하여 보면, 전체적인 프로그램 구현방식에 있어서 원고의 미디어쉘 프로그램은 일반 응용프로그램 방식을 사용하고 있는 반면, 피고의 미디어로즈 프로그램은 컴포넌트 기반 방식을 사용하고 있는 사실, 원, 피고 각 프로그램은 크게 인증, 등록절차 등을 처리하는 서버 부분, 콘텐츠를 암호화하여 전달하는 패키저 부분, 클라이언트 관리를 위한 에이전트 부분으로 구성되어 있고, 각 구성부분별로 기본적으로 제공하는 기능은 유사하나, 이는 디지털 콘텐츠 보안프로그램의 특성상 일반적으로 제공되는 기능에 불과할 뿐이고, 각 해당 기능을 구현하는 세부적인 구현방식은 서로 다른 사실, 프로그램 전체 및 각 기능별 구현방식이 다르면 각 해당 부분 구성의 핵심요소라 할 소스코드 역시 다르게 나타나는 사실, 원, 피고 각 프로그램 중 기능이 유사한 파일 간 소스코드의 평균 유사도는 10.7%이고, 파일명이 동일한 파일 간 소스코드의 유사도는 20.58%이나, 이는 개략적 산출 결과일 뿐이고, 세부적으로 소스코드를 살펴보면 일반적으로 기술되거나 자동적으로 생성되는 부분을 제외한 핵심적인 부분은 불일치하는 사실, 원고가 미디어쉘 프로그램의 고유기능으로 제시한 핵심적인 부분은 불일치하는 사실, 원고가 미디어쉘 프로그램의 고유기능으로 제시한 기능항목에 대하여 피고의 미디어로즈 프로그램의 각 해당 기능항목별로 산출한 구현방식 등의 유사도(논리적 복제도)는 0%인 사실, 위와 같은 소스코드의 유사도와 논리적 복제도에다가 폴더 및 파일명의 유사도까지 더하여 보아도, 위 각 유사도 판정항목의 중요도에 따른 상대적인 가중치를 고려하여 볼 때 전체 유사도는 11.5%에 불과한 사실을 인정할 수 있으므로, 원, 피고 각 프로그램 사이에 실질적 유사성을 인정할 수 없다 할 것이다."라고 판시하였다.

이 판결은 비교 대상 컴퓨터프로그램 간 정량적 유사도가 매우 낮게 나타난 결과 실질적 유사성이 부정된 사례이다. 소스코드의 비교·분석 시 논리적 복제도를 함께 살펴보았다는 점에 특징이 있다. 여기서 논리적 복제도는 컴퓨터프로그램에서 비문언적 표현에 해당하는 논리구조 등에 대한 것이다. 이를 실질적 유사성 판단을 위한 직접 증거로 활용하는 데는 고민이 필요할 것으로 보이지만, 보조적으로 활용되는 것은 문제가 없을 것이다. 그런데 이 판결을 살펴보면 전문가에 의한 비교·분석 결과를 전제로 판단을 하고 있는데, 이 과정에서 의거 입증을 위한 유사도와 실질적 유사성 입증을 위한 유사도를 구분하지 않는다. 다양한 정량적 유사도 산출 결과를 종합하여 실질적 유사성 판단을 직접 이끌어 내고 있다. 특히 물리적 유사도와 논리적 유사도를 종합하여 산출한 정량적 유사도[6]는 보호받는 표현만을 비교대상으로 한다는 실질적 유사성 개념에 비추어 볼 때, 직접 그의 근거로 활용되기에는 조금 더 논의가 필요할 수 있을 것이다. 이와 같은 방식은 과거에 종종 나타나는 형식인데, 앞에서 다른 사례에서 살펴본 바와 같이 최근에는 이의 구분을 명확히 하는 경향이 크다.

---

6 물리적 유사도를 'DLL 및 실행 파일들의 크기 유사성', '호출된 함수 및 이름들의 개수 유사성', '각 어셈블리어 코드에서 동일함수 비율'에 가중치를 부여하여 종합하고 있으며, 논리적 유사도를 '함수호출관계 분석에 의한 유사성', '각 어셈블리어 코드 분석에 의한 유사성'에 가중치를 부여하여 종합한다. 최종적인 유사도는 물리적 및 논리적 유사도를 종합하는 방식으로 정량적 유사도를 산출한 것이다.

제6장

최근의 새로운 논의

1. 정량적 유사도 활용 대상의 확대 시도

가. 서 설

저작권 침해 소송에서 정량적 유사도를 활용하여 실질적 유사성을 밝혀내는 방식은 해외에서의 사례는 찾아보기 어려우나 우리나라에서는 컴퓨터프로그램을 대상으로 하는 분쟁에서 매우 활발하게 이용되고 있다. 정량적 유사도를 활용하여 실질적 유사 여부를 탐지하는 방식은 저작권 침해 여부 판단에서 가장 핵심적인 요소인 유사한 정도를 명확하게 나타낸다는 장점이 있다. 그에 반하여 수치화하는 과정에서 발생하는 오류를 완전히 통제하기 어렵다는 등의 단점도 분명히 존재한다. 우리나라는 저작권 침해 소송 전반에서 정량적 유사도를 활용하는 것은 아니며, 기술적 분야, 특히 컴퓨터프로그램 등을 대상으로 하는 저작권 침해 분쟁을 중심으로 정량적 유사도를 활용하고 있다. 그런데 정량적 유사도가 갖는 장점으로 인하여 최근 컴퓨터프로그램 분야 이외의 저작물 영역에서도 정량적 유사도가 활용되는 사례가 발견되기도 한다. 대표적인 사례로는 정량적 유사도를 어문저작물에 대해 적용한 것(서울중앙지방법원 2015.2.12. 선고 2012가합541175 판결, 채무부존재확인)을 들 수 있는데, 컴퓨터프로그램이 어문저작물과 유사한 성격을 갖는다는 점을 고려하여 어문저작물을 대상으로 정량적인 유사도 산출을 시도한 것이다. 특히 이 사안은 비교 대상 전체에서 그 비율을 구체적으로 계산하며, 계산을 위한 기준에 대해 제시하고 있는 등 컴퓨터프로그램이 아닌 타 유형의 저작물을 대상으로 정량적 유사도가 어떻게 적용될 수 있는지 용이하게 확인할 수 있다는 특징을 갖는다. 이에 이 사안을 자세히 살펴봄으로써 정량적 유사도 활용 확대의 모습을 이해할 수 있을 것으로 본다.

나. 대상판결의 분석

(1) 사실관계

원고는 온라인교육사업을 영위하는 회사로 수능 및 내신 관련 동영상 강의서비스를 제공하고 있다. 한편 피고는 교과서 및 평가문제집을 비롯하여 다양한 서적의 출판업을 영위하는 회사로 본건의 고등학교 국어 교과서를 출판하고 검정을 받은 바 있다. 피고는 본건 국어교과서 등의 원저작자 등에게 출판권과 2차적저작물작성권을 양수받아 피고의 국어교과서 및 평가문제집을 대상으로 원고와 출판물 이용허락 계약(2011.2.17.-2012.2.29.)을 체결하였다. 이후 원고는 2011.2.14.-2011.11.19.의 기간 동안 피고의 국어교과서 및 평가문제집을 이용한 동영상강의콘텐츠를 제작하고 이를 서비스하여 영업적 이익을 얻었다.

2012.2.29.까지의 출판물 이용허락 계약기간이 만료된 이후 원고와 피고는 해당 서적 등의 이용허락을 위해 재계약 협상을 진행하였으나, 의견이 일치되지 않아 2012.5.2. 자로 재계약 협상은 결렬되었다. 이에 피고는 원고에게 계약이 만료되어 피고의 허락 없이 교재를 이용하기 시작한 시점인 2012.3.1. 이후부터 현재까지 원고가 이용한 피고의 출판물의 이용료를 지급할 것을 청구하였다. 반면 원고는 원고가 서비스한 동영상강의콘텐츠는 원고의 독자적인 저작물이므로 피고의 출판물에 대한 저작권 침해가 존재하지 않았고, 따라서 피고에게 이용료를 지급할 의무가 존재하지 않는다고 항변하였다.

(2) 양 당사자의 주장

양 당사자의 주장을 구체적으로 각각 살펴보면 다음과 같다.

먼저 원고는 피고의 교재를 이용한 행위가 저작권 침해에 해당하지 않으므로 저작권 침해에 기한 채무를 이행할 의무가 없음을 주장하였다. 특히, 서비스한 동영상강의콘텐츠에서 피고의 출판물을 원고가 사용하였다 하더라도 동 강의콘텐츠는 원고 소속 강사의 독창적인 교수법에 의하여 진행되는 것이어서 피고의 출판물과 구별되는 별도의 저작물에 해당한다고 하였다. 또한 원고가 피고의 출판물을 이용함으로써 저작권 침해의 소지가 발생하였다고 하더라도 이는 저작권법 제28조(공표된 저작물의 인용) 및 동법 제35조의3(공정이용)에 의하여 피고가 저작재산권의 행사를 제한받게 되는 경우에 해당함을 주장하였다.

반면, 피고는 원고가 출판물 이용허락의 기간이 만료된 이후 지속적으로 동영상강의콘텐츠를 제공한 바 있으므로 이러한 행위는 피고의 출판물을 허락없이 이용한 것이어서 해당 기간 저작물을 무단으로 이용함에 따른 손해를 배상하여야 함을 주장하였다.

이러한 주장에 따라 본 사안은 크게 두 가지 쟁점이 대두되었다. 첫째는 원고의 동영상강의콘텐츠가 피고의 출판물과 별개로 인정되는 독자적인 저작물로 볼 수 있는지 여부이고, 둘째는 원고의 동영상강의콘텐츠 제공 행위가 저작권법 제28조 및 동법 제35조의3에 의하여 면책될 수 있는 행위인지 여부이다.

(3) 법원의 판단

첫 번째 쟁점인 원고의 동영상강의콘텐츠가 피고의 출판물과 별개로 인정되는 독자적인 저작물로 볼 수 있는지 여부에 대해 살펴본다.

법원은 먼저 독자적인 저작물을 판단하는 기준에 관하여 "원저작물을 기초로 그 표현상의 창작성을 이용하였으나 그에 가하여진 수정, 증감 또는 변경이 일정한 정도를 넘어서서 원저작물의 표현상의 창작성을 감득할 수 없어 원저작물과의 실질적 유사성이 유지되었다고 볼 수 없는 정도에 이를 것"을 명시하며, 원고의 동영상강의콘텐츠의 내용은 피고 출판물과의 실질적 유사성이 유지되는 범위 내에서 이를 수정, 증감 또는 변경한 것에 지나지 않는다고 보아야 할 것으로 판단하였다.

법원은 이러한 결과를 도출하기 위하여 양적인 판단과 질적인 판단을 종합적으로 검토하였으며, 양적인 판단은 그 자체로서의 판단과 함께 질적인 판단의 근거로 작용하였다.

양적인 판단은 첫째, 비교결과 원고 동영상강의와 피고 출판물의 유사율은 14.17%로서 이 부분은 최소 피고 출판물을 그대로 또는 본질적인 변형 없이 사용한 부분임을 확인할 수 있다고 하였다. 둘째, 본건 원고의 동영상강의콘텐츠에서 피고 출판물로부터 인용되는 부분을 제외하면 나머지만으로 고등학교 국어 교과과정에 대한 강의로서 실질적인 가치를 갖지 못한다고 판단하였다.

질적인 판단은 첫째, 강사 나름의 독창적인 표현방법은 인정할 수 있다고 하더라도 강의 자체가 피고 출판물을 토대로 한 것이며, 강의방식도 피고 출판물의 지문 낭독 및 판서 등으로 진행되었다고 판단하였다. 둘째, 국어 교과의 특성상 교과서 또는 문제집의 지문 자체가 중요한 내용이 되고, 해당 강의의 수요자 및 목적 등을 고려하면 피고 출판물과 다른 별개의 것이라 할 수 없다고 판단하였다.

두 번째 쟁점으로 원고의 동영상강의콘텐츠 제공 행위가 저작권법 제28조 및 제35조의3에 의한 면책을 받을 수 있는 행위인지 여부에 대해 살펴보았다.

법원은 저작권법 제28조와 관련하여 '정당한 범위'에 이르는 것인지 여부의 판단은 '종합적 고려'와 '주종관계'를 모두 고려하여 판단하여야 함을 명시하였다. 이에 결과적으로 원고의 행위는 저작권법 제28조에서 정하는 '공표된 저작물을 교육을 위해 정당한 범위 안에서 공정한 관행에 합치되게 인용하는 행위'에 해당하지 않는 것으로 판단하였다. 그리고 저작권법 제35조의3과 관련하여서는 동법 제28조의 판단과정에서 검토한 '종합적 고려' 부분의 검토를 동법 제35조의3에 대한 판단근거로 활용하였다. 이에 저작권법 제35조의3에서 정하고 있는 저작물의 공정한 이용에 원고의 행위가 해당하지 않는 것으로 판단하였다.

(4) 정량적 유사도의 적용

이 판결에서 법원은 "이 사건 동영상 강의에 대한 속기록을 기준으로, 각 강의에서 피고 교재와 유사한 음절 수를 해당 강의에 포함된 전체 음절 수로 나눈 값을 토대로 산정한 이 사건 동영상 강의와 피고 교재의 유사율은 14.17%(= 유사 음절 수 합계 141,594개 / 전체 음절 수 998,580개 × 100, 소수점 둘째 자리 미만 버림)에 이르는바, 위의 유사한 음절이 모두 피고 교재만의 창작성이 인정되는 부분에 대한 것이라고 볼 수는 없다고 하더라도, 적어도 위 유사한 음절 부분은 이 사건 동영상 강의에서 피고 교재를 그대로 또는 본질적인 변형 없이 사용한 부분에 해당한다고 봄이 상당하다."라고 판시하였다.

정량적 유사도를 산출하기 위한 단위 기준으로는 음절 수를 이용하고 있는데, 비교 시 유사하게 나타나는 음절이라 하더라도 저작권법에 의하여 보호되는 표현이 아닌 경우에는 유사한 것으로 보지 않았다. 판결에서는 이와 같이 유사범위에서 제외되는 경우의 기준을 다음과 같이 제시하였다. ① 제목에 대한 언급은 단순히 교재의 제목을 지시하기 위해 언급한 것이 아니라 특정한 의미를 전달하기 위해 사용된 경우에만 유사성 판단대상에 포함, ② 강의의 지점, 즉 수강생들에게 강의하고 있는 교재의 지점을 알려주기 위해 지문의 첫 단어 등을 읽는 것은 유사성 판단대상에서 제외, ③ 강사의 습관 중 문장을 읽을 때 첫 단어 등을 한두 차례 반복하는 경향이 있는 경우에는 그 반복이 특정한 의미를 전달하기 위해 반복한 것으로 보이는 경우에만 유사성 판단대상에 포함, ④ 피고 교재의 텍스트에 기초하였으나 강사의 발언이 피고 교재 내 본래의 구문과 현저히 다르게 나타난 경우에는 유사성 판단대상에서 제외, ⑤ 특정 부분이 아이디어의 차용에 해당하는 경우 이를 유사성 판단대상에서 제외한다고 명시하였다.

(5) 실질적 유사성과 정량적 유사도의 관계

앞서 설명한 바 있지만, 정량적 유사도는 그 자체로 실질적 유사성을 의미하는 것은 아니다. 정량적 유사도는 실제의 유사한 정도를 일정한 공식을 적용하여 수치(비율)로 제시하는 것을 의미하는데, 적용되는 공식 및 대입되는 값에 따라 최종적인 수치값은 상이할 수 있다는 한계가 있다. 결국 정량적 유사도는 어떠한 방식으로 계산을 진행하는지에 따라 결과가 달라지므로, 정량적 유사도는 최대한 절대적인 유사성에 근접할 수 있는 최적의 값을 도출하는 방식으로 그 기준을 삼을 수 있도록 정밀하게 다루어져야 하며, 그 특징의 정확한 이해가 필요한 것이다. 본 사안에서도 이와 같은 실질적 유사성과 정량적 유사도의 특징을 적절히 고려한 것으로 보인다. 판시 중 "적어도 위 유사한 음절 부분은 이 사건 동영상 강의에서 피고 교재를 그대로 또는 본질적인 변형 없이 사용한 부분에 해당한다고 봄이 상당하다.”라는 언급이 이를 나타내는 것으로 보인다. 정량적 유사도로 나타난 결과값은 정량적 유사도 산정 공식 및 비교대상 등을 고려하면, 무단으로 이용한 저작물의 최소한으로 이해할 수 있다는 것이다. 즉, 정량적 유사도는 실질적 유사성 자체를 의미하기보다는 실질적 유사성이 어느 지점에서 인정될지는 모르겠지만 최소한 정량적 유사도로 산출된 결과 이상으로 나타날 수 있다는 의견으로 생각된다.

다. 정량적 유사도 산정방식 설정을 위한 검토 사항

(1) 산정방식 설정을 위한 전제적 고려

대상 판결을 전제로, 어문저작물을 대상으로 정량적 유사도를 산정하는 방식을 정립하기 위해서 고려하여야 할 사항을 컴퓨터프로그램의 경우를 참고하여 생각해보면 크게 세 가지로 나타난다.

첫째는 유사도를 계산하기 위한 대상의 단위를 어떻게 정할 것인지에 대한 문제이다. 컴퓨터프로그램의 경우에 비추어 보면 줄(라인) 단위를 기준으로 계산할 것인지, 토큰(Token) 단위를 기준으로 계산할 것인지 등에 대한 문제가 대립되는데, 이들 중 어떠한 방식을 채택하느냐에 따라 최종적인 결과값에 차이를 가져올 뿐만 아니라 유사도 산출 과정에서의 많은 과업에 차이를 가져온다. 둘째는 유사하다고 인정할 수 있는 기준을 어떻게 설정할 수 있는지에 대한 문제이다. 저작권법에서의 '유사'개념은 절대적 개념이라기보다는 상대적 개념에 속하는 것으로 법적 가치의 판단을 기술적 방식의 계산으로 어떻게 반영할 수 있는지 고민되어야 한다. 유사 개념이 적용되는 점은 저작권 혹은 지식재산권 체계에 특화된 개념으로 볼 수 있다. 셋째는 유사도, 즉 비율을 산정하기 위한 기준을 어떻게 정할 것인지에 대한 문제이다. 앞서 살펴본 것과 같이 컴퓨터프로그램의 경우에는 원본기준방식 및 비교본기준방식 등으로 구분하여 논의되는 것들인데, 이처럼 산술계산 시 분모 및 분자를 어떠한 요소로 설정하는지에 따라 최종적인 결과값이 달리 나타나게 된다. 그 외에 환경적 문제 및 분석대상 자료의 한계, 기술적 도구의 적용가능 여부 등의 문제도 존재하므로 이들에 대하여 포괄적이고 깊은 고려가 요구된다.

(2) 유사도 계산 단위의 문제

컴퓨터프로그램 분야의 경우 정량적 유사도를 산정하기 위한 명시적이고 통일적 기준이 별도로 존재하는 것은 아니지만, 실무적으로 비교도구인 exEyes의 활용을 예로 들면, 소스코드를 비교분석할 때 줄(라인)단위의 유사도를 산정하고 있다. 구체적으로는 비교대상 파일에서 의미없는 공백을 제거하고, 소스코드를 줄(라인)단위로 병합 또는 분리한 후 토큰으로 파싱하는 과정으로 진행한다.

이를 어문저작물 및 본건 사안과 같이 동영상강의콘텐츠에 비추어 살펴본다. 일단 유사한 정도를 계산할 수 있는 계산단위를 생각해 보면 줄(라인) 단위 비교, 어절(토큰) 단위 비교, 음절 단위 비교 정도가 가능하다. 대상판결에서는 이 중 세 번째인 음절 단위를 기준으로 적용하였다. 각 계산단위에 대해 자세히 살펴본다.

먼저 줄 단위 비교는 컴퓨터프로그램 분야에서는 상당한 사례에서 활용되는 방식이다. 그러나 이는 동영상강의콘텐츠 자체에 대한 비교분석이 아니라, 비교분석 대상을 속기록으로 한정함에 따라 비로소 가능한 것이다. 속기록에서의 '줄'이라는 것이 저작물의 본질적 특성이 포함되었다기보다는 무의미적으로 물리적인 지면의 한계에 의해 타인의 행위로 표현된 것이고, 강사의 말이 표현의 핵심인 본건 동영상강의콘텐츠의 경우 표현의 단위를 줄로 삼았을 때 발생하는 유사도의 오차가 매우 클 수밖에 없으므로 적절하지 않은 것으로 판단될 수 있다. 둘째, 어절단위 비교는 줄 단위의 비교보다 오차범위가 적다는 장점은 있다. 컴퓨터프로그램의 토큰 단위가 이에 대응되는 것으로 이해할 수 있다. 그러나 어절이라는 것이 물리적 장단(長短)이 각각 상이하므로 사용하는 어절의 길이에 따라 유사도의 결과값에 차이가 발생할 수 있다. 따라서 어절을 단위로 할 때 유사도의 정확한 산정이 이루어질 수 있다고 보기는 어렵다고 보인다. 셋째, 음절 단위 비교는 발음에 기초한 단위로서 음의 한 마디이므로 말 소리라는 표현수단에 비추어 가장 작은 단위의 유의미한 표현으로 볼 수 있으며, 표현의 단위가 글자로 나타난 어문저작물이 아닌 강사의 '말'이라는 점을 고려할 때 유사도 산정을 위한 비교대상 단위로 가장 적절한 것으로 생각할 수 있다.

다만, 이와 같은 법원의 판단은 모든 어문저작물을 대상으로 할 때 적용되는 정량적 유사도 산정 방식의 기준으로 볼 수 있는 것은 아니다. 오히려 이 판결에서 정량적 유사도 활용의 의의는 정량적 유사도가 갖는 방법상의 개방성을 적절히 적용하였다는 점에 있다. 정량적 유사도라는 방법을 활용하기 위하여 각 사안에 가장 합리적으로 적용될 수 있는 기준을 도출하고 그에 따라 유사한 정도를 산출한 것이다.

(3) 유사성 인정범위 설정 문제

이번에도 역시 exEyes 활용의 경우를 예로 들면, 비교대상이 완전히 동일하거나 상이한 관계가 아닌 경우 이를 유사한 관계로 볼 수 있을지 여부에 대해 나름의 물리적 기준을 적용하고 있다. 이를 위한 기준은 앞서 설명한 유사라인 및 인접블럭에 대한 임계치의 설정으로 적용된다. 유사라인설정 임계치란 하나의 라인에서 동일한 정도가 어느 수준이면 유사한 것으로 인정할 것인지를 정하는 옵션이다. 예를 들어 유사라인설정 임계치를 70%로 설정한다면, 한 라인의 토큰 수가 10개일 때 7개 이상의 토큰이 일치하는 경우에 해당 라인을 유사한 라인으로 인정하게 되는 것이다. 또한 인접블럭 임계치는 동일 또는 유사한 라인이 연속적으로 몇 라인 이상이 되어야 유사(동일 포함)하다고 판단할 것인지를 정하는 옵션이다. 예를 들어 인접블럭 임계치가 3인 경우 동일 또는 유사한 라인이 연속적으로 3라인 이상이 되어야 유사(동일 포함)하다고 판단하는 것이다. exEyes를 활용함에 있어서 유사라인설정 임계치는 70%, 인접블럭 임계치는 3으로 설정하는 것이 기본값으로 적용되고 있다. 이러한 기준의 설정은 경험적 판단에 기초한다고 한다.

이러한 개념을 대상판결의 동영상강의콘텐츠에 비추어 적용해 본다. 대상판결에서 유사한 부분을 특정하기 위해서는 주로 텍스트 형태로 표현되어 있는 구문 등을 강의 과정에서 차용함에 있어 완전히 동일한 경우뿐만 아니라 그 표현의 일부가 달리 차용된 경우에도 화자의 의도, 내용 전달상의 의미, 청자의 내용인식 등을 종합적으로 고려하여 판단하였다. 특히 강사의 강의내용에 있어서 교재의 내용을 차용하는 것이 아니라 해당 내용을 자신의 아이디어를 가지고 설명하는 것은 아이디어에 대한 이용으로 이용한 것으로 보았다.

exEyes의 실행화면 예

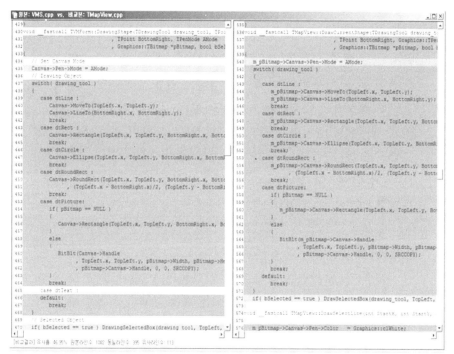

대상판결은 이의 구체적 기준을 제시하였는데, 주요한 기준에 대해 살펴본다. 첫째, 강사의 언급 중 제목을 언급하는 것은 원칙적으로 유사한 것으로 판단되는 대상에서 제외하여야 한다. 다만 예외적으로 제목을 단순히 언급하는 것이 아니라 문맥상 제목의 언급이 특정의 의미를 전달하기 위한 경우에는 단순히 보호받지 못하는 표현으로 보기에는 적절하지 않다고 생각된다. 둘째, 강사가 지문에서 설명하기 위한 지점을 수강생들에게 알려주기 위해 극히 약간의 지문을 읽는 행위는 보호받는 표현을 무단으로 이용한 것으로 보기에는 적절하지 않다고 생각된다. 이는 지문을 복제,

공연 등을 하는 것으로 보기보다는 지점을 알려 주기 위해 표현할 수 있는 방법이 극히 제한되었다는 점을 고려하여야 할 것이다. 다만, 위치의 지점을 알려 주는 목적을 벗어나서 지문을 읽는 것은 유사한 부분에서 제외할 수 없을 것이다. 셋째, 강사의 습관으로 인하여 극히 일부분의 반복이 발생하는 경우에도 해당 부분까지 유사한 부분으로 포함시키기는 부적절한 것으로 생각된다. 본 사안의 경우에도 강사가 문장의 첫 단어를 반복하여 읽는 패턴이 있는데, 이러한 경우까지 유사한 범주로 포함시키는 것이 저작권법의 목적에 비추어 적절할 것인지를 고려할 때 이는 제외하는 것이 타당할 것으로 생각된다.

(4) 비율산정의 기준 문제

컴퓨터프로그램을 대상으로 정량적 유사도를 산출할 때 유사도 계산 기준을 어떻게 설정하는지에 따라 결과값에 상당한 차이를 나타낸다는 것은 앞서 설명하였다. 비율로 나타나는 유사도를 산출하는 데 분모와 분자를 정하게 되는 기준은 최종적인 유사도 수치에 큰 영향을 미치므로 매우 중요하다. 다만, 비교대상의 규모 차이가 그리 크지 않다면 분모 및 분자의 값을 어떻게 하더라도 결과에 큰 차이가 발생하지는 않으나, 비교대상의 규모 차이가 크다면 각 값을 어떻게 적용하느냐는 분쟁 양 당사자에 있어서는 매우 중요한 문제가 된다.

이를 대상판결의 동영상강의콘텐츠에 비추어 살펴본다. 대상판결에서는 원고가 피고의 출판물을 이용하여 강의라는 2차적저작물을 만드는 데 피고의 출판물이 얼마나 이용되었으며, 그 경우 원고의 독자적인 저작물이라 할 수 있겠는지, 또한 그러한 이용행위로 인하여 피고가 받아야 하는 이용료를 얼마만큼 지급하지 않아 손해를 끼쳤는지 등을 판단하는 것이 본 재판의 목적임을 고려하여 비교본기준 유사도 산정방식을 채택하였다. 즉, 유사도의 산정은 원고의 강의에서 피고 출판물이 얼마나 이용되었는지를 원고의 강의에서 피고 출판물의 내용과 실질적으로 유사한 정도가 얼마나 되는지를 판단한 것이다. 이에 유사율은 원고 강의 속기록을 기준으로 각 강좌당 실질적으로 유사한 것으로 판단된 구문의 음절 수를 해당 강좌에 포함된 전체 음절수로 나눈 값에 100을 곱한 값으로 산정되었다.

　　침해자의 작품이 피침해자의 저작물을 상당히 이용하여 실질적인 정도에 이른다면 실질적 유사성의 요건을 충족한다는 점, 특정 부분을 반복적으로 이용하는 경우 피침해자의 권리가 적절히 보호되기 어렵다는 점, 저작권 침해에 대한 주된 구제수단인 손해배상액 산정의 용이성 등을 고려할 때 비교본기준을 채택한 법원의 판단에 동의한다. 한편, 보완적으로 원본기준 유사도 산정방식이 갖는 의의가 분명 존재하므로 실무적으로는 이 두 가지 기준에 의한 결과를 함께 제시하는 것도 의미가 있지 않을까 하는 생각도 든다.

2. Altai 테스트의 한계와 개선점 논의

가. 논의의 배경

Altai 판결[1]에서 Walker 판사는 컴퓨터프로그램의 기능에 필

---

[1] 원고는 CA-Schedular라는 프로그램(IBM 주컴퓨터가 수행하는 다양한 작업을 통제 목적, Adapter라는 부속 프로그램 존재)을 개발. IBM 컴퓨터

연적으로 수반되는 요소들은 저작권법상 보호대상이 아니라는 점을 전제하며, 컴퓨터프로그램의 실질적 유사성 판단을 위해서는 추상화(abstraction), 여과(filteration) 및 비교(comparison) 과정을 거쳐 판단하도록 제시하였다. 이를 Altai 테스트 혹은 3-Step 테스트, AFC 테스트라고 한다. 미국 제2연방항소법원의 Altai 판결 이후, Altai 테스트는 제4연방항소법원, 제10연방항소법원 및 제11연방항소법원 등이 주로 활용하는 기준이 되었다. 하지만 실질적 유사성 판단을 위한 절대적 기준으로 적용된다고 할 수는 없다.

우리나라에서는 관련 판례를 살펴보면 명시적으로 Altai 테스트를 지칭하여 적용하는 사례를 찾기는 어렵다. 그럼에도 불구하고 구체적인 내용을 살펴보면 이와 유사한 방식으로 실질적 유사성 판단을 진행하고 있음을 발견할 수 있다. 구체적으로는 비교대상 확정작업, 비교대상 제외라인 제거, 비보호라인제거 후 비교 등의 과정이 이루어지고 있는데, 이를 Altai 테스트를 적용한 것으로 볼 수도 있으며, 한편으로는 저작권법의 기본 원리에 충실히 따른 것에 불과하다고 볼 수도 있다. 이는 Altai 테스트가 저작권법의 기

는 크기에 따라 DOS/VSE, MVS 또는 CMS 등 세 가지 운영체제 중 하나를 포함하도록 설계되었는데, 어느 하나의 운영 체계를 위하여 만들어진 프로그램은 다른 운영체계에서는 작동되지 않았다. Adapter의 기능은 한 프로그램의 언어를 해당 컴퓨터의 운영체계가 이해할 수 있는 다른 언어로 번역해 주는 것이다. 피고는 ZEKE라는 프로그램을 제작하였는데, 이 프로그램은 원래 VSE 운영체계에서 작동되도록 만들어졌으나, 소비자들의 요구에 따라 MVS 운영체계에서도 작동이 되도록 수정할 필요가 있었다. 이에 피고는 CA의 컴퓨터 프로그래머이던 A를 채용하여 A는 CA에서 소스코드를 가지고 나와 이를 이용하여 OSCAR 3.4를 개발하였다. 이의 소스코드 약 30% 가량이 Adapter를 베낀 것이다. 이에 OSCAR 3.4가 문제되자 A를 배제하고 다른 직원을 통해 OSCAR 3.5를 제작하였는데, 이때 OSCAR 3.5의 Adapter 저작권 침해가 문제되었다.

본 원칙을 충실히 반영하였다는 점이 장점임을 생각하면 쉽게 이해될 수 있다. 아무튼 우리나라 역시 미국의 Altai 테스트와 유사한 방식이 활용되는 것은 사실이지만 이를 실질적 유사성 판단을 위한 일반적 기준으로 자리매김한 것으로 보기에는 아직 무리가 있다.

나. Altai 테스트의 활용상 문제점

앞에서도 컴퓨터프로그램의 실질적 유사성 판단을 위하여 정량적 유사도를 활용할 때 발생하는 문제로 언급한 바 있는데, Altai 테스트를 적용할 때도 그 내재적 문제로서 여과 과정이 지나치게 엄격하게 수행되면 저작권 침해 여부를 판단하는 데 필요한 중요한 증거들이 제거되어 이러한 요소들이 최종적인 판단에 고려될 수 없다는 점이 지적되고 있다.[2] 만일 침해자가 피침해자의 컴퓨터프로그램을 베껴서 자신의 것을 만들었음을 입증할 수 있는 다양한 증거들이 있음에도 불구하고, 그러한 증거들이 저작권법의 보호대상인 창작적 표현에 해당하지 않는다면, 실질적 유사성의 판단 과정에서 이러한 증거들은 전혀 고려될 수 없게 된다. 그렇게 된다면 실질적 유사성 및 저작권 침해의 판단이 지나치게 기계적으로 다루어질 우려가 있게 되며, 실제의 현상과 판단 사이에 논리적 혹은 실체적 연관이 낮아지게 될 수 있다. 즉 각각의 요소를 분석하는 데 치중하는 나머지 정작 사안의 본질을 바라보는 데는 소홀할 수 있다는 지적이다.

한편, 여과 과정에서 오픈소스, 자동생성코드 등을 모두 제거

---

2 Vinod Polpaya Bhattathiripad, "Forensic of Software Copyright Infringement Crimes: the Modern POSAR Test Juxtaposed with the Dated AFC Test", *JDFSL* V9 N2, 2014, 75면.

하게 되는데, 최근의 개발환경을 고려할 때, 이러한 제거 행위는 사실상 비교대상을 컴퓨터프로그램이라 할 수 있을지 의문이 있을 정도로 형해화시킬 수 있다는 우려도 존재한다. 점차 컴퓨터프로그램의 개발을 위하여 오픈소스의 활용이 절대적으로 증가하고 있으며, 개발도구의 발전으로 자동생성코드의 활용도 증가하는데, 이들이 극대화되었을 때 비교대상에서 제외하게 되면 사실상 보호받는 표현 부분은 이를 연결하는 부분 등과 같이 컴퓨터프로그램으로서 큰 의미가 없는 것에 불과할 수 있기 때문이다.

아울러 실무적으로 침해자는 피침해자의 컴퓨터프로그램이 자신의 것과 동일 혹은 유사하지 않다는 점을 입증하는 데 용이하도록 분쟁의 진행과정에서 침해자 자신의 컴퓨터프로그램을 수정하는 경향도 종종 나타난다. 이러한 변경행위는 실질적 유사성의 판단결과를 왜곡시키게 되며 법관으로 하여금 적절한 판단을 할 수 없도록 하는 장애로 작용하기도 한다.

이와 같이 기존 Altai 테스트의 적용 시 발생하는 문제를 해결하기 위한 다양한 논의가 있는데, 최근의 대표적인 논의로서 POSAR 테스트를 소개한다. 한편, Julian Velasco는 Altai 테스트 시행 이후, 여과된 표현요소들을 다시 살펴보아 이들을 '편집물'로 보호할 수 있는 가능성이 있을지 검토해 보아야 한다고 주장하기도 하였다.[3]

---

3 Julian Velasco, "The copyrightability of nonliteral elements of computer programs", *Columbia Law Review*, January 1994, 18-19면.

다. POSAR 테스트 논의의 검토

1992년부터 활용되어 오던 기존의 Altai 테스트가 갖는 한계, 특히 저작권 침해 여부를 판단하기 위해 필요한 다양한 중요 증거[4]가 여과 과정을 거치면서 제거되어 이를 최종적인 분석 단계에서 고려하기 어렵다는 문제의 인식이 높게 이루어지고 있었다. 이와 같이 기존의 Altai 테스트 체계가 한계를 드러내게 됨에 따라 이를 보완하기 위해 새로운 분석 및 비교 방식이 고민되었고, POSAR 테스트는 그중 하나로 제시된 것이다. POSAR 테스트는 두 비교대상 컴퓨터프로그램 간 유사성을 탐지하는 것뿐만 아니라 해당 비교·분석 결과가 법정에서 저작권 침해여부를 판단하는 데 적절히 활용될 수 있도록 하는 데 중요한 목적을 둔다. 다만, POSAR 테스트는 아직 판결에서 활용되고 있는 이론은 아니다.

POSAR 테스트를 수행하기 위해서는 몇 가지 고려하여야 할 사항이 있다. 첫째, 주석·실수·오류·데이터베이스필드의 적절성·매뉴얼·다큐먼트 등의 사실요소들에 대한 중요성을 평가에 포함시켜 기존에는 방식의 한계상 분석단계에서 고려되지 못하였던 다양한 요소들을 고려할 수 있어야 한다. 둘째, 저작권 침해 시점의 컴퓨터프로그램과 이후 수정한 컴퓨터프로그램의 차이를 구분하여 이를 명확히 제시하고 각 제시된 결과에 대한 의미를 정확히 부여할 수 있도록 하여야 한다. 셋째, 비교 및 분석 결과를 법원에서 활용하는 데 의미의 오해 등을 최소화하고 용이한 반영이 가능하도록 법적 관점에서 그 결과의 보고서를 작성하여야 한다. 즉

---

4 특히 비문자적 표현의 유사여부 분석이 사실상 3단계 테스트에서는 제외되는 경향이 높다는 점에 대한 반성에서 이들 요소를 저작권 침해의 증거로서 분석 틀 내부에서 다룰 수 있는 방법을 고민한 것이다.

기술영역에서의 비교·분석 결과를 법영역에서 연결 및 활용할 수 있도록 양자를 잇는 교량 역할을 수행할 수 있어야 한다는 점이다.

POSAR 테스트는 '구도(Planning)—정제(Operationalization)—분리(Separation)—분석(Analysis)—보고(Reporting)'의 과정으로 구성된다.[5] 기존의 Altai 테스트와 상이한 점은 전체 과정이 3단계에서 5단계로 증가한 것 이외에, 일단 특정의 단계에 진입하면 이전 단계로 회기할 수 없었던 것에서 탈피하여 이전 단계로 회기할 수 있도록 하여 오류를 수정할 수 있도록 한 것이 대표적이다. 회기기능은 소프트웨어 공학의 개념적 특징을 반영 및 이를 통한 입체적 분석이 가능하게 한 것으로 해석된다.

POSAR 테스트의 구조

이를 각 단계별로 살펴보도록 한다.

첫째, 구도(Planning) 단계는 피침해자 및 침해자의 컴퓨터프로그램을 대상으로 추상화(abstraction)를 진행하는 과정이다. 이를 통하여 저작권 침해 판단을 위한 가치 있는 증거(주석·실수·오

---

5 POSAR 테스트라는 용어도 5가지의 각 과정의 머리글자를 따온 것이다.

류·데이터베이스필드의 적절성·매뉴얼·다큐먼트 등)를 도출하고 이의 최종분석까지 유지를 고려한다.

기존 Altai 테스트 등에서 이루어지는 컴퓨터프로그램의 추상화는 1) 목적(the main purpose), 2) 프로그램의 구조(the program structure or architecture), 3) 모듈(Modules), 4) 알고리즘 및 데이터구조(Algorithms and data structure), 5) 소스코드(Source code) 및 6) 목적코드(Object code)의 과정으로 진행되는 것이 일반적이다. 그런데 POSAR 테스트에서는 구도 단계에서 추상화를 진행할 때 다음의 세 가지 요구가 추가된다, 1) 추상화 단계에서 가치 있는 증거의 고려, 2) 컴퓨터프로그램상 실수(공통의 오류 등)를 가치 있는 증거로서 활용, 3) 가치 있는 증거가 추상화 등의 과정에서 분석대상에서 제외되어 버리지 않도록 할 것이 요구된다.

이러한 과정을 거쳐 추상화가 이루어진 피침해자 및 침해자 컴퓨터프로그램 비교 쌍은 완전히 정제된 것으로 볼 수는 없으며, 다음 단계의 진행을 위한 요소로 작용한다.

둘째, 정제(Operationalization) 단계는 Altai 테스트에서 여과와 비슷한 과정으로 컴퓨터프로그램에 나타난 표현 중에서 비슷하게 나타날 수밖에 없는 표현을 유사성의 판단 대상에서 제거하는 과정을 의미한다. 이때 제거의 대상인 표현 요소는 1) 효율성의 추구로 인하여 사실상 강제될 수밖에 없는 표현(아이디어·표현의 합체), 2) 하드웨어 시스템의 기능 등과 같이 외부적 요인에 의하여 강제되는 표현, 3) 공유(Public domain)의 영역에 포함되는 표현, 4) 사실에 해당하는 표현이 해당한다.

정제 과정을 진행할 때에는 저작권 침해 행위 이후 침해자의 컴퓨터프로그램 수정행위를 의심하고 이를 탐지할 수 있어야 하며, 컴퓨터프로그램의 패턴 및 디자인과 연관된 사항을 고려하여야 한다.

　이러한 과정을 거쳐 어느 정도 정제가 이루어진 피침해자 및 침해자의 컴퓨터프로그램 비교 쌍은 저작권법상 아직 완전히 정제된 것이라 할 수는 없으며, 다음 단계의 진행을 위한 요소로 작용한다.

　셋째, 분리(Separation) 단계는 저작권 침해행위 이후 소송의 객체인 컴퓨터프로그램의 변경행위를 탐지하고 이를 고려한 적절한 비교대상을 마련하는 과정이다. 즉, 침해자의 입장에서 저작권 침해의 인정을 회피하기 위해 침해당시의 컴퓨터프로그램을 일부 변경함으로써 유사성을 낮추고자 하는 시도를 무력화시키기 위함이다. 침해자의 저작권 침해행위 이후 수정한 부분을 특정하고 이를 걸러내기 위해서는 복잡한 과정이 수반될 수밖에 없으며, 증거적 효력을 제공할 수 있는 많은 데이터(소프트웨어 개발 및 유지에 관한 로그정보 등)의 처리가 요구되는 과정이라 할 수 있다.

　이러한 분리 과정을 거치게 되면 세 가지의 결과물 쌍이 존재하게 된다. 이는 Set A : 제출된 상태(수정된 컴퓨터프로그램저작물 자체) 상에서의 양 컴퓨터프로그램의 비교 쌍 코드, Set B : 수정되기 전의 상태를 고려한 양 컴퓨터프로그램의 비교 쌍 코드, Set C : 증거적 요소에 대한 비교 쌍이다. 이때 Set C는 유사성 비교의 직접적인 수행대상은 아닐 수 있다.

　넷째, 분석(Analysis) 단계는 피침해자 및 침해자의 컴퓨터프로그램을 비교하여 분석하는 과정으로, 비교 이외에도 침해자에 의하여 수정된 부분의 판별, 기술적 제한으로 인하여 유사할 수밖에 없는 표현요소 분석 등도 수행하게 된다.

　분석의 절차를 보면, 먼저 앞에서의 Set A를 비교하여 양자 간 유사성과 공통점을 도출한다. 그리고 양자 간의 전체적 느낌 · 컴퓨터프로그램상의 오류·작성상 실수 등과 같은 저작권 침해를 의심할 수 있도록 하는 증거들을 제시하기 위한 비교를 수행한다. 이후 Set B를 각각 분리하여 비교하고, Set C의 각 요소를 분리하여 분석 및 위의 비교 결과를 보완하는 사항을 도출하게 된다.

이러한 과정을 거쳐 코드의 유사성 비교결과, 증거적 요소에 대한 유사성 비교 결과 및 수정된 사항에 대한 분석 결과 등의 결과물이 도출된다. 특히 이 부분은 Altai 테스트와 중요하게 구분되는 부분으로서, 기존의 단일한 비교쌍 도출을 통한 유사성 판단 방식에서 다양한 비교쌍의 도출을 통한 유사성 판단 방식으로 전환될 수 있게 하였다. 특히 비교쌍의 다양화는 수치 등을 통한 정량적 유사도의 기계적 활용을 제한하고, 다양한 정보를 고려한 정성적 판단을 유도한다는 점에서 우리나라에도 상당한 시사점을 제공한다.

다섯째, 보고(Reporting) 단계는 비교 및 분석 결과를 왜곡 없이 정확하게 법관에게 전달할 수 있도록 하는 과정을 의미한다. 이는 사실상의 판단 주체가 법관에서 점차 전문가로 이동하고 있는 최근 전문소송에서의 현상을 고려할 때 매우 중요한 부분이라 볼 수 있다. 이에 분석 및 비교 결과에 대한 보고를 함에 있어서 법적인 관점에서 보고서를 작성하고, 단순히 기술적 측면에서의 사실 전달은 제한하도록 함을 원칙으로 한다.

제7장

정량화에 기반한 실질적 유사성 판단 시 위험최소화 전략

지금까지 컴퓨터프로그램을 대상으로 한 저작권 침해 소송에서 정량적 유사도를 실질적 유사성의 판단 근거로 활용할 때, 정량적 유사도의 산출은 절대적인 기준과 방법에 의하여 이루어지는 것이 아니라는 점을 살펴보았다. 어느 정도의 범주는 형성되지만 구체적으로는 매우 다양한 기준과 방법이 판결에 적용되고 있는 것이 현실이다. 이러한 현실은 실제 분쟁당사자와 침해 판단의 주체인 법관에게 모두 위험으로 작용한다. 분쟁당사자의 경우에는 자신에게 유리한 방향으로 비교·분석 결과를 이끌어 갈 수 없는 가능성이라는 위험, 그리고 법관에게는 사안에서의 쟁점을 해결하는 데 적절한 방식으로 비교·분석이 이루어지는지에 대한 위험 등이 대표적이다. 이처럼 정량적 유사도를 활용함에 있어서 고려되어야 할 다양한 요소들과 적절한 대응점들을 살펴봄으로써 각자에게 미치는 위험을 최소화할 수 있는 방안을 제안하고자 한다.

　　첫째, 실제적인 상황의 명확한 인식이 필요하다.

　　모든 분쟁이 마찬가지이겠지만 컴퓨터프로그램에 대한 저작권 침해 분쟁에 있어서도 실제 자신의 상황이 어떤 상태인지를 정확히 인식하는 것이 무엇보다 기본이 된다. 타인이 자신의 컴퓨터프로그램을 탈취하여 이를 이용한 사례라면 타인이 자신의 컴퓨터프로그램 중 어떠한 부분을 얼마만큼 이용한 것인지 자체적으로 확인이 필요하다. 자신이 침해자의 입장에 서게 되는 경우에도 마찬가지이다. 그런데 이러한 사전 분석을 수행하는 경우 중립적 기준에 의하기보다는 자신에게 유리한 결과가 도출되도록 하는 사례가 상당히 많다. 이는 해당 분석 결과를 직접 자신에게 유리한 증거로 활용하기 위함이라는 이유로는 문제가 없으나, 정확한 전략 구성을 위한 기초 분석으로는 적절하지 않다는 한계가 있다.

분쟁 대상인 컴퓨터프로그램에 대한 이와 같은 상황파악 시 주의할 점은 기술적 관점에서 이를 확인하는 데 그쳐서는 안 되고, 저작권법의 기본 원리에 따른 분석을 수행하여 검토하여야 한다는 점이다. 물론 이때의 분석이 최종적인 법원의 판단과는 동일하지 않을 수 있다. 그럼에도 현재 자신의 상태를 정확히 인식하지 않고서는 이후 진행되는 정량적 유사도 산출 등 전반적인 재판 진행에 대한 전략을 확립하기 어렵다. 실무에서의 사례를 보면 의외로 정확한 상황을 인식하고 있는 경우가 많지 않다. 그렇지 않은 경우라 하더라도, 실제 분쟁대상 컴퓨터프로그램 개발에 관여한 기술자의 정보와 이를 소송으로 연결시켜 진행하는 대리인의 정보가 연결되지 않고 각자 대응하는 경우, 비교분석을 위한 상대방의 적절한 컴퓨터프로그램을 확보하지 못한 경우, 그리고 의외로 침해자 및 피침해자의 컴퓨터프로그램 사이의 침해 상황 분석의 필요성을 인지하지 못하는 경우 등이 존재한다. 그중에서 첫 번째와 두 번째 경우가 대부분인데, 첫 번째의 경우 실제로는 적절한 대응이 상당히 어려운 경우에 해당한다. 왜냐하면 기술정보와 법률정보가 연결되지 않게 되면 기술자는 기술관점에서, 법률대리인은 법률관점에서 각각 대응할 수밖에 없으므로 법적 틀 안에서 기술의 내용이 검토되어야 하는 소송의 특성상 적절한 대응 자체가 어렵기 때문이다. 두 번째 경우는 앞서 언급한 바와 같이 오브젝트코드를 활용한 우회적 비교 등 다양한 우회방법을 마련하여 적절한 상황 파악을 할 수 있다. 마지막 경우도 종종 발견되는데 흔히 최종적인 제품 차원에서 실행결과가 유사하다는 점 등을 이유로 하여 소가 제기되면서 소스코드 등의 분석의 필요성을 미처 생각하지 못하는 경우 등이 대표적이다.

　　이러한 점에서 볼 때, 컴퓨터프로그램 저작권 침해 소송 등에 대응하기 위해 정량적 유사도를 활용하는 경우에는 무엇보다 대리인과 당사자는 해당 기술상황에 대한 이해와 이에 기반한 정확한 자신의 침해실태 확인이 요구된다고 정리할 수 있다.

둘째, 비교할 대상을 정확히 특정하여야 한다.

비교할 대상인 컴퓨터프로그램을 특정하는 과정은 실무적으로도 양 당사자 간 상당히 예민하게 대립하는 단계이다. 정량적 유사도의 산출은 상당히 구체적인 대상을 가지고 명확한 공식에 의하여 이루어진다. 어떤 비교대상이 특정되느냐에 따라 당연히 정량적 유사도의 산출값 등은 달라지게 된다. 이에 분쟁당사자 간에는 가장 자신에게 유리한 결과를 가져올 수 있는 비교대상을 특정하는 것이 중요한 것이다.

그런데 실제 사례를 접해 보면 자신의 어떤 컴퓨터프로그램이 직접적인 침해의 대상이 되었는지, 혹은 저작권 침해 판단의 대상이 되어야 하는지 명확하게 정리되지 않은 채 접근하는 경우가 종종 있다. 이러한 태도는 대립되는 상황에서 가장 자신에게 유리한 비교대상을 특정하여야 함에도 불구하고, 적절한 대응을 위한 기회를 상실하게 될 여지가 있으므로 적절치 못하다.

비교대상을 특정할 때 주의할 점으로는 우선 저작권법이 보호하는 요소를 비교대상으로 특정하여야 한다. 많이 나타나는 사례인데, 비교대상을 특정하기는 하였으나 그 내용을 보면 라이브러리, 데이터파일 등 저작권법에 의하여 보호받지 못하는 대상이 상당수를 차지하고 있는 경우도 있는데, 이러한 요소들은 저작권법의 기본 원리에 따라 정량적 유사도의 산출 과정에서 모두 제외될 수밖에 없으므로 비교대상으로서 의미를 갖지 못한다. 한편, 비교대상을 소스코드로 특정할 것인지 아니면 오브젝트코드로 특정할 것인지도 고민이 필요하다. 왜냐하면 양자의 어느 것으로 특정하여 비교분석을 진행하느냐에 따라 구체적인 방법에 차이를 갖게 되며, 적용하는 요소에도 차이를 갖는 등 최종적인 결과에도 영향을 미치기 때문이다. 아울러 가능하면 분쟁이 발생한 시점에 가장 근접한 컴퓨터프로그램의 버전을 특정하여야 한다. 해당 시점에서 멀리 떨어져 있는 컴퓨터프로그램일수록 그 변경의 정도가 상대적으로 상당할 수밖에 없으므로 정확한 판단을 위한 증거로 활용하기에는 한계가 있기 때문이다.

셋째, 정량적 유사도 산출을 통하여 얻고자 하는 바를 명확히 확정하여야 한다.

정량적 유사도의 산출을 흔히 존재하는 사실 자체를 밝히는 과정으로 이해하는 경향이 있다. 이는 숫자가 갖는 명확성이라는 성격에 의한 것으로 생각한다. 그런데 계속 언급하였던 것과 같이 정량적 유사도의 산출은 절대적인 방식이 존재하는 것이 아니라, 매우 다양한 방식 가운데 합리적인 것으로 볼 수 있는 하나를 선택하여 정량적 유사도를 이끌어 내는 것이다. 이에 정량적 유사도 산출은 그 방식의 선택 과정을 통하여 그 활용 목적에 대한 어느 정도의 개방성을 내포한다. 정량적 유사도 활용의 개방성은 그 비교·분석 결과를 실질적 유사성 자체만을 위한 활용뿐만 아니라 그 외 당해 저작권 침해 분쟁의 해결을 위한 다양한 요소를 도출하기 위한 방법으로도 활용이 가능하게 한다. 다시 말하면 정량적 유사도는 그 자체로서 완전히 실질적 유사성을 의미하지 않다 보니, 유사도 결과를 활용함에 있어 다소 여유가 존재한다. 그런데 주의할 점은 단일의 정량적 유사도 결과가 다양하게 활용된다는 점을 얘기하는 것이 아니라는 점이다. 정량적 유사도라는 특정의 증거방식은 그 개방성으로 인하여 다양한 목적을 위해 이용될 수 있는데, 이때는 각각의 목적에 적합한 방식의 정량적 유사도가 산출되어야 한다.

따라서 정량적 유사도를 산출할 때, 당사자는 이를 통하여 얻고자 하는 목적이 무엇인지 명확한 설정이 필요하다. 왜냐하면 구체적 목적이 설정되어 있지 않은 상태에서 정량적 유사도를 산출하는 과정을 거치게 되면, 뒤에서 자세히 언급하겠지만 정량적 유사도 결과가 자신의 필요로 하는 바를 충분히 입증하기 어려울 수 있기 때문이다.

예를 들어, 저작권 침해 소송에서 당사자 일방이 실질적 유사성 여부뿐만 아니라 상대방이 자신의 컴퓨터프로그램을 이용한 사실 자체도 밝혀야 할 경우도 있다. 그런데 정량적 유사도를 산출함에 있어서 단순히 실질적 유사성에 대한 방향으로만 바라본다면, 유사도를 통해 부수적으로 밝힐 수 있는 사실들을 함께 밝혀낼 기회를 활용하지 못하게 된다. 생각건대 이러한 경우에는 실질적 유사성 판단을 목적으로 한 정량적 유사도 산출 과정에서, 이용사실을 증명할 수 있는 파일(저작권법상 보호받지 않는 요소도 포함) 등의 비교를 함께 살펴볼 수도 있을 것이다. 즉, 당사자가 정량적 유사도를 통해 얻고자 하는 목적이 확정되면, 그에 따라 정량적 유사도 산출의 유형과 방법을 달리 적용할 수 있게 된다.

넷째, 비교할 대상이 왜곡된 것은 아닌지 확인할 필요가 있다.

수사기관과 같이 공신력 있는 주체에 의하여 압수 등으로 양당사자의 비교대상 컴퓨터프로그램이 확보된 것이 아닌 경우에는 비교 대상 컴퓨터프로그램은 임의로 제출되는 것으로 정해질 수밖에 없다. 즉, 일부의 형사사건에서는 수사기관의 압수를 통하여 비교대상 컴퓨터프로그램이 확보될 수 있지만, 그렇지 않은 경우, 특히 민사사건의 경우 침해자는 원칙적으로 자신의 컴퓨터프로그램을 임의로 제출하게 된다. 이러한 상황에서 피침해자는 반드시 침해자의 컴퓨터프로그램에서 자신의 것과 유사한 부분을 찾아야 하고, 반대로 침해자는 피침해자의 컴퓨터프로그램과 최대한 다르게 나타날 수 있도록 하고자 하므로 양자는 서로 반대의 이해관계에 서게 된다.

분쟁 상황에서 상반된 이해관계에 따라 침해자는 피침해자의 컴퓨터프로그램과 다르게 나타나도록 수정·변조를 수행할 가능성이 있다고 의심되는 것이 보통이다.[1] 피침해자 입장에서는 침해의 입증을 회피하여야 할 침해자가 당연히 컴퓨터프로그램을 제출할 때 이를 수정함으로써 왜곡된 비교대상을 제출하였다고 의심할 수 있기 때문이다. 이와 같은 문제는 향후 산출된 정량적 유사도가 실질적 유사성 판단을 위한 정당한 증거로 활용될 수 있도록 하기 위해 제출된 비교대상 컴퓨터프로그램이 수정이나 변조되지 않은 원본임을 확인할 필요성을 갖게 한다. 만일 제출된 비교대상을 확인하는 과정을 거치지 않는다면 최종적으로 도출된 양측 컴퓨터프로그램의 비교 결과 당사자 일방의 컴퓨터프로그램이 일부 수정·변조를 통해 유사성의 입증을 피할 수 있게 되거나, 반대로 유사한 것으로 나타날 때 이와 같은 결과의 오류로 인하여 상대방은 미확인에 따른 손해를 입게 된다.

제출된 컴퓨터프로그램의 왜곡 여부를 확인하는 방법은 여러

---

1 물론 반대로 피침해자가 침해자의 것과 유사하게 보여 침해자가 자신의 저작권을 침해하였다고 역으로 수정할 수도 있겠으나, 현실적으로 이러한 경우는 거의 존재하지 않으므로 뒤에서의 논의는 침해자의 수정·변경 가능성에 한정하여 진행한다.

가지가 있다. 판례에서 나타난 주요 방법을 살펴보면, 대표적으로는 검증대상과 동일한 제품으로써 기판매된 제품을 확보하여 이를 가지고 서로 동일한 상태인지 여부를 확인하는 방법이 사용된다. 앞에서도 설명한 사례인데, 이때는 주로 오브젝트코드 상태에서 비교하게 되는 경우가 많다. 그 밖에도 제출된 컴퓨터프로그램을 실행시켜 봄으로써 단순히 유사도 탐지만을 회피하기 위해 조악한 수정·변경이 이루어졌는지를 탐지하기도 한다. 즉, 검증대상과 대비할 수 있을 대상이 있다면 가장 용이한 검증이 이루어질 수 있으며, 그러한 대비대상이 없다면 수정으로 인한 오류 등을 찾아냄으로써 그 자체가 갖는 왜곡의 증거를 확보하는 방법으로 확인이 이루어질 수 있다.

다만, 대비대상과의 비교를 통한 검증 시 검증대상과 대비대상은 동일한 제품이라 하더라도 비교를 위하여 변환된 상태는 완전히 동일한 것이 아닐 경우가 있다. 이러한 방식에는 주로 오브젝트코드 상태에서 비교되는 경우가 많다고 하였는데, 동일한 소스코드를 컴파일 하더라도 어느 정도는 차이가 발생하는 결과물이 도출될 수 있기 때문이다. 따라서 검증대상과 대비대상이 완전히 동일하다는 결과가 도출되지 않고, 일부가 상이하게 나타난 경우에 이를 어떻게 해석할 것인지 쟁점이 될 수 있다. 동일한 제품이라 하더라도 다소 상이할 수 있는 수준과 그렇지 않은 수준을 구별할 수 있는 기준을 나름의 합리성을 갖고 판단하여야 한다. 실무적으로는 전문적 경험에 기대어 판단하는 경향이 있다.

다섯째, 감정인신문기일을 활용하여 제반사항을 충분히 확인하여야 한다.

과거에 비하여 최근에는 드물게 발생하는 현상이지만, 저작권 침해 소송 시 양 당사자의 컴퓨터프로그램을 비교하는 과정에서 감정이 진행될 때 양 당사자는 제출하여야 할 기본적인 자료를 제출하고 이후 모든 것을 감정인에게 맡겨 버리는 경우가 있다. 물론 소송감정이 진행되면 당사자 입장에서 무언가 적극적인 대응을 하기는 어렵다. 그럼에도 지나친 일임으로 인하여 당사자 일방은 최종적인 감정결과가 불리하게 도출된 때에 비로소 대응을 시작하곤 한다. 컴퓨터프로그램을 대상으로 한 저작권 침해 분쟁, 특히 유사도 산출에 대한 전문적 지식의 부족으로 처음에는 다소 막연하게 생각하다가 비교·분석 결과를 보고 나면 어떠한 요인들이 결과에 영향을 미치는지 알 수 있기 때문이다. 그런데 일단 정량적 유사도와 같은 비교·분석 결과가 감정 등을 통하여 제시되었다면, 사후적으로 이를 뒤집기는 상당히 어렵다. 앞에서 살펴본 것처럼 정량적 유사도를 산출하는 데 작용하는 요인과 그 과정에서 고려하여야 할 사항은 매우 다양하다. 이에 구체적인 비교·분석을 하기 전에 미리 고려하여야 할 사항들을 당사자 각자의 입장에서 정리할 수 있다면 사후적 대응을 필요로 하는 사항이 줄게 될 뿐 아니라, 해당 비교·분석에 대해 전문가가 주도권을 쥐게 되더라도 양 당사자 역시 통제력을 상실하지는 않을 수 있게 된다. 이때 사전에 이를 협의할 수 있도록 활용할 수 있는 절차가 감정인신문기일이다.

실무적으로 감정인신문기일을 통해 주로 확인하는 것은 비교대상 컴퓨터프로그램의 특정 문제이다. 구체적으로 양 당사자의 어떠한 컴퓨터프로그램의 어떠한 버전의 것을 비교대상으로 할 것인지 확정을 한다. 이때 앞에서 설명한 비교대상의 수정·변경의 우려 등이 원인이 되어 비교대상 특정의 과정이 상당히 첨예하게 대립되는 경우도 많다. 그 외에는 구체적인 비교·분석의 과정은 어떻게 할 것인지 전문가와 협의하는 정도가 일반적이다.

그런데 여기에 더하여 논의가 필요할 것으로 생각되는 점은 비교·분석 방식의 선택, 임계치 설정의 기준 논의, 비교에서 제외하여야 할 부분의 합의 등이다. 방식 선택은 세부적인 기술적 사항을 의미하는 것은 아니며, 유사한 정도를 비율로 나타내는 과정에서 영향을 미치는 계산방식 등을 의미한다. 유사도가 결국 유사성에 대한 판단 근거로 작용하므로 임계치 설정 기준도 매우 중요한 쟁점이 될 수 있다. 다만, 이에 대한 사전 합의의 필요성은 분명히 있으나 실제로 이에 대한 구체적인 사전논의는 쉽지 않을 것으로 생각한다. 현실적으로는 전문가 및 관련 분야에서 통상 적용되는 임계치 기준을 양 당사자가 받아들일 것인지 여부에 대한 논의정도가 가능할 것으로 생각한다.

비교대상에서 저작권 비보호 요소를 제외하는 과정이 아무런 정보와 제한 없이 수행되는 점도 실무상 큰 어려움으로 작용한다. 그러한 요소를 방대한 비교대상 컴퓨터프로그램에서 특정하는 것 자체가 쉽지 않기 때문이다. 예를 들면, 오픈소스 소프트웨어는 비교대상에서 제외된다. 그런데 이를 모두 비교·분석을 수행하는 전문가가 일일이 탐지하여 제외시키는 것은 비보호 요소 제거의 완전성 면에서 한계가 있다. 소송과정에서의 비교·분석은 시간과 비용의 제약을 받기 때문이다. 비보호 요소를 탐지하는 데 막대한 시간을 소요할 수밖에 없다면, 이는 그 목적에 비추어 적합한 방법이 되기 어렵다. 만일 그러한 제약으로 인하여 비보호 요소의 제거가 완전히 이루어지지 않았다면 이를 이유로 해당 비교·분석 결과의 부적합을 주장함으로써 무력화 시도의 원인이 될 수도 있다. 이에 본 예시의 경우에도 양 당사자가 각자 활용한 오픈소스 소프트웨어를 특정하여 제출하도록 하고, 그 범위 내에서만 비교대상에서 제외하는 합의를 사전에 이루는 것이 효과적이다. 이와 같이 정량적 유사도 산출에 대해 영향을 미치는 다양한 요소들을 감정 인신문기일을 활용하여 명확히 정리하는 것이 상당히 중요하다고 생각한다.

여섯째, 두 컴퓨터프로그램의 비교 과정에서 제외되어야 할 사항을 정확히 특정할 필요가 있다.

앞에서 잠시 언급하였지만, 저작권 침해 판단을 위한 컴퓨터 프로그램의 비교·분석이 일반적인 소프트웨어 공학적 관점에서의 비교·분석과 구별되는 중요한 점 중 하나는 비교 시 저작권법에 의해 보호받지 못하는 표현 또는 아이디어 등을 제외하여야 한다는 점이다. 이때 비교대상에서 제외한다는 행위는 두 가지로 구분되는데, 이는 컴퓨터프로그램의 다양한 구성요소 중 어떤 것을 비교대상으로 삼을 것이냐에 대한 점과 비교대상의 구체적인 표현 등에서 진정으로 비교가 유의미한 표현을 어디까지 포함할 것인지에 대한 점이다. 전자는 컴퓨터프로그램을 구성하는 소스코드, 알고리즘, 라이브러리 등의 요소 중 저작권법에 의하여 보호받을 수 있는 대상을 특정하여 파일 등을 단위로 하는 구별행위에 해당한다. 후자는 전자의 구별행위 이후 각각의 비교쌍 내용 가운데 저작권법에 의한 보호범위에서 제외되는 표현, 즉 공란, 오픈소스 소프트웨어 등을 구분해 내어 비교쌍 내의 비교대상 표현에서 제외하는 것을 의미한다. 전자의 과정을 거쳐 컴퓨터프로그램 전체에서 소스코드만이 특정되고, 후자의 과정을 거쳐 당해 소스코드에서 작성자의 실제 창작이 이루어진 부분만을 특정하게 된다.

실무적으로 전자와 관련하여서는 소스코드를 기본 대상으로 삼고, 예외적으로 오브젝트파일 등을 대상으로 하는 것이 어느 정도 정립되어 있다. 이때 데이터파일은 실질적 유사성 판단을 목적으로 한 비교대상에서는 제외하는 것이 일반적이다. 이처럼 전자와 관련하여서는 구체적 사안에서 크게 쟁점이 되는 경우가 많지 않다. 그러나 후자와 관련하여서는 종종 적절한 제외가 이루어졌는지 논란이 되기도 한다는 점에 주의가 필요하다. 저작권 침해 판단, 특히 실질적 유사성을 판단하기 위한 정량적 유사도 산출 시 유사성 판단 대상에서 제외하는 요소는 저작권법의 원리에 따라 결정된다. 아이디어와 표현이 합체된 경우가 대표적인 제외 요소인데, 하드웨어 및 당해 컴퓨터프로그램의 기능상 요청에 따라 누가 하더라도 같을 수밖에 없는 코드, OS 등과 연계를 위해 표준화된 코드 등이 이에 해당한다. 그 이외에 업계의 관행으로 인하여 동일하게 나타나는 코드, 오픈소스 소프트웨어를 사용한 부분, 공란(라인), 일반적으로 사용되는 변수명, 자동생성코드, 주석 등 역시 비교대상 소스코드 내에서 최종적으로 제외되어야 한다.

그런데 이러한 원칙을 실무적으로 적용할 때 주로 발생하는 문제가 있다. 주로 오픈소스 소프트웨어 등에 대하여 나타나는 문제인데, 정량적 유사도를 산출하는 전문가 입장에서는 비교대상 소스코드 중 오픈소스 소프트웨어를 활용한 부분을 구별하여야 하는데, 당해 컴퓨터프로그램 제작에 관여한 바 없는 제3자인 전문가가 이를 모두 탐지하여 제거하는 데는 현실적으로 상당한 어려움이 있다. 특히 시간과 비용, 그리고 역할에 제한이 있는 재판 과정에서 아무런 정보 없이 이들을 모두 완전히 탐지하여 반영하기란 그리 용이한 일이 아니다. 그러나 이러한 어려움에도 불구하고 이론적으로 이들 요소가 적절히 비교대상에서 제외되지 않는다면 당해 전문가가 산출한 정량적 유사도는 활용될 수 없는 부적절한 결과로 인정될 것이다. 이에 제3자 전문가에 의하여 빠른 시간 내에 완전히 탐지가 용이하지 않은 요소들은 양 당사자가 각자 자신의 비교대상 컴퓨터프로그램 중 어떠한 부분에 어떠한 요소가 반영되어 있는지 사전에 특정하여 제시한다면, 정량적 유사도 산출 결과의 안정성이 높아질 수 있을 것으로 생각한다. 이 부분은 이론적으로 완전한 비교와 실무상의 현실을 절충한 입장이라 이해할 수 있을 것이다.

일곱째, 상대방 주장에 대한 항변사항을 비교분석 항목에 반영할 필요가 있다.

실무적으로 저작권 침해 소송 중 정량적 유사도의 산출은 주로 당사자 일방의 요청에 의하며, 법원이 이를 받아들임으로써 이루어진다. 정량적 유사도 산출을 요청한 당사자는 저작권 침해와 관련한 자신의 주장을 입증하기 위한 가장 최적의 사항을 요구사항으로 제출함이 당연하다. 물론 법원이 이 요청을 받아들이는 경우 당해 당사자 일방의 요구사항이 그대로 정량적 유사도 산출을 위한 전제 및 세부항목으로 설정되는 경우가 많다.

이러한 과정에서 양 당사자의 비교대상 컴퓨터프로그램 간 정량적 유사도의 산출 자체만을 내용으로 할 때는 문제가 되는 경우는 거의 없다. 그러한 일반적 요청 이외에 세부적인 사항의 비교·분석 요청이 함께 이루어지는 경우 상대방은 일방적으로 끌려갈 수 있는 문제가 있다. 예를 들면, 당사자 일방이 양 당사자의 컴퓨터프로그램 간 정량적 유사도의 산출을 요청하면서, 유사도 산출의 기준, 비교대상 한정, 그리고 유사도 산출과 연계한 전자적 정보의 탐지 등을 자신에게 유리한 방향으로 포함시켰다면, 이의 실행은 상대방에 대해 불이익으로 작용할 수 있다. 이상적으로는 법원에서 이러한 사항을 구체적으로 인지하여 관여할 수 있다면 좋겠지만, 현실적으로 법원이 이 부분에 대해 적극적인 역할을 하기는 어렵다. 따라서 그와 같은 정량적 유사도 산출 및 관련 전자적 정보의 탐지 요청에 대해 이를 요청하지 않은 상대방의 입장에서도 해당 사항에 대한 깊은 고민과 함께 적극적인 대응이 이루어져야 할 필요가 있다.

특히 양 당사자는 자신의 컴퓨터프로그램이 소송전략 차원이 아니라 실제로 어떠한 지위에 놓여질 것인지 예상할 수 있다. 만일 침해자인 상대방이 피침해자에 의하여 요청된 정량적 유사도가 자신에게 불리하게 도출될 것으로 예상된다면, 그러한 유사도 결과에도 불구하고 저작권 침해의 면책이 이루어질 수 있도록 항변을 하게 될 것이다. 이 항변의 예측을 통하여 항변을 입증할 근거를 정량적 유사도 산출 및 관련 전자적 정보의 탐지 과정에서 함께 다룰 수 있도록 대응한다면, 보다 효율적인 방어가 가능할 것이다. 반대로 피침해자의 입장에서는 상대방의 항변 사항을 예측하여 이를 무력화시킬 수 있도록 정량적 유사도 산출에 대한 사항 및 관련된 전자적 정보의 탐지 사항에 적절한 반영과 대응이 필요하다.

여덟째, 유사도 산출 방식에 대한 구체적 이해를 바탕으로 대응하여야 한다.

정량적 유사도를 실질적 유사성의 판단 근거로 활용하는 데 있어서 한계를 갖는다는 점은 앞에서 설명한 바와 같다. 그럼에도 불구하고 정량적 유사도의 결과는 한계에도 불구하고 실질적 유사성 판단에 상당한 영향을 미치고 있다. 그러한 상황에서 어떠한 유사도 산출 방식을 적용하느냐에 따라 그 결과가 상당한 차이가 있으므로, 산출 방식의 선택은 최종적인 결과에도 중요한 영향을 미친다. 그런데 실무적으로 세부적인 계산 방식 등에 대해 논의가 이루어지는 경우는 흔히 찾아보기 어렵다. 그러한 부분에 대한 논의 자체가 매우 복잡하고 어려울 뿐 아니라, 적절한 대안을 제시하는 것 자체가 어렵기 때문으로 이해된다. 그럼에도 유사도 계산 및 비교 방식에 대한 이해를 바탕으로 자신에게 가장 유리한 방법을 미리 찾아낼 수 있다면, 전반적인 유사도 도출 과정을 상대적으로 유리하게 이끌어 갈 수 있을 것이다. 물론 소송 중 정량적 유사도 산출의 진행이 법원의 주도로 이루어지는 것이 보통이어서 당사자 일방이 이 부분에 대해 자신에게 유리한 영향력을 미치는 것은 쉽지 않은 일이다. 그럼에도 정당하게 적용 가능한 다양한 비교·분석 방식 가운데 자신에 가장 유리한 방법을 예측할 수 있다면, 앞서 논의한 감정인신문기일, 정량적 유사도 산출 요구 등의 과정을 활용하여 적어도 완전히 통제 불가능한 상황에서는 벗어날 수 있을 것으로 생각한다. 법관의 입장에서도 이의 기본적 이해는 제3자인 전문가에 의한 의존성을 상대적으로 감소시키고, 문제해결에 보다 효과적이고 합리적인 접근이 가능하게 될 것이다.

참고문헌

단행본

권영준,「저작권 침해판단론(실질적 유사성을 중심으로)」, 박영사, 2007.

김관식,「신기술과 지적재산권법」, 도서출판 글누리, 2011.

김시열,「저작물 감정제도의 효과 및 개선방안 연구」, 한국저작권위원회, 2013.

김시열,「디지털 환경에서의 SW 지식재산권 보호체계 선진화 방안」, 국가지식재산위원회, 2014.

김시열,「저작권 교양강의」, 개정판, 도서출판 범한, 2017.

김황중,「법원감정인을 위한 소송감정」, 도서출판 서우, 2008.

류병화,「법철학」, 민영사, 1998.

법원행정처,「법원실무제요 민사소송 III」, 2005.

사법연수원,「민사실무 I」, 2008.

소정,「S/W 감정도구 비교 및 활용방안에 관한 연구」, 프로그램심의조정위원회, 2003.

오승종,「저작권법」, 박영사, 2007.

오승종,「저작권법」, 제4판, 박영사, 2016.

윌리엄 M. 랜디스, 리처드 A. 포스너(정갑주, 정병석, 정기화 역),「지적재산권법의 경제 구조」, 일조각, 2011.

이광근,「소프트웨어 감정도구 개발방안 연구」, 프로그램심의조정위원회, 2004.

이동희,「법철학요해」, 도서출판 피데스, 2006.

이시윤,「신민사소송법」, 제3판, 박영사, 2006.

이시윤, 「신민사소송법」, 제7판, 박영사, 2013.

이욱세, 「SW소스코드 유사성 비교 프로그램 개선에 관한 연구」, 한국저작권위원회, 2010.

이철남, 「오픈소스SW 라이선스 분쟁대응 가이드 개선 연구」, 한국저작권위원회, 2012.

이철남, 「컴퓨터프로그램의 실질적 유사성에 관한 연구」, 한국저작권위원회, 2012.

이해완, 「저작권법」, 박영사, 2007.

이해완, 「저작권법」, 제3판, 박영사, 2015.

정상조 편, 「저작권법 주해」, 박영사, 2007.

최경수 역, 「저작물의 새로운 기술적 이용에 관한 국립위원회의 최종보고서(CONTU)」, 저작권심의조정위원회, 1994.

컴퓨터프로그램보호위원회, 「컴퓨터프로그램보호위원회 20년사: u-SW 强國을 향하다」, 2007.

컴퓨터프로그램보호위원회, 「2007 SW감정워킹그룹 연구결과보고서」, 2007.

프로그램심의조정위원회, 「유형별 감정기법 표준지침」, 2005.

허희성, 「2011 신저작권법 축조개설」, 명문프리컴, 2011.

Bainbridge, David I., *Intellectual Property*, Pearson Education, fifth edition, 2002.

Bainbridge, David, *Legal Protection of Computer Software*, fifth edition, Tottel Publishing, 2008.

Goldstein, Paul, *Copyright*, 3d ed, 2005.

Goldstein, Paul, *Goldstein on Copyright*, Vol. II, LexisNexis, 2010.

Joyce, Craig & Leaffer, Marshall & Jaszi, Peter & Ochoa, Tyler,

Copyright Law, 6th edition, LexisNexis, 2003.

Nimmer, David, *Copyright Illuminated Refocusing the Diffuse US Statute*, Wolters Kluwer, 2008.

Nimmer, Melville B. & Nimmer, David, *Nimmer on Copyright*, Vol. IV, LexisNexis, 2010.

Osterberg, Robert C. & Osterberg, Eric C., *Substantial Similarity in copyright Law*, Practising Law Institute, 2005.

Schechter, Roger E. & Thomas, John R., *Principles of Copyright Law*, Thomson Reuters, 2010.

논 문

권세기, "인터넷에서 저작물의 공정이용", 입법정보, 제59호, 2002.

김도완, "감정사례 분석을 통한 감정보고서 표준화를 위한 제언", 2011 년 한국소프트웨어감정평가학회 추계학술발표대회 논문집, 2011.

김시열, "실질적 유사성 판단기준에 대한 소고", 한국소프트웨어감정평가학회논문지, 제5권 2호, 2009.

김시열, "컴퓨터프로그램의 실질적 유사성 판단을 위한 정량적 분석에 관한 연구", 지식재산연구, 제6권 제4호, 2011.

김시열, "사례분석을 통한 컴퓨터프로그램 저작권 침해여부 감정의 개선방안 연구", 한국소프트웨어감정평가학회논문지, 제9권 2호, 2013.

김시열, "문자적 표현의 정량적 유사도 판단 방식에 관한 비교적 검토 (서울중앙지방법원 2015.2.12. 선고 2012가합541175 판결을 중심으로)", 한국소프트웨어감정평가학회논문지, 제11권 1호, 2015.

김시열, "저작권 침해 소송에서 실질적 유사성 판단 방식에 관한 고찰 (컴퓨터프로그램저작물의 정량적 유사도 산정방식을 중심으로)", 법학논총, 통권 제34집, 2015.

김시열, "POSAR Test의 소개와 SW감정에의 시사점", 한국소프트웨어감정평가학회논문지, 제12권 1호, 2016.

김시열, "공개소프트웨어에 대한 저작권 관점의 쟁점과 그 원인", 정보과학회지 제35권 제9호, 2017.

김우정, "프로그램 표절 감정기법에 관한 연구", 석사학위논문, 홍익대학교 정보대학원, 2002.

김정완, "컴퓨터소프트웨어의 법적 보호", 전남대학교 박사학위논문, 1990.

도경구, "외형적 표현과 내재적 표현의 실질적 유사성 판단 기준", 「SW 저작물 감정기준 및 방법에 관한 연구: 2011년도 감정 워킹그룹 최종보고서」, 2011.

모성준, "입증책임의 완화논의에 관한 법경제학적 검토", 민사법연구 제18호, 2010.

신호진, "형사소송법상 감정제도에 관한 몇 가지 고찰", 법학논집 제28권 제4호, 2011.

박준석, "공개SW의 이해와 관리", 2016년도 공공SW사업 발주관리 교육자료, 2016.

오승종, "저작재산권침해의 판단 기준에 관한 연구", 서강대학교 박사학위논문, 2004.

윤영선, "공지 기술의 적용 여부를 고려한 유사성 판단 기준 및 SW감정", 2011년도 감정 워킹그룹 최종보고서, 한국저작권위원회, 2011.

윤재윤, "전문소송에서의 감정절차에 대하여—건설감정의 표준절차를 중심으로", 입법연구, 2002.

이규대, "임베디드 시스템의 증거물 획득을 위한 이진코드 추출방법 및 분석방법", 2009 저작물 감정연구를 위한 워킹그룹 연구 결과보고서,

한국저작권위원회, 2009.

이욱세, "소스코드 유사도 감정도구의 정확도 측정을 위한 시험집합에 대한 고찰", 한국소프트웨어감정평가학회 논문지, 제5권 2호, 2009.

임채웅, "민사소송법의 전문심리위원제도에 관한 연구", 한국민사소송법학회, 민사소송, 제11권 제2호, 2007.

전병태, "추상화-여과-비교에 기반한 감정서 작성 방법", 2011년 한국소프트웨어감정평가학회 추계학술발표대회 논문집, 2011.

전응준, "SW실행코드의 보호범위 및 감정방안", 2011년도 감정 워킹그룹 최종보고서, 한국저작권위원회, 2011.

정경석, "실질적 유사성론", 한국저작권위원회, 계간저작권, 통권 85권, 2009.

정상조, "창작과 표절의 구별기준", 법학, 제44권 제1호, 2003.

정영미, "공연예술의 저작권보호에 관한 연구(연극연출을 중심으로)", 상명대학교 박사학위논문, 2009.

정영수, "민사소송에서의 전문심리위원에 관한 연구", 한국민사소송법학회, 민사소송, 제12권 제1호, 2008.

정진근, "SW지식재산권의 보호방법에 대한 새로운 시각", 2011년도 감정워킹그룹 최종보고서, 한국저작권위원회 2011.

허대원, "저작권침해의 민사적 구제에 관한 연구", 박사학위논문, 건국대학교, 2008.

Buckman, Deborah F., "Copyright Protection of Computer Programs", *American Law Reports ALR Federal* (180 A.L.R.Fed. 1), 2002.

Chin, Andrew, "Antitrust Analysis in Software Product Markets: A First Principles Approach", *Harvard Journal of Law & Technology*, vol.18 No.1, 2004.

I. Trotter Hardy, Jr. "Six Copyright Theories for the Protection of Computer Object Programs", *Arizona Law Review* (26 Ariz. L. Rev.), 1984.

Jones, Stephanie J., "Music Copyright in Theory and Practice : An Improved Approach for Determining Substantial Similarity", *Duquesne Law Review*, Winter 1993.

Karjala, Dennis S., "Theoretical foundations for the protection of computer programs in developing countries", *13 UCLA Pac. Basin L.J. 179*, 1994.

Lowe, David A., "A Square Peg In A Round Hole: The Proper Substantial Similarity Test for Nonliteral Spects of Computer Programs", *Washington Law Review*, April 1993.

Monlux, Nicholas R., "An Invitation for Infringement: How the Ninth Circuit's Extrinsic and Intrinsic Similarity Tests Encourage Infringement: An Analysis Using Reece v. Island Treasures Art Gallery", *Journal of the Copyright Society of the USA*, Vol.56, No.2-3, 2009.

Velasco, Julian, "The copyrightability of nonliteral elements of computer programs", *Columbia Law Review*, January 1994.

Vinod Polpaya Bhattathiripad, "Forensic of Software Copyright Infringement Crimes: the Modern POSAR Test Juxtaposed with the Dated AFC Test", *JDFSL V9N2*, 2014.

Y'Barbo, Douglas, "On the Legal Standard for Copyright Infringement", *UCLA Journal of Law & Technology*, 1999.

찾아보기

김시열

숭실대학교 법학과 및 동 대학원 졸업(법학박사)
한국지식재산연구원 부연구위원 / 숭실대학교 법학과 겸임교수
세계지식재산권기구(WIPO) 중재조정센터 조정인 / 한국저작권위원회 저작권감정인
(사)한국소프트웨어감정평가학회 부회장
국가지식재산위원회 신지식재산전문위원회 위원
연구윤리정보센터 자문위원 등

주요논저

지식재산권 담보물로서 저작권의 특수성(경희법학, 2018)
인공지능 등의 특허권 주체 인정을 위한 인격 부여 가능성에 관한 연구(법학논총, 2017)
A Brief Study on Extending the Scope of Appraisal for Software Valuation(SW감정
    평가학회논문지, 2017)
용역계약일반조건의 저작권 귀속 규정에 관한 소고(지식재산연구, 2017)
SW감정체계에 대한 거버넌스 관점에서의 고찰(SW감정평가학회논문지, 2017)
저작권 교양강의(도서출판 범한, 2017) 등 다수

컴퓨터프로그램 저작권 유사도론

초판 인쇄 2018년 5월 15일
초판 발행 2018년 5월 25일
—
저 자 김시열
—
펴낸이 이방원
펴낸곳 세창출판사
신고번호 제300-1990-63호 주소 03735 서울시 서대문구 경기대로 88 냉천빌딩 4층
전화 723-8660 팩스 720-4579
이메일 edit@sechangpub.co.kr 홈페이지 www.sechangpub.co.kr
—
값 22,000원

ISBN 978-89-8411-754-9 93360

컴퓨터프로그램
저작권 유사도론